高等学校体

# ZHONGGUO WUSHU DAOLUN

# 中国武术导论

主　编　申国卿　邓方华

审　稿　黄　聪

重庆大学出版社

**图书在版编目（CIP）数据**

中国武术导论/申国卿，邓方华主编.—重庆：
重庆大学出版社，2016.11
高等学校体育学类本科专业系列教材
ISBN 978-7-5689-0058-4

Ⅰ.①中… Ⅱ.①申… ②邓… Ⅲ.①武术—中国—
高等学校—教材 Ⅳ.①G852

中国版本图书馆CIP数据核字（2016）第188417号

**中国武术导论**

申国卿 邓方华 主 编

策划编辑：唐启秀

责任编辑：李桂英 版式设计：唐启秀
责任校对：张红梅 责任印制：赵 晟

\*

重庆大学出版社出版发行

出版人：易树平

社址：重庆市沙坪坝区大学城西路21号

邮编：401331

电话：（023）88617190 88617185（中小学）

传真：（023）88617186 88617166

网址：http://www.cqup.com.cn

邮箱：fxk@cqup.com.cn（营销中心）

全国新华书店经销

重庆升光电力印务有限公司印刷

\*

开本：787mm×1092mm 1/16 印张：14.5 字数：342千

2016年12月第1版 2016年12月第1次印刷

ISBN 978-7-5689-0058-4 定价：35.00元

## 高等学校体育学类
## 本科专业系列教材编委会

## 高等学校体育学类
## 本科专业系列教材审稿委员会

# 总　序

2016 年 8 月 26 日，全国卫生与健康大会以及会议通过的《健康中国 2030 规划纲要》体现了党和政府对人民群众健康权益和促进人全面发展的高度重视，反映了我国由体育大国向体育强国迈进的国家意志。"十三五"期间，全面建成小康社会为体育发展开辟了新空间，经济发展新常态和供给侧结构性改革也对体育发展提出了新要求，建设健康中国更是为体育发展提供了新机遇。然而，当前我国体育人才发展水平同体育事业的发展需求仍有差距，存在着体育人才总量相对不足、体育人才培养质量不高、各类体育人才发展不均衡、高层次创新型人才短缺等现象，还不能满足体育强国建设的需求，难以发挥体育人才在体育事业发展、体育强国建设中的基础性、战略性、决定性的作用。特别是在体育专业人才培养质量方面，受招生规模不断扩大、生源质量水平参差不齐、培养单位软硬件等诸多因素的影响，培养质量并未达到预期的目标。究其体育教学本质原因，学校体育教学目标、教师、学生、内容、方法、过程、环境、评价等都难以免责，但是，作为教学内容的载体——教材质量的高度无疑是决定着人才培养质量的水平。尽管体育学科教育改革在不断深化推进，但教学内容方面的创新改革力度仍显不足。目前，体育学类本科专业的教材内容仍以传授知识为中心，教材编写一直存在高度抽象化、纯粹理论化、逻辑不清晰、结构混乱、叙述晦涩、实例奇缺，充斥着抄袭来的公式和陈词滥调的顽疾。国际上最新的研究成果和理论较少能在教材中得到更新，缺乏内容丰富、结构合理、描述生动，并有大量生动实例的教材。整体上，体育学类本科专业教材存在建设滞后、缺乏个性化、内容更新周期缓慢、编写水平不高和装印质量低下等问题。导致的结果就是出现教师"教不会""教不清"和学生"学不会""用不上"的窘况，教学质量难以保证，更无从谈起提高教学质量。因此，如何紧跟经济社会的发展变化，编写出能反映体育学科专业的最新研究成果，更好地适应教法更新和学法创新，激发现代大学生的学习兴趣，在教材内容、逻辑结构和形式编排等不断彰显优秀经验传承与创新的教材将是编写者亟待关注的核心问题，也是提高教材编写水平和提高教学质量的重要保证。

"高等学校体育学类本科专业系列教材"是依据"健康第一"的教育理念和《高等学校体育学类本科专业类教学质量国家标准》（修订稿）（以下简称《标准》）规定的专业课程体系要求，由编委会组织了多位任课资深教师尤其是优势和特色专业学科带头人、知名学者教授，在具备深厚学术研究背景、长期教学实践和教材编撰研究经验的基础上，编写出了体现体育学科研究成果的高质量系列教材。按照《标准》规定的专业必修课课程要求，编写了专业类基础课程（体育学类本科专业均须开设的课程），包括《体育概论》《运动解剖学》

《体育心理学》《运动生理学》《体育社会学》《健康教育学》《体育科学研究方法》7门专业类基础课程。并按照专业方向课程开设采用3+X的模式要求，编写了《学校体育学》《运动训练学》《体育竞赛学》《体育市场营销》《中国武术导论》等专业方向课程以及《运动生物化学》《运动生物力学》《体育管理学》《乒乓球》《排球》《武术》《体操》《篮球》《健美操》《羽毛球》等模块选修课程。该系列教材既可以作为体育学类本科专业学生的教材使用，也可以作为各级各类体育教师和教练员的一本参考用书。

本系列教材的特色有以下几点：

一是力求体育学科理论知识阐述和论证适可而止，避免机械地理论叠加或过度地引用、借用观点。力争避免高度抽象化和纯理论化，使教学内容丰富，更加贴近现代体育专业本科生的学习兴趣需求，体现新课程体系下的新的课程内容，注重提高学生的实践能力，培养学生的创新能力。

二是立足于理论联系实际的观点，突出学以致用的目标。在编写体例强化了篇章节之间的逻辑关系清晰、结构合理，在案例、材料的选择上更加突出新意。根据知识的脉络和授课的逻辑，设计了思考、讨论或动手探索、操作的环节，提升书稿的互动性。同时，根据篇幅及教学情况，以知识拓展、阅读和实践引导、趣味阅读等形式，适当增加拓展性知识。力争使教师"教得会""教得清"，学生"学得懂""用得上"。

三是力求做到简洁、明晰。在大纲设计、内容取舍上，坚持逻辑清晰、行文简洁，注意填补新兴学科、交叉学科等教材的空白以及相关教材体系的配套，避免了大而全、面面俱到的写作。力图使教材具有基础性、实用性、可读性以及可教性，尽最大程度地避免言不切实，空泛议论的素材堆积。

本系列教材编委均是各个专业研究领域的专家，大都具有博士学位，对各自的研究领域非常熟悉，他们所撰写的内容均是各自潜心研究并取得的成果，有很深的研究与很高的学术造诣。如何编写好体育学类本科专业学生系列教材，全体编写人员在科学性、实用性、可读性、针对性和先进性方面做了初步的尝试。但由于编写时间仓促、交流和讨论实践不够，书中难免存在不足和错误，欢迎读者不吝赐教与批评指正，修订时将作进一步充实与完善。

虽然编委会按照《标准》的要求，有规划地对系列教材进行系统的组织、开发和编写，但由于对教材质量和水平的高规格要求，一部分重要的课程并未被列入此次教材编写的名目，编委会将在后续编写中逐步增补。

本系列教材的编写，得到了重庆大学出版社领导的大力支持与帮助。同时，原全国高等学校体育教学指导委员会技术学科组副组长王崇喜教授，全国高等学校体育教学指导委员会、河南省高校体协主席林克明教授等专家也给予了许多的鼓励、建议与指导，编写时大量参考了诸多专家、学者的前沿研究成果，在此一并表示衷心的感谢！

高等学校体育学类本科专业系列教材编委会

2016年10月

# 前　言

以中国共产党第十八届全国代表大会为标志，武术等中华民族传统文化正面临着中华伟大复兴语境所赋予的广阔战略空间。武术文化的当代传承与发展离不开与时俱进的现实载体，高等院校武术教材无疑是其中之一。一本吻合时代发展特点的高校武术教材，不仅能够较好满足教师的教学实践需求，而且还将密切结合当代大学生的身心状态，寓教于乐，能够调动青年学子的学习积极性。

本书的编写工作启动于2015年5月，在重庆大学出版社的组织下，先后在郑州举办过三次讨论、修改等专题会议。我们的初衷是尝试编写一种以学生为出发点、从学生立场上展现相关武术专业内容的教学用书，希望以学生的视野为选材依据，结合现代科技发展和教学手段，让学生在轻松、愉悦的心情中遨游浩瀚的武术海洋，饶有兴味，寓教于乐。

武术是民族传统体育的核心与主干。本书的书名为《中国武术导论》，诚如其名，这是一本系统阐释、介绍中国武术理论的高等教育课程教材用书，它的主要对象是有着开阔视野、活跃思想的当代青年大学生，他们深受互联网科技进步的时代环境熏陶与影响，他们具有浓郁的求知欲望与积极的探索精神，同时又富有个性、追随潮流并勇于取舍。这一特点决定了本书的编写格调、材料选取、行文风格、呈现方式等。

作为一项有着悠久历史和广泛影响的民族传统体育文化，武术的厚重内核与综合外延应该以合适的方式展现在当代青年学子面前，让莘莘学子在中华传统经典的大观园中感受民族精神无形的陶冶，感悟中国武术历经数千年一路走来的历史脉络与广博内涵。作为一本系统描述、演绎中国武术理论的高等教育武术课程专业教材，它又必须要能够合理地兼顾教学用书的正统性、严肃性与青年学生的身心特征以及当代社会大环境的客观状态。

基于此，我们把全书划分为上、下两篇，上篇"技理分析"，旨在以传统的学术方式论述、阐释中国武术技术、理论体系，注重史料运用和学理分析，用较为庄重、正统的理念和方式体现本书作为高等教育武术课程专业教材的特点。下篇"文化阐释"，在全面介绍中国武术理论知识的基础上重点突出武术的文化特色，主要以提高学生学习兴趣、调动学生学习积极性为出发点，旨在开阔武术与民族传统体育学生的专业视域与文化视野，培养武术与民族传统体育学生的文化鉴赏能力与探索精神，深化武术与民族传统体育学生对于武术文化属性的理解及其对于武术文化传承的当代使命感。总体而言，"传统武德文化"与"尚武爱国精神"的相关内容贯穿于上、下两篇，一咏三叹，构成了本书的写作重心和一个突出特点。

除了引入图片、视频等旨在调动学生学习兴趣与积极性的相关内容之外，在每章的结尾还特设了"画外武音"和"武声争鸣"两大板块的知识拓展部分。"画外武音"相关选材更具趣味性与娱乐性，可以视为正规教学内容之外的辅助与补充，意在与视频内容配合，尝试打通课堂内外的鸿沟与边界；"武声争鸣"则适当展现了若干当代武术研究领域的前沿论题或具有一定创新的焦点论题，虽可能与主流论调有争议之处，但又富含启发学生辩证审视武术文化发展、调动学生学习主观能动性等积极价值。

悠久的武术文化蕴含着诸多生动鲜活的历史素材，它们需要静态的文字作为通用的教育载体，也需要充满时代特色的表达方式与呈现形式。我们期待这本教材能够展现出一些当代武术教育工作者基于青年学生视角而构思的相关创新探索。如果高校学子能够较为轻松地通过教材对于武术文化大观园有所了解乃至在学习过程中产生内在的兴趣，那么，基本上就达到了编写者的构想与愿景。

本教材采用的图片和视频主要来源于网络收集，限于各种因素，未能一一征询意愿，详细标注出处，特此说明并向相关主体真诚致谢！教材撰写过程中，唐启秀编辑、黄聪教授与苏晓康同学等付出了辛勤劳动，一并致谢！本书由河南理工大学申国卿教授和郑州大学邓方华博士编写，特此注明。

由于编写时间较紧，成稿过程较为匆忙等原因，存在的不足之处，敬请专家、学者指正。另外，教材在一定程度上进行了较具创新意义的高等教育武术教材编写探索尝试，由此更决定了各界意见与建议的重要价值。对此，我们将非常感谢！

作　者
2016 年 7 月

# 目　录

# 第四章

## 中国武术的地域特征

# 下篇　文化阐释

# 第五章
## 中国武术的功夫境界

# 第六章
## 中国武术的文化精神

# 上篇

## 技理分析

JILI FENXI

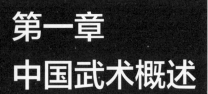

# 第一章
# 中国武术概述

【学习目标】

　　学习中国武术的基本概念，认识武术技术的基本原理与武术功法的基本特点，了解以格斗为原始本色的武术技击功能及由此而逐渐衍生、丰富的文化特质。

【学习任务】

　　1.了解历代武术的不同称谓以及近代以来的武术概念沿革。

　　2.学习武术"阴阳为根""攻防有度""力发整体""以圆破直"的技法原理，明了武术"内外兼修""练养并重""刚柔相济""注重功力"的功法特点。

　　3.认识武术基于生存需要而自然产生并持续衍化的格斗、搏击特征，以技击功能为引线，了解武术一脉相承、悠久深远的中华传统文化特质，感悟中华文化的博大精深与多姿多彩。

【学习地图】

　　武术概念的内涵与演变→武术技法四大原理→武术功法四大特点→一脉相承的技击本色→瑰丽多姿的文化特质

# 第一节 中国武术概念面面观

在中华民族的历史文化大观园中，很少有其他的传统体育类型能够像武术一样如此地深入大众血脉，广传五湖四海，历经悠久时空，享誉世界各地。长期以来，无论在国内还是国际，武术早已成为中华民族独一无二的特色文化品牌和全球代表符号。这一特点，既让众多的中华民族子孙一提起武术自豪与敬意不禁油然而生，同时也构成了我们认识武术的某种无形文化背景与客观现实基础。一般而言，武术理论体系是由武术概念为逻辑出发点[1]，因此，本书以这一传统思路为指导，从关于武术概念的认识入手，以点带面、提纲挈领，通过武术概念的分析与阐释，渐次开启中国武术博大精深的文化之门。

## 一、众说纷纭的武术概念

中国武术具有鲜明的中华民族特色和悠久的历史文化背景。这一特点早已为社会各界人士所公认，但是，在关于概念的认识问题上，却一直存在着较为明显的多种观点。不同主体引经据典、各抒己见，相应的论争与思辨甚为热烈，长期激荡在武术理念研究的文化空间。随着社会进步所带来的认识的持续深化，人们对武术概念的理解自然也在不断地衍化、丰富，这种客观状态也更加决定了在关于武术概念问题上"武术界人士也总是喋喋不休地论争"。源远流长的历史脉络为武术打磨出古老的生命年轮，博大精深的文化内涵决定了武术内容的异彩纷呈，这种庞杂性和局限性不仅使得后人难以对其进行充分合理且极具权威的定义，同时也给与此密切相关的武术理论建设和教学、传播等带来不少麻烦。新中国成立以来，"武术教材也好，武术研讨会也好，曾把它界定在一个体育范畴之内"，但各种疑问与困惑随之油然而生，一些武术领域著名的专家、学者纷纷发声："难道由于武术归体育部门来管，它只带有体育属性吗？"[2]之后，社会各界人士也各执立场，积极发声，围绕这种以体育属性为核心的武术概念探讨，由此也成为新中国武术理论研究领域的突出热点。

总体来看，一方面，由于政府层面的倡导与支持，半个多世纪以来，基于体育范畴的武术概念认识与追求在宏观上居于主体地位，以此为支撑的竞技武术运动发展也成为新中国体育运动的一项重要组成部分；另一方面，围绕武术体育属性的质疑与思考也始终与竞技武术如影随形，不少学者从武术的技击本质、文化属性等出发论证以体育属性为核心的武术概念局限性与偏颇性，相当一部分学者甚至从历史学、社会学和文化学的角度精心设计论证路径，通过运用

---

1　李印东，张明庭，李志坤，等.武术概念阐述[J].北京体育大学学报，2008（2）：259-262.

2　邱丕相.对武术概念的辨析与再认识[J].上海体育学院学报，1997（2）：7-9.

跨学科的研究思维，力求客观地追寻武术的起源和衍变，探索武术的文化背景与文化特性，分析武术的社会功用和相应价值，比较体育运动的规律与原则，最终揭示"武术体育说仅是武术的一个狭义概念"[1]。

## 二、武术概念的历史变迁

### （一）依史话"武"

关于武术概念的发生演变，恐怕先要从"武术"一词中的"武"与"术"字展开。从武术史料分析，可知古时武术的代名词多达几十种。从公元前21世纪到公元前7世纪，即夏商周时期，曾有拳勇、手搏、角力、相扑、白打的称谓。到了春秋战国时期（公元前770年—前221年），相继有技击、相搏、手战、武艺、角抵等名称出现。此后，又有多种名称先后见于记载，其中"武艺"一词用得最多，并成为秦代以后几乎各个历史时期的共同名称，因此有人说"武艺"是"武术"的母胎。[2]

图 1-1 "武"字演变

目前较为主流的观点认为，人类生存斗争是武术产生的直接动因。远古时期，原始人类与各种野兽的生存搏斗固然是技击萌生的主要因素之一，而人与人之间的格斗、搏杀，则与武术的萌生有更为直接的联系。《易经》上说的"民物相攫，而有武矣"，显然就是这个道理。[3]从最早出现于甲骨文的"武"字可以看出，"武"显然是一个"持戈而立"的象形字。历史学家据此指出："这个比之实物大大简化了的形象，突出特点是足和持戈。它是个象形字。武的本义，应当由这个构形的特点上去找。"[4]的确，甲骨文"武"字"从行从止，从戈操戈"，恰似战士"持戈而立，注视前方；或举戈而行，欲与人、兽斗"。"武"字的篆书，则会合"止""戈"二字，被赋予了以武力或武威制止侵略之意，而东汉许慎《说文解字》引用楚庄王"止戈为武"的解释与"武"字篆书所表达出的意象也十分相近。因此，有后世研究者认为，从文字上来看，对"武"字的解释显然具有两层含义，一是从主动地"操戈"进攻；一个是被动地"止戈"防御。历史上，武术与军阵杀伐息息相关，时至今日，武术仍然与军事有着密切的联系。汉语词典中与人物相关联的带有"武"的名词有：武弁（武夫、武官）、武士、武将、武警、武侠等；与事物相关联的名词有：武器、武备、武装、武德、武道、武艺、武斗、武功、武力等；与人的精神相关联的名词有：英

1　杨祥全.武术概念之源流变迁考证[J].北京体育大学学报，2007（2）：249-251.
2　蔡宝忠.从甲骨文"武"字的含义到现代意义的武术概念[J].沈阳体育学院学报，2005（2）：117-119.
3　王兆春.速读中国古代兵书[M].北京：蓝天出版社，2004.
4　陆宗达，王宁.训诂与训诂学[M].太原：山西教育出版社，1994：189.

武、威武、雄武、武健、尚武、精武等，也皆可视为这一特点的反映。"武术"一词中的"术"字，《说文解字》中解释为"术者"，"邑中道也"，段玉裁对其作注曰："引申为技艺。"由此亦更表明，武术的原始意义主要是指手执武器搏杀格斗的方法或技巧。

古代军队非常强调士兵的个人武技本领。武术文献中较具影响的"技击"一词最初即指注重个人技艺本领的军事制度。据相关研究，"技击"一词较早出现在《汉书·刑法志》："齐愍以技击强，魏惠以武卒奋，秦昭以锐士胜。"这种注重个人武技水准的军事制度规定，如果在战争中能斩下敌人一个首级，则可获得黄金八两重赏。周代军事术语中有"击"与"伐"之说，汉代经学大师郑玄对此专门解释说："伐，谓击刺也，一击一刺为一伐。"显然，"伐"字直观体现了军事作战中持械的击刺动作。另外一个与"武"联系紧密的名词是"拳"。"拳"字最早出现在周代，见于《诗经·小雅·巧言》："无拳无勇，职为乱阶。"其意思是说，那些贪官污吏，没有武力，也没有勇气，在民众的心目中极受轻鄙，这里的"拳"虽当"力"来讲，但反映了拳、勇、力之间的密切关系，而且也可以由此间接地反映出当时社会对于武勇技能的尊重。与"技击""拳勇"相提并论的类似称谓还有"武艺"等。在秦汉时期的一些典籍中便有众多关于"工技击""精武艺"之武功高手的记述，如《古今图书集成·闺奇部列传》载"关索妻王氏，名桃、娣悦。汉末时人。……有臂力，精诸家武艺"等。

## （二）"武术"流变

一般认为，"武术"一词，最早见于南朝梁武帝长子、文学家萧统（501—531年）所编的《昭明太子文选》。其中有一诗句云："偃闭武术，阐扬文令。"此处泛指军事和战争，意思是停止战争，提倡文教。也有研究者指出，从语源来看，"武术"一词最早则见于南朝人颜延之的《皇太子释奠会作》，其曰："大人长物，继天接圣；时屯必亨，运蒙则正；偃闭武术，阐扬文令；庶士倾风，万流仰镜。"[1]该文中的武术，即指军事。此后如北宋何去非《何博士备论》中"孙策壮武术，略过于其父"[2]、南宋叶适《杂论》中"然则武术，之无救于国家，亦可见矣"[3]中武术均指军事而言。在古代，"武"与"文"常相对，这一点，可以从古典文献中常见的"文武术"之连用得到印证。例如，唐代"国子进士"芮挺章曾诗中有云："果持文武术，还继杜当阳。"[4]宋代学者石介亦有诗曰："纵横文武术，难以寻常较。"[5]此外，还有元代学者陈基"材兼文武术，慷慨谈孙武"[6]和清代翰林院编修查慎行"君学本兼文武术，功名不必读孙武"[7]等。上述相关引文充分表明，古代的"武术"经常和战争、军事有密切关联，"武"亦和"文"通常相对。也许正是基于这个原因，较为权威的《现代汉语词典》中对"武"解释的第一项意思就是"关于军事的（跟"文"相对）"[8]。在中国古代，人们对于"武""武术"的认识大抵如此，并没有对这些词给予明确的

---

1　明.张溥.汉魏六朝百三家集.卷六十七.见钦定四库全书文渊阁.

2　北宋.何去非.何博士备论.卷下.见钦定四库全书文渊阁版.子部.兵家类.

3　宋.叶适.杂论.见钦定四库全书文渊阁版.集部.总集类.十先生奥论注.前集.卷十四.

4　唐.孙逖.送赵大夫护.唐.芮挺章.国秀集.卷上收录.见钦定四库全书文渊阁版.集部.别集类.

5　宋.石介.徂徕集.卷二.送李先生谒张侯.见钦定四库全书文渊阁版.集部.别集类.北宋建隆至靖康.

6　元.陈基.夷白斋稿.卷三.见钦定四库全书文渊阁版.集部.别集类.金至元.

7　清.查慎行.苏诗补注.赠青滩将谢承制.见钦定四库全书文渊阁版.集部.别集类.北宋建隆至靖康.

8　中国社会科学院语言研究所词典编辑室.现代汉语词典 [M].北京:商务印书馆,2002:1336.

限定，给人以宽泛和模糊的感觉。现代"武术"一词，则较早出现于清朝人徐珂辑撰的《清稗类钞·战事类》中"冯婉贞胜英人于谢庄"记载："咸丰庚申（1860年）英法联军自海入侵，京洛骚然。……中有鲁人冯之保者，精技击。女婉贞，年19，姿容妙曼，自幼好武术，习无不精。"

以1840年中英鸦片战争为标志，中国社会进入了近代转型的宏观语境。在西学东渐的氛围之中，关于"武术"概念的相关认识也不由自主抑或自然而然地与近现代武术的体育化转折联系在一起。国外体操和体育的渐次进入，使得研究者开始思考中国的一些固有活动方式，这一时期，对于民间开展的有关传统"武术"活动，有人开始称之为"武术"。如1908年《神州日报》戊申六月初四日刊文"论今日国民宜崇旧有之武术"中的"武术"显然指的就是传统民间技艺。文中作者认为"轻视旧有之国粹，而稗贩于外，以婆他人之皮毛，宜乎受祸之至如此极也"，从而呼吁"欲求强国，非速研究此术不可"[1]。"火器输入中国之后，国人多弃体育之技击术而不讲，驯致社会个人积弱愈甚"[2]，在这种特定的社会大背景下，人们纷纷提倡"武术"，以期强身强种，振奋民族精神。由此，中国"国粹体育"[3]之"传统武术"日益引起人们的普遍重视，"武术"一词作为自卫强身之术的专门用语，也在清末民初之际才开始广泛应用，当时成立的各类与武术有关的社团，如精武体育会、中华武术会、中华武士会、武术传习所等都使用"武术"这一称谓。1914年著名教育家徐一冰上书教育部"拟请于学校体操科内兼授中国旧有武术"，也采用了"武术"的称谓。伴随着西方文化及其体育的强烈冲击，提倡"国粹"的思潮亦更趋高涨。20世纪20年代中后期，在强调民族精神教育思想的影响与推动下，以武术为基础的尚武思潮再度风行社会，各界人士将尚武爱国的热情与期盼凝聚于武术之上，纷纷提出将武术改称"国术"。随着1927年张之江等一批党政要人联名发起成立国术研究馆（1928年正式易名为中央国术馆），"国术"一词被广泛采用。被誉为"国术"的武术，拥有了与"国画""国乐""国药""国医"等同等地位的内容。在以中央国术馆为主体的各界力量努力之下，"武术"的体育化进程也明显加快。其主要表现在武术组织的兴盛、中华新武术的创编、武术进入学校体育课、武术成为竞赛项目、竞赛规则逐渐完善、各传统武术拳派开始注重锻炼效果等相关方面。[4]

武术的"国术"身份，在民国时期的社会不同阶层都极为深入人心，尤其得到了当时政府的认可与支持。民国政府曾经多次颁布议案，积极推动武术的普及与发展。例如，政府于1932年颁布的《国民体育实施方案》中即认为"国术（武术）原我国民族固有之身体活动方法，一方面可以供给自卫技能，一方面可作锻炼体格之工具。"[5]1943年《中央国术馆成立十五周年纪念宣言》也饱含深情地郑重指出："所谓民族体育者，即我国固有之武术也……不独在运动上具相当之价值，且对于自卫上有显著之功效。"[6]

随着1949年中华人民共和国的成立，武术的发展也迎来了一个区别于以往任何时代的社会

1　周伟良.中国武术史[M].北京：高等教育出版社，2003：4.
2　孙文.精武本纪序（1919年）[M]//国家体委体育文史工作委员会，全国体总文史资料编审委员会.体育史料第17辑.北京：人民体育出版社，1992.
3　王庚（1921年）曾撰文对"国粹体育"进行过论述，见国家体委体育文史工作委员会，全国体总文史资料编审委员会.体育史料第17辑[M].北京：人民体育出版社，1992.
4　中央国术馆史编辑委员会.中央国术馆史[M].合肥：黄山书社，1996：34.
5　周伟良.中国武术史[M].北京：高等教育出版社，2003：1.
6　中央国术馆史编辑委员会.中央国术馆史[M].合肥：黄山书社，1996：75.

背景。在当时的客观环境之下，新中国百业待兴，武术也进一步向着体育化的道路迈进，在体育化的大框架内持续发展。1952年，刚成立的国家体委，设置了专门机构——民族体育形式研究会，对武术实行领导，这标志着武术被正式列入体育范畴，成为社会主义体育事业的一部分，"武术"的称谓也由此得以明确并一直被广泛沿用至今，[1]期间的主要变迁概要如下：

1957年3月16日张之江在全国政协二届三次会议上作了"不要忽视国术的研究整理工作"的发言，这位原中央国术馆馆长语重心长地强调："中国武术是中华民族几千年来最主要的体育活动方式，这个体育活动方式，在民族健康上、民族自卫上以及在民族医学治疗上，都曾产生过很大的作用和效果"。值得重视的是，同样于1957年，在北京举行的一次"关于武术性质问题的讨论"，与会专家一致认为武术是具有健身、技击、艺术成分的民族形式体育之一，它能锻炼身体，提高身体素质，培养思想品质。

1961年出版的《体育学院本科讲义·武术》，是我国第一部全面论述武术的权威教材，将武术的概念表述为"武术是以拳术、器械套路和有关的锻炼方法所组成的民族形式体育，它具有强筋健骨、增进健康、锻炼意志等作用；也是我国具有悠久历史的一项民族文化遗产"。这一定义显然涉及了武术的运动形式，强调了武术的体育性，淡化了武术的技击特点。[2]

"文化大革命"之后，百业重兴，武术技击特点也随着人们的观念开阔而再度进入大众的视野，散手、太极推手等对抗性项目在全国各地逐步得到开展，由此也影响到了有关武术概念的表述，全国体育通用教材《武术》以及同期出版的相关辞书中，涉及武术概念描述时也开始渐次把与攻防技击相关的内涵适当写入。例如，1978年体育院系通用教材《武术》中认为："武术，是以踢、打、摔、拿、击、刺等攻防格斗动作为素材，按照攻防进退、动静疾徐、刚柔虚实等矛盾相互变化的规律编成徒手和器械的各种套路。它是一种增强体质、培养意志、训练格斗技能的民族形式的体育运动。"[3]一方面强调了武术是一种"民族形式体育运动"，另一方面用具体的有代表性的技击方法来强调武术的技击特点，从而既明确了武术的本质特性，又明确了武术的体育性质。

1985年出版的体育系通用教材《武术》则进行了补充，在武术的运动形式上增加了有关对抗性项目的内容，将武术表述为："以踢、打、摔、拿、击、刺等技击动作为素材，遵照攻守进退、动静疾徐、刚柔虚实等规律组成套路，或在一定条件下遵照一定的规则，两人斗智较力，形成搏斗，以此来增强体质、培养意志、训练格斗技能的体育活动。"[4]

1988年，全国武术专题论文研讨会通过广泛论证，取得了较为一致的看法，将武术的概念表述为："武术是以技击动作为主要内容，以套路和搏斗为运动形式，注重内外兼修的中国传统体育项目。"[5]其中的"内外兼修"突出了武术的民族文化特点。这是当时表述最完整，也是最权威的武术概念，被广泛引用于各种教材及相关资料。

1 邱丕相.对武术概念的辨析与再认识[J].上海体育学院学报，1997 (2)：7-9.

2 体育学院教材编审委员会.体育学院本科讲义（内部教材）·武术：上册[M].北京：人民体育出版社，1961：1.

3 徐才.武术科学探秘[M].北京：人民体育出版社，1990：9.

4 体育学院教材编审委员会.体育学院通用教材·武术：上册[M].北京：人民体育出版社，1985：1.

5 温力.中国武术概论[M].北京：人民体育出版社，2005：3，26，22.

1996年《体育院校函授教材·武术》中，重述了上述的武术概念，在最后的总结中说："总括起来说，武术是中国传统技击术，归属于传统的民族体育，又是民族文化的一部分。广义的武术，是一种包含实用技击的人体文化；狭义的武术，应成为武术运动，是一种体育运动，主要包含套路和搏斗两种形式。"[1]提出了广义和狭义之分，强调了武术的文化性。

2009年7月，国家体育总局武术运动管理中心于河南登封举办的"武术定义和武术礼仪标准化研讨会"上，来自上海体育学院博士生导师邱丕相教授作了主题报告《武术概念的嬗变与界定新论》。该报告在回顾不同历史时期武术概念变化的前提下，从"技能的武术""体育的武术""文化的武术"几方面分别对武术进行表述，最后阐释了武术的总概念，大会最终确定的武术定义是："以中华文化为理论基础，以技击方法为基本内容，以套路、格斗、功法为主要运动形式的传统体育。"[2]这个表述，也是迄今为止官方层面关于武术概念的最新界定。

### （三）百家论"武"

虽然2009年7月诞生了武术概念的官方最新界定信息，但是，这并不能从根本上改变关于武术定义认知问题的传统论争与观点分歧。从《诗经·巧言》中的"无拳无勇"到"止戈为武"中武字的出现，历经汉代的"武艺"、南朝的"武术"、民国时期的"国术"和新中国成立后的"武术"，从1988年亚奥理事会正式规定"武术"为奥林匹克运动的法定用语到2009年国家体育总局武术运动管理中心对于武术概念的最新界定，武术概念经历了漫漫千年的演变过程。和任何事物一样，武术处在不断地发展变化的运动状态之中。不同时期人们对于武术的认识都会存在着差异，因而围绕武术概念的表达也就必然不会一样。人们对于武术概念的认识是一个不断丰满的过程，不同时期的认识自然不会相同，即使同是历史阶段，不同的人们也会基于自身的体认而产生不同的认识。相对于当前而言，今后也必然会有新的武术概念产生。

关于武术概念的认识差异，首先可以从官方层面的相关表述中略见一二。同为国家高等教育通用教材，人民体育出版社1996年6月出版的《武术学概论》"武术"定义沿用了1988年冬全国武术专题论文研讨会的概念描述——"武术是以技击动作为主要内容，以套路和格斗为运动形式，注重内外兼修的中国传统体育项目"。1997年版全国体育院校教材委员会审定的《武术理论基础》则展示出关于"武术"的另外的表述："武术是以中国传统文化为理论基础，以内外兼修、术道并重为鲜明特点的中国传统体育项目。"

国家高等教育通用教材尚且如此，不同研究者们的观点差异更可想而知。从宏观来看，相关学者认为，武术的概念内核体现在传统体育项目或者体育运动形式方面，另外一些专家则强调文化是武术概念的中心要义。认可第一种概念者如2004年某体育专业核心期刊登载的论文《对武术概念的再认识》，对武术作了如下定义："武术是以技击作为主要内容，以套路和格斗为运动形式，注重内外兼修，武德兼备，培养全面发展的人的中国传统体育项目。"同样持此观点的还有温力等若干国内知名武术教授，温力教授指出："我们可以将武术的概念表述为：武术是以具有攻防特点的动作为主要内容，以套路练习和对抗性练习为运动形式的中国传统体育

1　体育学院教材编审委员会.体育学院函授教材·武术 [M]. 北京: 人民体育出版社, 1996: 5.
2　杨建营, 程丽平.大武术观统领下广义武术概念的确立 [J].上海体育学院学报, 2013 (4)：88-93.

项目。"[1]坚持第二种观点的同样以国内部分知名武术教授为主体，其中尤其以上海体育学院武术博士生导师群体为引领。例如，邱丕相教授认为，对武术的定义可以从"武术是中国的传统文化之一、武术是中国传统体育、武术是中国传统的技击术"三个侧面来剖析；郭志禹教授认为，对于武术概念，不能仅仅停留在"古代军事技击术"的解释上，应该具有发展的眼光，对当代武术概念的界定，要有"武术是技击术；武术是传统的民族体育项目；武术是中华民族优秀的文化遗产之一"三个层次上来判断。[2]蔡仲林等把武术概念定论为："武术是以中国传统文化为理论基础，以攻防技击的人体动作为基本手段，以通过培养身心健康的人来为一定社会服务为目的，以追求'天人合一'为最高境界的一种社会文化活动。"[3]

上述各种论点，主要存在于以体育学院为主体的学院派之间，学院派之外的社会武术人士对此则同样有基于自身立场的认识。众所周知，长期以来，相对学校武术教育而言，武术更多地存在于社会大众的广阔空间，门派众多的传统武术体系犹如百花争艳，构成了中华武林的一个突出特色。但是，传统武术各派之间差异化甚大，不同门派间甚至是天壤之别，尤其在武学思想、技术特征、训练方法、技击法则以及技击效果、健身思想上向来如此。因此，关于武术概念及内涵，各武术门派基本上都有自己的传统认识，这也决定了很难用一个统一抑或是笼统的武术概念，来涵盖传统武术各派的内涵。以民间为土壤的传统武术门派对于武术概念认识的一个显著特点体现在武术技击方面。由于历史惯性的传统作用与生存竞争的现实影响，传统武术门派普遍格外强调武术的技击本质以及格斗特征，虽然大部分民间武术家并不否认武术的体育功能与相应路线，但是对于武术技击特质的追求与倡导早已深入他们的血脉与骨髓。例如，被不少传统武术人士看好的孙氏武学体系，该门下众多弟子传人即自认为"其思想、技术、方法涵盖古今，贯通中外，即使在今天来看，仍是武学领域中最精深、最先进者"。就武术认识而言，该门相关传人的理论著述中即明确提出："孙氏拳技击训练的目的不是为了给人看的竞技，而是生死格斗的杀人技，而当代任何竞技类打斗如笼斗、泰拳、自由搏击、散打等其实都是为了给人看的竞技，要求具有商业价值。因此，在目的性上现代各类竞技打斗与孙氏拳技击已不可同日而语。"[4]从这个例证不难理解，传统武术门类与当代学院派关于武术的认识差异是多么的悬殊，这种情况也是我们谈论武术概念时所不能不考虑的一个客观现实。

从现代科学的视角而言，概念是反映对象本质属性的思维形式。它是人们在长期实践的过程中，从对象的许多属性中撇开其中非本质的属性，抽出本质属性再经概括而形成的。武术的概念正是在人们接触、练习、传授、研究武术的过程中，通过感觉逐步地认识了武术的某些属性，而随着人们对武术感觉的积累，在这种感性认识的基础上，"将武术与其他事物进行比较，再对其加以综合，将每个具体的武术内容抽象、概括成为一个整体，这样就撇开了武术的非本质属性，然后借助于语言的表达，逐步地形成了武术的概念"[5]。

1  温力.中国武术概论[M].北京:人民体育出版社,2005:20.

2  郭志禹.武术理论的辩证思维论析[J].上海体育学院学报,1997(4):44-47.

3  蔡仲林,汤立许.对武术概念的再认识[J].湖北大学成人教育学院学报,2004(4):77-79.

4  童旭东.传统武术概念内涵的发散性[JB/OL].新浪博客,2013-10-16.

5  温力.认识的深化和武术概念的嬗变[J].武汉体育学院学报,1993(1):6-9.

显然，关于武术概念的认识实质上是对武术进行分析、比较、综合、概括、抽象的过程。但是，事物总是在不断地自我否定，自我更新，所以人们关于事物概念的表达也是发展变化的。另一方面，人们总是在一定的历史条件下生活，他们的实践活动和认识只能是一定历史条件下社会活动的一部分，人们对事物的认识也总要受到一定历史条件的限制，武术概念的发展变化同样如此。所以我们在探讨武术概念的发展变化时，不能要求人们去做超出当时历史条件的事，同时又可以从不同历史时期人们对武术概念的不同表述，来看武术自身发展的过程和人们认识深化的过程。这本身就是认识武术时的一件极有意义的工作。尤其重要的是，在认识、探讨武术的概念时，我们一定不能抛开或者忽略武术发展历史上长期存在的拳种门派繁杂性及其习练主体多样性的传统特征。唯有如此，才能正确理解基于不同社会群体、生活场景、习练目的、内容形式等综合因素而产生的关于武术概念的客观认识差异，才能全面认识武术概念所包容的广阔内涵以及由此衍生的武术技术体系的丰富多姿、武术文化元素的生动多彩与武术历史脉络的色彩斑斓。

# 第二节　武术的技击本色与文化特质

关于当代武术的概念表述，整体上都基于新中国成立以来"发展体育运动，增强人民体质"的整体框架之内，因此，相关的主流文献更多地把其视为一种民族传统体育类型。但是，这丝毫不排斥或者忽略武术一脉相承的传统技击本色及其民族文化特质。

## 一、中国武术的技击本色

在武术的概念认识上，虽然有不同的观点，但是关于原始社会环境下武术的起源与萌芽问题，各界人士的看法基本上是一致的。无论从原始丛林法则下人与兽斗的残酷生存竞争还是原始部落争斗中你死我活的客观现实状态而言，武术的格斗搏杀与自卫防身功能都是其能够得以代代相传的重要保障。从最初人类产生的那一刻起，由于生存和自卫的需要，武术便与个体之间的搏斗以及军事对抗冲突密切联结在一起。回眸历史长河，"从战争文化的发生起始来看，便可发现，远古萌芽状态的武术正是构成原始战争文化的主体，二者可以说是同源之水，同本之木。这一历史现象，是由武术与军事武艺有着最本质的共同特征——技击性所决定的"[1]。而所谓技击，即武术特有的杀伐击刺之术，其萌芽、演进的促成因素也不外乎人与兽斗和人与人斗两个方面。不难想象，在野兽当道、猛禽横行的原始自然环境下，处于弱势的原始先民要求得生

1　旷文楠.中国武术文化的历史作用与地位 [J].体育文史，1998（4）：2-7.

存就必须学会战胜野兽猛禽的方法，众多古籍的相关记载都表明，远古先民曾经主要以原始木棒、石块作武器而进行生存战斗，他们一开始使用武器，便同时产生并积累使用武器的各种经验，这些武器使用经验的不断积累与升华便是技击的萌芽，也即武术的发源。到了原始社会后期，随着私有制的出现以及贫富差距的拉大，部落、氏族之间的冲突逐渐演化为规模日渐扩大且组织形式日益完善的原始军事战争，原始技击之术也同样转化为军事训练与军事武艺中最为重要、最为基本的内容。

在冷兵器为主的时代，武术的技击元素始终是军事武艺的源泉。历朝历代的统治者以及将领统帅等均十分注重从社会各界物色与选拔武技杰出者来充实军旅。春秋时齐桓公亲自责令各地荐举武艺出众的人才："于子之乡，有拳勇股肱之力秀出于众者，有则以告。有而不告，谓之蔽贤，其罪之。"被称为"春秋五霸"之一的越王勾践为练兵强国，曾经访请民间杰出的剑术专家"越女"到军中传授剑术。汉代皇宫的禁卫部队，主要从各郡县精通武艺的良家子弟中选拔，有的还是职业性武士世家，如飞将军李广便是"以良家子从军击胡，用善射，杀首虏多为郎"。三国时武术高手魏文帝曹丕遍访四海武林名师，学得剑术并在军中推广，成为武术史上的一段佳话。宋朝名将岳飞非常注重士兵的武技训练，经其严格操练的军队战无不胜，令南侵中原的金国军队不由得发出了"撼山易，撼岳家军难"的慨叹。明代军事家戚继光广泛收集整理当时天下各家拳法，汇其精华而成《拳经捷要》，并以拳法作为军士训练的基本功。明代另一抗倭名将俞大猷对棍法有精深研究，其著作《剑经》是指导军队习武的重要文献，经俞大猷回传少林寺的棍法也在抗击倭寇的战场上威风八面。即使到了近现代，武术对提高有新式装备的部队的战斗力仍然有着不可或缺的作用，这方面的一个突出例证是，抗日战争时期，以传统武术刀法为主的西北军大刀队就曾经令不可一世的日军士兵闻风丧胆。这些典型的例证，都有力地说明了武术技击在历史发展特别是军事武艺方面发挥了不可磨灭的作用。另一方面，历朝历代精通技击的武士、武将和武术大家们，如正式见诸史册的三国时期蜀汉五虎将、五代十国著名的"十三太保"等，也都在中国历史上留下了武术技击本色的时代印记。清末到民国时期出现的一大批武林高手，如杨禄禅、郭云深、孙禄堂、李书文等，皆是叱咤风云的技击名家。这一时期内忧外患的特殊时代语境也造就了以霍元甲、韩慕侠、王子平等为代表的民族英雄，他们以高超的武功战胜诸多世界大力士的擂台传奇也突出地彰显了武术源远流长的技击本色。

综上所述，古往今来，尽管在中国武术的历史上曾经有过多种不同称谓，如古代的"技击""武艺""手搏""相扑""拳脚""拳棒"，近代的"国术""国技""武术""功夫""散手""散打"等，这些名词，虽然在称呼上不尽相同，但是从其含义上来看都涵括并表述出了一个共性的主题，即中国武术一脉相承的"技击本色"。这一特点说明，不管从"技能""技术"还是"技艺""道艺"等各种相应层次来看，中国武术首先应该是一种以技击为本质的体育技能或者传统文化。从这个意义上而言，围绕中国武术所进行或展开的概念、内涵、功能、意义等相关探讨，显然也不能离开武术技击本色这一重要根基，至于从文化层面关于武学乃至武道的相关研究、探讨，无疑同样也应该考虑到这一基本特点。

## 二、中国武术的文化特质

技击本色构成了我们认识中国武术的重要基础，与技击本色同样引人瞩目的则是中国武术所融摄并体现的文化特质。这种特质当然又是中华民族文化内涵的展现与缩影，因此，有研究认为，武术技巧、武术器械、训练手段以及武术规则等都是中华民族经过悠久的历史选择而形成的优秀的精神创造物，并且物化为动作程式符号标志，"通过这些程式复现和符号传播，进行纵向和横向传播，这就是武术文化的实质"[1]。整体来看，中国武术的文化特质首先体现并反映出其赖以生存、繁衍传播的中华民族历史环境与中华传统文化综合因素；其次，这种特质承载并展现着以武术为载体和纽带而产生或联结的诸多个体、群体意识、行为，包括与之密切相联的制度、组织、形式、方法以及传播手段、实践过程等；第三，这种特质还包括与武术有关的个体、集体意识、行为等所蕴含并发散的文化功能、社会价值、思想意义、历史影响等综合体系。具体而言，以技击本色为基础，以神州大地为沃土，中国武术的文化特质则又可分化为技击与军事（兵家）文化、武术与保健养生文化、娱乐休闲文化、宗教文化等。

从武术的技击本色出发，有学者根据文化现象学的理论提出，武术文化是关于物质文化、社会生活、精神生活等方面的文化综合体现物，是"以攻防格斗的人体动作为核心的人体文化"。旷文楠的《中国武术文化概论》同样指出，武术文化既不属于纯"精神理念"的文化，也不属于那种"物态化"或"制度度化"的文化，而是一种"技""艺""术"的文化，并且是围绕"武"的本质属性和内涵价值而存在和延伸的。因为技击，武术又与军事领域长期发生着极为密切的联系，由此又导致武术与后兵家文化的交叉与互渗。军事技术变革与武术器械发展互相促进，充分体现了华夏先民的科技成就；兵家谋略思想和武术克敌制胜理念相辅相成，处处闪耀着中华民族的智慧之光。

武术技击方法的实现要求习练者拥有强健的体魄，各武术拳种也都普遍强调身体素质的锻炼以及健康体魄的养成，这个特点自然与传统的保健养生文化发生了共融与共参。历史上，武术动作具有的健身康体作用得到了保健养生领域的密切关注与广泛应用，武术也积极地引进、吸纳一些保健养生领域的功法与技能丰富自身的技理体系。在武术的功法和技术体系中，气功向来有着重要的地位与作用，从某种程度上说，神秘的武术内功实际上也就是气功在武术中的运用，这一特点不仅决定了武术中的诸多功法论述均与气功理论精华高度一致，而且也造就了武术中的许多拳种如太极拳、形意拳、大成拳等一大批以内练、内壮、内养等知名的练养一体武技的诞生。即便是刚猛称雄天下的少林武术，其中也包含了"易筋经""心意把"等系列秘不外传的内练养生功法。上述诸家拳种，既是精妙的技击之术，又是杰出的养生之功。特别是太极拳，因为对于传统中医理论以及道家养生功法的糅合、吸纳与创编，其独特的健身养生价值早已为世所公认。武术界一向有"拳起于易，理成于医"之说。这句格言生动地说明了道家的阴阳学说和中医的养生理论不仅构成了武术体系技理基础，而且对于武术的历史发展发挥了非常重要的作用。过去武医不分，不少武术家既精武术，又通中医，尤其是在跌打损伤与按摩

---

1　韩雪.中州武术文化研究 [D].上海：上海体育学院，2005：5.

治病方面，一些武术家往往还能自成体系，相应地，也有不少中医大家兼习武技，武医皆能，令人肃然起敬。另外，武术与气功理论和道家思想等的相通，不仅使武术具有突出的养生、健身功能，而且使武术与人体特异功能产生了某种联系。历史上，不少武术家不仅以武艺高强知名，而且也留下了不少与"神技"有关的轶事于坊间流传，他们的种种非凡本领令人惊叹不已，同时也生动地反映出传统武术博大精深的文化魅力。

武术的文化特质在娱乐休闲以及宗教文化等众多方面也都有着广泛的展现。武术传统意义上的娱乐休闲性既包括长期习练武技而使人们内心产生的独特的心理感受，也包括各种武术活动给人们带来的综合娱乐休闲享受。武术练习的长期性与艰苦性，对于个体性格磨炼的同时也往往使其内心收获一种无言的充实愉悦感觉，从而使得身心内外都得到了娱乐与放松。武术竞赛活动所具有的激烈性与对抗性通常也是深受各界关注的娱乐休闲活动内容。历史上数不

1.1 航拍2.6
万少林人春训震
撼场面

胜数的比武较技事例积极地丰富了武术文化的内涵与积淀，也鲜明地彰显了武术文化特有的精神气质与涵化作用。武术演艺形式与地方戏曲等的结合又使得武术以武打戏的方式呈献出别具一格的艺术气息，尤其是京剧，其中的武打戏吸引了一代代不同年龄的人们，中华"武味"十足。另外，中华武林的一些门派如著名的少林武术、武当武术等，本身又与佛家、道家有着直接而深入的联系，这些拳种流派的技术理论体系以及历史实践活动自然也直观地反映出相关宗教文化的色彩与氛围，凡此种种，都折射出中国武术的综合传统文化内涵与特质。

# 武术的技法原理与功法特点

以技击为核心的武术技术，无论徒手、器械、套路、散打等，都体现并遵循着高度吻合自身项目特征的一些基本原理。从各种武术技术中概括出武术根本性的技法原理，抽象出具有普遍性的武术技法基本规律，对于武术的传习与运动实践，有着非常现实的综合意义。

## 一、中国武术的技法原理

武术技法原理较为丰富，主要可归纳为下述几类：体现武术本质特征即技击性的技法原理；以辩证对立统一为指导的阴阳变化原理，如动静、虚实、开合、进退等；从人体结构特征出发所要求的原理，如肢体动作姿势、力量方向与力度、打击部位等；与器械形制特点相适应的原理，如长兵短用、短兵长用以及刀枪剑棍以及各种特色武术器械运用等；攻防实战中的战机把握、战术运用原理等。对于武术技法原理的理解与学习，不同的人会有不同的认识，一般而言，可以从"阴阳为根""攻防有度""力发整体""以圆破直"等几个方面来展开。

## （一）阴阳为根[1]

中国武术是一门以传统阴阳学说为指导、以技击为本质的博大体系。传统阴阳学说不仅构成了中国武术的理论源泉，同时也是武术技术的总体规范。

### 1.关于阴阳哲理的认识

伏羲画八卦，为我国文字的雏形；文王演周易，是我国文化的开端。《易经》是我国最古老的经典，自古以来就被推崇备至，被尊为"群经之首"。它仰观天文，俯察地理，中通万物之情；究天人之际，探索宇宙、人生必变、所变、不变的大原理；通古今之变，阐明人生知变、应变、适变的大法则，以为人类行为的规范。这一天理即人道的天人合一的哲学思想，称作"天人之学"，为我国传统文化的基础，一切学术思想的根源，也是我国传统文化的最大特色。《易经》，八八六十四卦，几乎都是讲阴阳搭配的关系，根据《易经》学说，阴阳变化的几种规律主要有：阴阳的对应、对立性；阴阳的互包、互根性；阴阳的全息、消长性；阴阳的渐变、有序性；阴阳变化的螺旋性与莫测性等。

### 2.阴阳学说对武术技击的指导与影响

阴阳对立统一观全面渗透于中国武术的拳理阐释、技法原理、技击原则等系列核心理念之中。较早使用阴阳思想描述技击制胜之道的是庄子，《庄子·人间世篇》说："且以巧斗力者，始乎阳，常卒于阴，大至多奇巧。"阴阳学说奠定了武术传统理论的哲学构架。在阴阳思想指导下衍生了一系列武术对应概念：动静、攻防、刚柔、虚实、开合、进退、显藏、屈伸等。这一系列描述事物变化的原理，被极其广泛地运用于武术技击理论中。王宗岳《太极拳经》开首就指出太极是以"动静之机，阴阳之母，动之则分，静之则合"的变化为基础。从中国武术的运动状态和运动属性来讲，阴阳也有着广泛体现，如拳谚讲究"出手为阳，收手为阴"，"进为阳，退为阴"。这种攻守、进退之势遍寓于中国武术的各种动作中。从战术原则来说，运用阴阳对立统一关系是技击中克敌制胜的秘诀所在。著名的"阴来阳破，阳来阴破"，"静中用乱，乱中用静"，"以柔克刚，以刚制柔"等拳谱口诀，均为武术技击中的基本原则。"拳法阴阳"的技击理论形成既是武术运动深受传统古典哲学阴阳对立统一思想影响之体现，也是传统阴阳哲学观念对于武术技击指导与影响作用之例证。笼统地讲，中国武术从劲力运用、技击法则、演练风格到战术思想等诸方面都深深地彰显着阴阳学说辩证法思想的烙印。

## （二）攻防有度

武术技击主要应用于攻防格斗实践之中，无论是徒手搏斗还是器械形式的技击技术，都毫无例外地以攻防为核心；无论是武术技击训练还是技击实战应用，攻与防的辩证统一也贯穿于其过程始终。中国文化讲究凡事有"度"，这一特点在武术的发展历史中也突出体现为"攻防有度"的传统技击法则。

### 1.武术技击技术的运用要合法度

"攻防有度"首先是指对于武术技击技术的运用要有法度，符合相应的动作要领。武术技击

---

1　刘罡，申国卿，王宏．太极拳中的阴阳哲理 [J]．福建体育科技，2003 (1):30-33.

技术的载体一般可分为徒手与器械两大类别，其中前者以人体的头、手、肩、肘、膝、脚等为武器，后者则有单器械、双器械、软器械、长器械、短器械等之分，也有专业的武术术语分别称其为"单兵""双兵""软兵""长兵""短兵"等。不管是拳脚等徒手技击形式还是各种手持兵器的器械较量，都必须要符合自身相应的技术要求。就技术方法而论，武术理论有"三节要明"之说，把肢体分为"首节、中节、末节"三个部分，讲究"远踢、近打、贴身摔"，其手、脚的动作方法各有规格要领，常见于贴身近战的肘、膝运用又明显与手、脚有不同之处；武术器械与徒手技术则迥然相异，刀术的劈、砍、斩、抹与剑法的点、刺、云、撩，以及枪法的拦、拿、扎等多种器械之间的技术差异更无须表述。因此，武术技术动作首先要符合相应的技击法度。虽然不同形式的武术招法在技击应用中可以自由发挥，但是，这种情况也必然要以遵守技术法理为前提，无论是即兴发挥还是技术创新，都要如理如法，有理有度，举例来说，如果把刀法与双节棍的技术混为一谈，从武术技法原理上面议显然将难称合适。

### 2.武术技击实战应用的对立统一

攻防有度还指武术技击实战中进攻与防守技术的辩证分析与合理运用。表面上看，攻与防是一对矛盾，但是二者之间又是辩证统一的。武术技击通常"攻中有防，防中有攻"，攻守一体，变化莫测。传统武术强调招式不能用"老"，"出手似火烧"，快打快收，一击即回，即意在说明进攻的同时不能忘记防守，要攻中有防，著名的"连消带打"技法，实际就是用防守化解对方来力的同时兼有进攻的意念与动作。武谚曰："不招不架，只是一下；犯了招架，便是十下"，

1.2 咏春拳十二式入门之连消带打

说的也是此意。另外，传统武术技击还讲究"后发先至"，这种理念一方面是防守反击的战术原则运用，另一方面也是防守反击的动作技术要求。李小龙创造的截拳道以截击知名，这种技术在阻挡对方进攻的同时往往也会给对方攻击部位的受截击处产生巨大杀伤力，实质上也是以守为攻、攻防一体的技击原理体现。

## （三）力发整体

武术技击的另外一个方法特点是强调整体发力。力发整体也是中国武术与国外诸多武技的一个重要区别。传统技击的这种原理认为，就武术发力的作用效果而言，单纯某一身体部位释放的力量显然是有限的，人体整体的发力效果自然远非局部之力所能比拟。所以，武术技法的训练和运用都以周身一体、整体发力为原则。传统武术技击理论中著名的"六合""三节"之说，即为"力发整体"的理论阐释，一些著名的武术拳种对此亦有经典的演绎。

### 1.武术技击的"三节""六合"

传统武术理论体系中将人体和四肢分称"三节"，即梢节、中节、根节。就全身而言，头为梢节，腰为中节，腿为根节；就上肢而言，手为梢节，肘为中节，肩为根节；就下肢而言，足为梢节，膝为中节，胯为根节。武术中"合"的含义是说相互配合，相互协调，即发力瞬间身体各部位所在的各自相对位置，必须符合人体生物力学的科学要求。武术强调"三节要合"之理，意即掌握好运动规律和动作顺序，如此方能实现传达各顺，必发整体。在具体技法运用中，冲拳要求梢节起、中节随、根节催；蹬腿则要由根节到梢节，节节贯穿。"六合"指的是，在拳法演练时人体

的内外"三合"。其中，"内三合"指"心、意、气"三者相合，即"心与意合，意与气合，气与力合"。"外三合"指"手脚、肘膝、肩胯"三者相合，即"手与脚合，肘与膝合，肩与胯合"。内外合一，即为六合。只有明白人体"三节"的分法，通过各节的协调运动来体现"四体百骸总为一节"的整体性，再配合"内外三合"的技法训练，才能够具备力发整体的综合基础。

### 2.武术拳种的突出例证

上述"三节""六合"理论，除了各武术门派均强调"三节"之说以外，也有部分拳种在对于"六合"的称谓上略有分别，如长拳运动中以手、肘，肩、脚、膝、胯六个部位的配合为"六合"，六合门则以手、眼、身相合为"外三合"，精、气、神相合为"内三合"。但是，总体上看，几乎所有的传统武术拳法关于内外"三合"的认识都是一致的，通过长期科学、系统的训练而实现"力发整体"的技击追求，也可以说是所有传统武术门派的共同理念。

（1）"三节""六合"话少林。众所周知，少林武术是在中国流传最广泛、影响最深远的拳种之一。从少林武术基本功，到拳法、拳理、拳术、各种器械及对练实战等，内容丰富，有着深邃而广博的历史积淀。少林武术中关于"三节""六合"的理论也有着独特而精辟的论述。例如，少林武术的拳法第一要诀即为"明三节"。由于身体发力过程中，力的瞬间传递关系非常重要，所以，少林武术将身体分为三节，明确各自力的发放和传递功能显得尤为突出。该门武术的技击原理强调"根节追，追要追上"，"根节催，催要催出"——因为根节是攻击力的根本来源，故根节要发于始，动于先；"中节随，随要随定"——中节与根节的运动方向、路线和速度要高度衔接，中节是力的传递的重要枢纽，又是力进一步加强的中转环节；"梢节起，起要起去"——梢节要按照根节和中节既定的运动方向、路线、速度发出，梢节是针对攻击目标，力的最终释放和表达部位；"其根在脚，发于腿，主宰于腰，形于手指"——这句武谚说明大三节中，根节、中节、梢节三者之间，力的传递是自下而上的关系过程。据少林拳谱记载，清代少林寺高僧留有一首七言绝句："练到骨节通灵处，周身龙虎任横行。掌心力在足心印，一指霹雳万人惊。"这首诗是对武术徒手格斗技术练到"明三节"高境界的综合描述。它充分强调了大、小三节之间的贯通合一，又明确指出梢节之力，均来自根节蹬地、辗地之脚。即借助大地的反弹，威力无比。[1]

（2）形意拳论与大成拳桩。在传统武术门派中，形意拳与大成拳堪称是"力发整体"原理的积极倡导者与成功实践者。中国武术官方教材中有关"六合"的描述即主要参照形意拳论内容，该门武学以五行学说为基础，拳理深奥而精致，如《形意拳术抉微》指出"内外相关，统之曰六合"，《形意五行拳图说》有关于内外"三合"的进一步论述，"内三合"意指动作时，以中枢神经为主导，以意识引导呼吸，以呼吸配合发力。也有以"身无偏倚，心平气和，意不他动，动作自然，谓之心与意合，意与气合，气与力合"者。"动作时两手扣劲，两足后跟向外扭劲，是曰手与足合；两肘往下垂劲，两膝往里扣劲，是曰肘与膝合；两肩松开抽劲，两胯里根抽劲，是曰肩与胯合；此外三合也。"大成拳是以形意拳为根基，广泛吸收各家之长而创立的一门实战武术，注重人的本能和自然力修练，通过以站桩为核心的长期训练养成上下、左右、前后六面相争、浑然一体的

1.3　站桩

1　武圣.阐释少林武术徒手格斗中三节、六合、八到、五度、五劲的技术内涵 [JB/OL]. 新浪博客, 2010-11-02.

整体力，其独特的训练体系与出众的整体浑圆力享誉武术界，也是武术"三节""六合"理论的成功实践者，被视为展现传统武术技法"力发整体"原理的杰出范例。

## （四）以圆破直

中国武术巧妙地吸纳了传统文化中"天人合一"的哲学思想，以"圆""空"生发出自然而然的技击理念，形成了拳势的神、意、气、劲、形，在实战中通过划弧走圆、绕圆走圈而达到以柔克刚、以圆破直的技击特效，这一特点与国外其他武技以直来直去为主的技击原则形成了鲜明对比。这方面的典型例子当属太极拳、八卦掌以及峨眉武术等。太极拳技术的非弧即圆、环环相扣自然不必多说，与太极拳同为内家武术代表的八卦掌也是一种以绕圆走圈为主的奇特功法。顾名思义，八卦掌是一门以八卦学说立论、以换和打称道的传统武术，其技术体系中的换和打实际都是从绕圆走圈中派生的。绕圈走转同时又是加强腿力的极有效的功法，八卦掌重点训练两条腿，发挥腿的主动作用，在进退攻防中利用步法的转移闪让，诱敌扑空，出其不意，侧面迂回，突击进攻。圆形循环无端，往返无滞。在圆形转动中，自己的目标始终在转移，使对方难以击中。对方目标常在我的圆形中心，体位转移幅度小，容易命中。进行游身连环活步训练时，行走中不断进行各种动作变化，一动即变，一变再变，以此训练应变技能。这种功法奇特、灵活机动的转走训练，被人称为"活桩步"，更因配合呼吸，又称作"活步气功"。所以绕圆走圈被认为是八卦掌的基本功和核心功法，同时也是八卦掌区别于其他武术最明显的外在特征。在这种绕圆走圈的技击理念引导下，八卦掌的动作设计总是忽上忽下，忽左忽右，使对手不知所措；其力法也总是一触即变，从来不与对手拼蛮力，稍一接触，如果感到对手的力比自己的还大，立刻改变力法或招式使对方落空，同时以迅雷不及掩耳之势进行后续打击。这种具体技术上的"圆活灵动"，也是八卦掌在中华传统技击上赢得"奇妙莫测"之誉的重要因素。

这方面的另外一个例子是"圆""空"之理在峨眉武术中的应用。有研究指出，"圆空法生，大小开合，惟妙于心"高度概括了峨眉武术的理法，在"圆""空""心"三字的经典统摄之下，峨眉武术中一切运功的方法，都由"圆"和"空"生发而来。该门武术认为，形体运动只有在圆的理论基础上，才能来去变化无碍，故能循环无端。因为圆而又空，故能生发武术功法技术的活泼自在、吐呐运行、变化无穷。在"圆""空"理念的指导与运用之下，拳术运动中的大小、开合、屈伸、往来等诸多要素能够依拳势的变化而自然顺随、得心应手。另外，气、形圆而又空的话，唯有靠"心念"来调动，所谓的"拳从心发"即高度概括了拳学"随心所欲"的艺境。[1]

以圆运动作为武术动作之要求和运动轨迹也是中国文化传统"天道观"的体现和反映。以道家为主体的中国传统文化认为，"道"是万物之始，万物之源。天地万物的演变发展始于"道"，最后又返回于"道"，而世界顺进的演变过程说明道的运动规律是一个圆圈。对此，中国武术传统理论深为赞同并据此认为"圆"与"空"是大自然天地的基本特征，因而也是武术运功的最佳方式与境界。[2]圆则灵活多变，空则轻灵无滞，圆而又空则能做到活泼自如、循环无

1　乔正权. 峨眉武术浅述 [JB/OL]. 新华网，2015-10-31.

2　曹湘英，田凌. 中华武术"内外兼修"的文化内涵及价值取向 [J]. 首都体育学院学报，2005（2）：24-26.

碍、变化无穷。武术运动要达到防身健身的效果，自然要选择这一代表宇宙运行、极具生命力的优化模式，这正是武术重视圆圈运动的根本所在。武术运动从拳法到器械，从有形到无法，均重视以圆弧运动轨迹作为基础，以阴阳转化、五行生克、八卦化生为运行机制，这一特点反映到技击实践中即为典型的随曲就伸、以圆破直。

## 二、中国武术的功法特点

中国武术的拳种门派众多，不同的拳种门派都有自己相应的功法体系，但是，从宏观上来看，中国武术的传统功法特点通常可以概括为"内外兼修""练养并重""刚柔相济""注重功力"等几个方面。

### （一）内外兼修

中国传统文化是以整体综合的思维方式来看待客观世界的。这一整体性思维的特征对包括中国传统武术在内的所有文化子系统都产生了深刻的影响。内外兼修是这一整体性思维在武术实践中的反映，是全面实现武术技击、养生、修性等多方面功能的方法。以追求身体与心理、人与自然、技术与道德的整体和谐统一，内外兼修贯穿于武术整个技术理论体系及体现于武术竞技意识上的超越与礼让，造就了武术特殊的练功方法和美，构成了武术发展的根基。

#### 1."内练一口气，外练筋骨皮"

"内练一口气，外练筋骨皮"的修炼方法可以被视为武术"内外兼修"原理的案例反映。以攻防技击为核心元素的武术在悠久的历史发展过程中，渗透了我国传统文化的精髓，从传统"整体观"出发，武术的修炼方式也日渐体现出内壮和外练兼而行之的特点。拳谚云："内练一口气，外练筋骨皮。"武术练功中不仅对基本功要求很严，讲功法和步型，同时也重视内在之气的训练，强调"气宜沉"，"气注丹田"，"沉气实腹"。反映到不同的拳法上，长拳锻炼要求外练"手、眼、身法、步"，内练"精神、气、力、功"，内外八法协调相合，浑然一体。太极拳主张以心会意，以意领气，以气促形，以形会神，强调用意识引导动作而达周身内外一体。形意拳同样强调内外"六合"，其功法要领体现为"心气一发，四肢皆动"，"以首领身"，"以腰催胯，以胯催膝，以肩催肘，以肘催手，以手催指"，形与意、内与外，周身上下无处不合。综上所述，武术虽然拳种门派有数百之多，但是各家各派拳种在自家练功要求的基础上，同时又都注重形体与精神的统一，强调内外相合，构成了武术内与外、形与神相互联系、相互制约、相互渗透的整体训练方法通过练形，可以得到精良的躯体。

#### 2.从"内外兼修"到"形神兼备"

因为"内外兼修"的特点，武术的动作已不是简单意义上的肌肉收缩运动，而是主要靠内在物质"气"或"神"的外化作用，所以，意、气、神被称为武术运动的动力源泉。武术讲求"以意领气，以气催力"的发力原则。这种意、气、神与力的结合，便构成了传统武术"内外兼修"的特殊训练方法。我们知道，形神是一个不可分离的整体，"形为神之本，神为形之用"。形与神高度统一，神以形聚，形以神完，神寓于形中，形去则神散。通过"内外兼修"的练功方式，中国武术将神与形的结合锻炼方法发展到了出神人化的地步，"形神兼备""以形传神"既是中国武术的基本功法特征,也是武术技术完成和动作演练的重要要求,构成了武术运动独特的内在魅力。武术很讲究神韵、气势、气质。练习某一拳种时,必须要用心把握其个性特征,既要达到动作形似,表现出鲜明的神情况态,又要做到武意真挚,在动作演练中体现中国武术招式特有的内涵与精髓。

## (二)练养并重

### 1.身心俱修,练养并重

如上所述,中国武术"内外兼修"的传统功法特点使得习练者身心内外都能得到充实与锻炼。另外,"拳起于易,理成于医"之说也表明,中国古典哲学和中医理论又构成了中国武术祛病健体和防身自卫功能的前提基础。中医理论把人体视为一个脏腑、表里器官有机联系且相互作用的整体,把"精、气、神"视为人身三宝。精盈则气盛,气盛则神全,神全则身健。武术也依照这一规律,把人体的心、神、意、气等内在心理品质与手、眼、身、步等外在形体动作有机结合,强调"身心俱炼""练养并重",通过内外兼修促进"精、气、神"的转化,以形神共养达到形体与精神协调平衡。武术上讲的"练精化气""练气还神""练神返虚"即指以练精练气之法增加体内能量流动和扩大体内信息通道,在此基础上进一步通过练神,促进精神意识对形体和体内能量流的控制和支配能力。武术由打基础的功夫到致用的功夫,最后达到延年养生的高级阶段,实质上也就是练形、练精、练气、练神的整体过程。

### 2.动静结合,道法自然

"练养并重"的武术功法特点在很大程度上又是受传统道家养生思想影响的结果。道家主张清静、自然、虚柔、节让、养生以全形,其"动以养生""静能抑躁""心要常凝,形要小劳"等传统养生观点,体现了动静结合、练养并重等全面养生的观点,实际上是倡导一种"动中求静,静中求动"的功法体系。道家认为天道自然的运动规律有动有静,故养生之道也要动静结合,其代表人物庄子很早就指出:"虚则静,静则动,动则得矣。"所以,在静修养生的基础上,道家理论认为,若一味以坐成静,所炼之气必成枯孤之气,缺乏生机,因此即使上乘的内丹术也必须要走动静结合的道路。这种动静结合的养生思想在历史发展上产生了重要的影响,历代名人如荀子、淮南子、葛洪、孙思邈、苏轼等都是动静结合养生观的积极倡导与实践者,这种养生思想体现在武术上则集中反映为以太极拳为核心的内家拳理拳技,从各太极拳经典拳论中亦可见一斑,如《太极拳解》有言:"身虽动,心贵静,气须敛,神宜舒。"《太极拳经释义》曰:"太极者,无极而生,动静之机,阴阳之母也。动之则分,静之则合。"《十三势行功心解》云:"发劲须沉着松静,专注一方。"另外还有《十三势歌诀》中的"静中触动动犹静,因敌变化示神奇"以及"动分静合屈伸,缓应急随理贯通"等。这种思想在传统技击中的应用则表现在"以静制动,后发制人"等方面。所以,武林有言:"静者必不忘动,乃是艺中之高手。"[1]著名的少林武术即为动静结合的范例,动者习武练拳,静则参禅打坐,习武即为参禅,参禅亦为习武,禅武不分,禅拳如一,少林武术也因此而驰名天下。

---

1　张昌来,陈蔚,刘大伟.武当内家武术动静观与它的道家养生思想[J].郧阳师范高等专科学校学报,2005(6):78-80.

### 3.“耍”拳练武，健体养生

对于“练养并重”的武术功法特点体现最为直观的拳种非太极拳莫属。孙禄堂在《太极拳学自序》中指出：“此拳在假后天之形，不用后天之力，一动一静，纯任自然，不尚血气，意在练气化神耳。”诚如此言，太极拳的技击功能与养生作用本质上得益于其独特的功法理论与特殊的运动形式。太极拳是一种柔和、缓慢、轻灵的拳术，它以掤、捋、挤、按、采、挒、肘、靠、进、退、顾、盼、定为基本十三势，动作柔和缓慢，处处带有弧形，运动绵绵不断，势势相连。它不仅是一种合乎生理和体育原理的武术健身运动，也是一种治疗和预防疾病的有效辅助手段。作为练意、练身、练气三结合的养生运动，太极拳独特的功法拳理能使人在练习后达到心静气和的状态，长期坚持练习则能调和人体阴阳，疏通人体经络，恢复和提高人体免疫机能，最终实现祛病健身，因此被公认为是健体强身、延年益寿的最佳运动方式之一。太极拳练习时要求身心要充分放松，在陈式太极拳的发源地河南省焦作市温县，无论是陈家沟还是赵堡镇，当地不少人都把练拳称为“耍拳”，轻松愉悦之情，溢于言表。这种心态，在客观上也与“练养并重”的武术功法特点尤为契合。

## （三）刚柔相济

中国武术还有“刚柔相济”的功法特点。因为“内外兼修”“练养并重”，武术的训练、发力与实战也必然不会一味地纯刚纯柔，产生与之对应的“刚柔相济”的技击特征从某种视角上来看应该也是水到渠成的结果。传统武林门派中以刚柔相济而称道的拳种很多，除了大家熟知的陈式太极拳之外，还有传统名拳八卦掌以及象形武技中的螳螂拳、猿仙通背拳等。

### 1.刚柔相济八卦掌

刚柔相济的功法特点在八卦掌中体现得较为鲜明。正如八卦掌歌诀所云：“力要刚兮也要柔，刚柔偏重功难收，过刚必折不可疑，柔软太盛等于休。”意思是说八卦掌不偏刚也不偏柔，是刚柔相济的拳术。八卦掌门人平时练功时，要求有快有慢、有直线有弧线、有明劲、有化劲、有进退、有侧闪。八卦掌实战技法同样呈现出刚柔相济的特点，比如“穿掌”是沿直线穿出沿弧线挑盖的；“青龙取水”是一手走直线，一手走弧线；“劈穿掌”是侧转身弧线劈掌，另一手直线穿出。身体移动时，脚总是离地很近，“起平平落”，前脚落地，后脚紧跟。八卦掌的刚柔与其他拳种的刚柔是有区别的，歌诀云：“刚在先兮柔内藏，柔在先兮刚后张，他人之柔腰与手，我则吸腰步法扬。”意思是说八卦掌的柔是腰和步共同完成的。不仅腰如轴，还要步法灵活多变，把腰化和走化结合起来。因此，八卦掌单练时培养走化，对练时培养腰化和走化。八卦掌的“摸泥鳅”对练不分定步和活步，一切顺其自然，因势利导。提倡“走中化、走中变”，柔化刚发，刚发柔连。八卦掌还讲究会用力，也会存力。各肌肉该松的松下来，该紧的紧起来，各关节灵活，这样做才能保证刚柔相济。八卦掌的技击特点是，接手要轻，走转要灵，化之无形，击人要猛。要做到这些就必须刚柔相济。因此，练八卦掌要求苦练加巧练，只有这样才能练出八卦掌刚柔相济的特点。[1]

---

1 中华武之魂.八卦掌是刚柔相济的拳术阐释 [JB/OL].央视网博客，2009-12-13.

### 2.亦刚亦柔象形拳

象形武术螳螂拳同样是刚柔相济的拳法。该拳长短并用，长主攻，短主守，技法上有8打、8不打、8刚、12柔之分。通背拳的刚柔相济风格也尤其突出，与螳螂拳类似，通背拳同样属于象形武术门类，其拳论中的"刚柔相济，首尾相连"之说直观证明了刚柔相济这一武学特点。"刚柔相济，首尾相连"，顾名思义，指进行通背拳练习时，要在刚与柔的处理上得体，恰到好处。拳和掌打出去的时候，要体现出刚猛的劲道；过渡式的时候，要体现出柔韧的风格。两者在相互兼顾之中，体现出刚柔相兼、柔刚并蓄的意境。在整个习武过程中，首尾相互照应，前后贯通。包括前后相连，两背相通；上下相连，左右贯通，等等。[1]

## （四）注重功力

武术是以技击为本质的。历史上，传统武术技击本质和武术从业者面临的残酷环境共同决定了对于击打效果的格外关注，这方面的突出体现便是对于武术功力的重视与提倡。即使在当代亦有不少传统武术人认为，他们所从事的传统武术技击训练重点与现代各种体育形式的武术竞技打斗仍然有着本质的不同，传统武术技击训练目的不是为了给人看的竞技表演，而是生死格斗的杀人技。两者在训练目的和方法上有着诸多本质不同，但是在某些方面，如体能、节奏、距离、战术意识、心法等方面存在部分交集。所有这些交集围绕的核心能力则是控制力与摧毁力。控制与摧毁是一体两面，控制的目的是为了摧毁，摧毁的机会来源于控制，局限于两者中任何一面的技术体系都不是上乘的拳艺。为了达到控制与摧毁的技击效果，武术就必须强化功力方面的训练，以强大的武术功力来作为克敌制胜的基本保障。在传统的习武过程中，非常重视功法的训练，像柔功、内功、硬功、轻功、眼功和耳功等都有一整套训练内容和方法。少林七十二艺练法中强调"练习武术，于拳脚器械之外，更须注意软硬功夫"。功法的训练目的，最主要的是可以借此获得功力，而功力又可以通过套路、格斗和其他形式等表现出来。

### 1.传统军事武艺对功力的重视

因为共同的克敌制胜追求，古代的武术与军事有着极为密切的传统联系，对于功力训练的重视也是二者的共同之处。宋朝名将岳飞就是凭借严格的武术功力训练带出了一支战无不胜的"岳家军"。岳飞之后，明代军事家也都十分重视武术功法的练习，其中尤以力量大小作为考评战士作战能力的标准。据记载，抗倭名将俞大猷曾以"力举二百斤"为标准选拔战士；戚继光则是用重器械、重锤来训练战士的臂力、体力——"凡兵平时所用器械轻重分两档，重于交锋时所用之器。重者既熟，则临阵用轻者自然手捷，不为器械所欺矣是为练手之力。"用加重的兵器来锻炼手臂的力量，手臂力量大，运用手中的兵器自然轻快。这和唐代用"翘关"锻炼臂力的方法是一致的。"凡平时勿战，人必重甲，荷以重物，勉强加之，庶临敌负轻，进退自速，是谓练身之力。"这种负重甲练身体力量的方法，也和唐代"负米五斛，行二十步"的练身力方法相似。根据《纪效新书》中所述，抗倭名将戚继光在募兵中则尤其注重胆和力两个方面，在练兵中要

---

1　周以纯.我理解的"刚柔相济，首尾相连"[JB/OL].新浪博客，2009-06-25.

求士兵扛着三百斤重的铁人，往返步行一里。清朝武举科考中也有掇石和舞刀之项。据《清代科举考试述录》记述：石有三号，最大三百斤，其次二百五十斤，最小二百斤，举石必须离地一尺方为合格；舞刀仍保留着翘关的某些形式，即把八十斤、一百斤、一百二十斤重的大刀单臂举起数次，还要"舞花"。[1]这种举重和舞刀实际上也是传统武林人士训练功力的常用手段，一些武术家训练用的石锁重的有五六十斤，石担则更重，一般训练和表演的动作有举、扔、传、接、头顶、肘架、飞旋等。著名的沧州武术家便因为能举近达千斤的石担而武林人称"千斤神力王"。值得说明的是，这种传统功力练习形式也为当代武术功力大赛项目所沿用。

### 2.传统武林门派对功力的训练

传统武术重视功力的训练与提高，首先体现在各门派都有自己的功法训练体系，这种功法训练体系往往成为其武术技法的特色标志。例如，北方拳种大多重视腿法技术的实战作用，功法训练也尤重腿法劲道及杀伤力的相关技能、技法，南方拳种则普遍重视以拳法为核心的实战技术，功法体系也由此而偏重于和拳法相关的劲力与击打效果练习，武林中传诵已久的"南拳北腿"之说便从一定程度上反映出这种传统武林曾经的技击状态。不管是"南拳"还是"北腿"，其技术设计、训练、应用的直观目的都是为了拥有能够摧毁或战胜对手的强大的技击能力。为了练出这

1.4 少林功夫
铁砂掌

种能力，传统武林门派的传人都在自己的功法训练上下足了功夫。过去，武术中的桩功普遍被各派视为"不传之秘"。著名的形意拳以三体式桩法作为功力训练的基础手段，强调"入门先站三年桩"，在拥有了功力方面的重要保障之后才开始进行正式的武技学习。大成拳同样以站桩为核心功法，长期的桩功练习，也使得该门拳法的习练者中出现了许多抗击打能力强、击打功力出众、实战技能突出的传人。武林中一些以刚猛称道的"外家拳法"还尤其拥有包括"铁砂掌""铁布衫"等在内的硬气功法，通过诸如此类的功力训练取得"一击必杀"的能力。从《纪效新书·拳经三十二势》中可以看出，古时拳术的基本形式是一个一个的单势，与今天我们看到的大多数武术形式截然不同。重在单势其实也是为了在重点技术上练出技击功力。古老的拳法雄浑质朴，动作简练实用、整齐划一，讲究短打近用、快攻直取，一个动作左右互换、来回走趟，日积月累，年复一年，每个动作重复演练成千上万次，一旦遇敌在速度、力量、准确性方面均可达到惊人的地步。拳谚说"拳架功夫深"，就是说在拳架中要外练筋骨皮，内练一口气，通过单势拳架的功夫练习，最终具备技击能力。[2]

### 3.千佛殿的少林武术功力遗迹

为了练出超群的武术功力，少林武僧们更是下足了功夫。其中一个至今仍脍炙人口的例子便是，少林武术名扬天下，即使没有到过少林寺的人也听说过少林和尚因练武把大殿中铺砖的地面都踩成坑了。去过少林寺的人都看到过，千佛殿中用方砖铺成的地面上，有48个深浅不同的锅样脚窝。这48个脚窝排列4行，前后左右间隔2米有余，排列非常整齐，最深的有50厘

1　李成银.论武术功法运动的发展的功理及特点 [J].搏击·武术科学, 2009 (2)：1-4.
2　武隐者.解密少林寺千佛殿脚窝之谜 [JB/OL].新浪博客, 2012-04-01.

米，这便是历代少林武僧刻苦练习功夫所留下的史证。长期以来，曾经有许多人围绕这一奇观的成因产生过思考并且进行了深入探索、研究，最终却从武术功力训练方面找到了相关答案——众所周知，少林武术特别重视腿上功夫，师傅教弟子特别要求腿上的基本功。几十个人在千佛殿内，前后左右拉开距离练功。因受着四壁和十二根屋柱、中间毗卢佛龛的限制，千佛殿内能够活动开的地方最多容纳48人练功。武僧们经常固定在这些位置上习练腿上功夫，久而久之，这48个脚窝也就自然而然地踏成了。"来往一条线"，少林拳的套路基本上要求不管身子怎样变化腾挪脚步始终要在一条直线上，所以这些脚窝的排列很有规则——"天下武功出少林"的风光背后，少林武僧们为了练出一身超强功力而付出的努力和汗水可想而知！少林僧人们禅武合一，行止坐卧不离拳意，将技击技术生活化、习惯化，日复一日地勤修苦练，终于流传出传扬四海的武功奇迹！

**本章小结**　　2009年7月，国家体育总局武术运动管理中心于河南登封举办的"武术定义和武术礼仪标准化研讨会"上最终确定的武术定义是："以中华文化为理论基础，以技击方法为基本内容，以套路、格斗、功法为主要运动形式的传统体育。"这个表述，是当代官方层面关于武术概念的最新界定信息。尽管当代主流武术概念表述整体上都基于"发展体育运动，增强人民体质"的体育框架之内，但这丝毫不会排斥或者忽略武术作为一种攻防对抗之术的技击本色及其一脉相承的中华传统文化特质，对于这一点的理解与认识是辩证审视武术概念的重要前提。

以技击为核心的武术技术，无论徒手、器械、套路、散打等，都体现并遵循着契合自身项目特征的一些基本原理。对于武术技法原理的理解与学习，不同的人会有不同的认识，一般而言，可以从"阴阳为根""攻防有度""力发整体""以圆破直"等几个方面来展开。中国武术的拳种门派众多，不同拳种门派都有自己相应的功法体系，从宏观上来看，传统武术的功法特点通常可以概括为"内外兼修""练养并重""刚柔相济""注重功力"等几个方面。

**回顾与练习**

1.当代官方层面关于武术概念的最新界定是什么？你对其如何认识？

2.武术的本质是什么？你是否认可武术的技击本质？

3.传统武术技法原理主要有哪些内容？

4.传统武术功法特点通常可以概括为哪些？

**画外武音**

### 1.仓颉造"武"的传说

在民间武术界，有人将"武"字发明创造者归结为传说中的仓颉。据说仓颉在观看审讯一起偷盗案时，发现审判者威风凛凛、义正严词，而偷盗者魂飞胆散、无地自容。于是，仓颉根据刑罚不如威慑的规律，创造了"武"字，还特地把"匕首"拿掉。所以"武"字没有"撇"，其含义是威慑，它与打仗、动兵不同。这种说法虽然没有权威性根据，但显然增添了武术文化的丰富多彩与传统魅力。

### 2.太极图中的阴阳哲理

简易而复杂的太极图虽只有黑白两色，却包含了天地万物的共通规律；它以综合并包的方式容纳多种思维。中国传统文化中许多学科，往往都用这张图来解释自己丰富复杂的内涵，可谓仁者见仁、智者见

图1-2　太极图

智。研究传统医学的人说它是一张"人体系统论的图像"；搞气功的说它是一张"炼丹图"；搞绘画的，如当代国画大师李苦禅、黄宾虹先生都认为它"是中国书画的秘诀"。似乎中国传统文化许多学科之中都有一个"易魂体系"，都有一张"太极图"。以"太极"命名的传统武术"太极拳"，与此图关系自然更为密切。太极拳理法秘诀，可谓尽在其中。

### 3.京剧与武术文化

作为中华民族传统体育文化，武术在其漫长的历史发展过程中，受到了多种社会文化因素的影响。从某种程度上讲，武术从其产生的那一天起，

就与艺术文化有着密不可分的联系。同为产生于华夏神州地域内的子文化类型，武术与作为中国戏曲艺术集大成者的京剧之间的关系更是非同一般。在京剧的唱、念做、打中，我们同样可以感受到武术文化的历史风采与真实存在。

### 悠久的京剧武风

京剧是一种以演员表演为中心的舞台艺术，把武术作为主要表演形式之一，是京剧艺术的一贯传统。京剧艺术是由谭鑫培、杨小楼、梅兰芳等一大批著名表演艺术家的闪亮的名字所串联起来的，而这些京剧名家又可以说无不拥有精湛的武技和高超的武功。在京剧诞生前的明代时期已经流行于北京的弋阳腔，因其表现的多是战争搏斗的武打情节，所以备受欢迎，在当时被称为京腔，至乾隆时期，更是"六大名班，九门轮转"，其盛霸京都之状，可见一斑。从1790年"四大徽班"进京标志京剧诞生起，以武戏出名的徽班又以其精湛的武功和独具特色的武打艺术而成为京剧武戏的鼻祖。在进京的"四大徽班"中，又以"和春班"的武打表演最为有名，把徽班传统的"剽轻精悍，能扑跌打"的声誉发挥得淋漓尽致。据杨懋建的《梦华琐薄》中记载："和春日把子，每日亭午，必演《三国》《水浒》诸小说……工技击者各出其技。"另据《金台残泪记》载，当年徽班盛极之时，每天"必有扑跌一出"，以至造成"歌台之上，尘土昏然"的场面。

随着近代铁路、电信等新兴行业的出现，清代中后期以来的镖行开始逐渐衰落下来，一大批武功高超的镖行人士不得不转入戏剧行业，靠自己的一身功夫生活，他们中的许多人开始投身京剧戏班之中，充当武行，或登台演武生，或担当武生教练。他们的到来为京剧武打戏的发展注入了一股重要的新鲜血液，同时也极大地带动了京剧武戏的提高和进步。明清时期的戏曲讲究真刀真枪，其表演用的武术器械大都与真实无异，武打技术也是强调真实，以惊险、逼真征服观众，以至于焦循在《剧说》中记载，当时曾有人惊呼："演戏用真刀之悍习，宜严禁也！"王梦生《梨园佳话》中也曾这样描述当时的北京武戏场景："武剧，以余所见于京师者，其人上下绳柱如猿猱，翻转身躯如同败叶，一胸能胜五人之架叠，一跃可及数丈之高楼，目眩神摇，几为忘剧。"道光年间出使清朝的一位姓名不详的朝鲜官员在观看了京剧的武戏表演后也曾在道光九年（1829年）七月初四的日记中写道："戏可观而语言解甚。宛然其交锋之戏。枪刀闪烁，非手法之精熟者示由如是踊跃！斤斗滚滚，交接之际，不觉怵然。"当时京剧武戏的精彩、高超，通过这篇日记也可以得到体现。

### 京剧的武生、武戏

所谓武生，就是擅长武艺的角色。京剧中的武生又分成长靠武生和短打武生两大类。长靠武生一般都穿靠带盔，蹬厚底靴子，用长柄兵器，这类武生，不仅要求武功好，还要有气魄，有大将风度，通常演马上武将；短打武生则是穿短衣裤，用短兵器，要求身手矫健敏捷，内行的说法是要漂、率、脆，看起来干净利落，打起来漂亮，不拖泥带水。在武生行当里，还有一种不说话、专门翻跟头或以跌扑为主的翻扑武生，内行叫撇子武生。京剧的武器道具统称为"把子"，也作"靶子"或刀枪把子，包括了所有的武术中的十八般兵器，每一种武器都有其相应的使用规范，同样的刀枪把子，不同的人使用时也有其不同的规范动作。放置把子的戏箱叫把子箱。所以，"把子"也引申为武打的同义词，如训练武打技术的基本功叫把子功等。京剧的兵器种类繁多，以至于有些剧团都不能置备齐全。这些兵器一般都源于武术。京剧演员为掌握戏曲基本武功，必须进行腿功、腰功、鼎功等的辅助性准备练习。除了一些在舞台上表演的专项功夫外，京剧的武术基本功法同武术大体相同，但是在某些分类上也有着自身独特之处，如京剧演员自幼练习基本功，称为幼功，包括唱、念、做、打、翻等内容；毯子功主要指各种筋斗以及身体各部位依次着地的跌、扑、滚、翻、腾、越等动作技巧，俗称"四面筋头"；演员手持各种长短兵器进行的摹拟武打战斗的基本功称为把子功，不同的器械有不同的把子功法，套路很多，如刀枪花、下场花等。京剧中使用的单刀、双刀、大刀、枪、棍五种兵器称为小五套，武戏中交战双方的人数在三个以上或者人数相当的战斗场面称为档子。此外，京剧的武戏基本功还包括朝天蹬、飞脚、旋子、岔功、鼎功等，训练方法同一般的武术训练类似，但是有着一些需要武术借鉴的地方，如京剧的腿功训练程序有耗、吊、悠、压、踢等递进系列，强调先练胯，再练膝，最后练踝关节的柔韧性练习方法，在进行耗腿和吊腿练习时往往要持续半小时左右的时间，这些类似的功法原本取自于武术，在此基础上又体现出了一定的发展和创新，值得当今的武术训练吸取，以起到"返本还源"之效。京剧在长期发展过程中，涌现了一大批表演艺术家，如著名的"老生三杰""新三鼎甲""四大名旦"等，都以武艺精湛享誉全国，部分简介如下：

☆谭鑫培（1847—1917年）

自幼随父学艺，习练武功。据记载，他"善武技，而多内功，悟空之棒，传之少林。石郎之刀，故老云实授于米祝家之祝翁者。能一箭步至檐端，飞行无滞"。谭鑫培曾向同时代的几乎所有著名武生名家问艺，又得少林寺的方丈将六合刀和撒手铜等武术套路传授，后来谭鑫培把六合刀化入《翠屏山》石秀在酒楼舞的刀法中，一时轰动京城。在清末画家沈容圃所绘的"同光十三绝"中，谭鑫培是唯一的武生演员。梁启超曾做诗赞曰："四海一人谭鑫培，声名州记轰如雷。"谭于1905年拍摄了《定军山》中的"请缨""舞刀""交锋"等场面，是第一个有声像资料的京剧艺术家。《定军山》也是我国第一部具有武术内容的影片。

☆杨小楼（1878—1938年）

祖籍安徽，生于北京，享有"武生泰斗""国剧宗师"之盛誉，为谭鑫培义子，其父亲为著名武生杨月楼。杨小楼武功精湛，具有扎实的八卦掌、形意拳和通臂拳基础，其功架壮美，身材矫健，武打步法准确灵敏，无空招废式，长靠、短打无一不精，在舞台上塑造了赵云、高宠、林冲、姜维、常遇春等一系列古代英雄的艺术形象，有"活赵云"的美誉。杨小楼开创了京剧中影响最大的武生流派"杨派"，与梅兰芳合作的《霸王别姬》是久负盛名的传世精品。

☆盖叫天（1888—1970年）

本名张英杰，河北人。善于借鉴吸收武术内容并引入京剧武戏表演，以演武松著称，有"江南活武松"之称。练功非常刻苦，毅力超人，曾克服折臂断腿的厄运而重返舞台，开创了近代重要的武生流派"盖派"。

☆梅兰芳（1894—1961年）

祖籍江苏，生于北京。出身于京剧世家，文武兼备，唱做并通，是"四大名旦"之第一名旦。同时又擅长武功，其熔太极剑、青萍剑法于一炉，结合舞蹈形式的《霸王别姬》中的舞剑场面，堪称经典。梅兰芳酷爱武术，每日利用空闲时间坚持练习拳剑，定居香港期间，每天必练太极拳、太极剑一小时，从不间断。

☆尚小云（1900—1976年）

汉军旗籍人，生于河北南宫。初习武功，后因扮相俊美而改学青衣、刀马旦，塑造的人物多为巾帼英雄和豪侠烈女，能文能武，武功底子为"四大名旦"之最。

☆程砚秋（1904—1958年）

祖籍吉林，生于北京，满族正黄旗人。自幼便学习武生戏，曾师从武术家高紫云学习各种拳、剑技术，武功精湛，是"四大名旦"之一，为京剧后起之秀。

☆荀慧生（1900—1968年）

河北东光县人。幼时因家贫，七岁即被卖入戏班学戏，受尽苦难，终于练就一身坚实功夫。武功扎实，起打稳健利落而富美感，女靠开打和小生装扎大靠武打都很出色，扑跌也有特点，适度而且准确，是著名的"四大名旦"之一。

图1-3 京剧武生

**京剧：中国武术的真实舞台版**

在长期的发展过程中，传统的京剧武打与中国武术结下了深厚渊源。"据京剧界的前辈先生讲，清朝末年慈禧太后喜爱京剧。为了在舞台上表演武功战绩，特诏令北京八大镖局的武术教师，创造设计了一整套适合于舞台上开打的刀、枪、剑、棍等十八般武艺的对打套路（'把子功'，俗称'打把子'）。"京剧界很多武生演员不但具有武功基础，而且有门有户，如有着"武生泰斗"美称的杨小楼是八卦、形意加通臂；以演关羽闻名的一代宗师李洪春是八卦、形意加少林；而家喻户晓的梅兰芳对于太极拳则是情有独钟。所以，在京剧的"打把子"虽然由于舞台表演的需要而显得比较美观和艺术化，"但仍可看出很多把子有着当初原始武术的痕迹和精华存在其中。如'三十二刀'这套双刀破花枪的把子（武术界称为'双刀进枪'），就较完整地保留着'太极刀'和'八卦刀'的神韵。此套把子中，对打双方的攻防行进路线，完全是按太极图行走，脚下踩着八卦的步法"。像这种情况在京剧武戏中很多，在一曲名叫"铁公鸡"的剧目中，武打甚至全是武术套路，武器也是真实的武术器械，几乎就是中国武术的真实舞台版。

（资料来源：申国卿. 燕赵武术文化研究 [D]. 上海：上海体育学院，2008：5.）

**武声争鸣**　　　**真正的中国武术：外御强敌强体魄　内养生命精气神**

[导读]真正的传统实战武术很不具观赏性，一般只有一个回合，伸手见高低，拳打两不知。因为你不会看到任何食肉动物在攻击猎物时把两只前爪打开。

### 真正的中国武术不是花架子

取而代之的，却是体育竞技武术和影视表演武术，也就是大家说的花架子。大众根本无法了解真正的中国武术。作为一个实战武术爱好者，在过去几十年，武术给了我自信，结合我过去的实战经验和总结感悟，与大家共同深入探讨一下关于中国武术这个话题。

在武术中武德和技击法是相矛盾的，但又必须把它们合二为一。在技击训练时强调肯、忍、狠、谨、稳、准六字诀。招法中含有笑里藏刀的阴险，杀人不见血的无情，声东击西的狡诈。心里要有无所畏惧的胆略，无坚不摧的信心，超越生死的勇气。这样的训练如无德人掌握了是社会的危害，习武者必须修心养德。

武术的第一基本功是放松，不是压腿、拉筋、翻跟头。放松是训练出来的，桩法就是放松训练，这种松是相对的松而不懈、紧而不僵，找到身体上下左右前后六向的临界点，就是身体力量归零，怡神达意、舒适自然。所以站桩不但不累，还是一种休息。

中国武术在国内的没落，在于官方所制定的武术标准，"高难美新"套路技术的规范设计，是违背武术本质的。王芗斋先生论述：人造之拳架子，为一般门外汉、当差表演、拳混子谋生工具，毫无用处且对神经肢体脑力诸多妨碍，损害一切良能，故习此者难有智识。武术功法是蓄养能量，反对挑战极限，高难度的花架子既没用又不能养生，初学者应选择真功夫学习，重点在于要找到会真功夫的老师。

### 真正的武术不具备观赏性

真正的传统实战武术很不具观赏性，一般只有一个回合，伸手见高低，拳打两不知。如何区分表演和实战武术？很简单，两只手合在中线上护住从鼻尖至心窝一线的为实战，两手分开敞开中线摆姿势的为表演武术。你不会看到任何食肉动物在攻击猎物时把两只前爪打开。

武术是上天赐给中国人特殊的礼物，是智者的修为。真正的（非表演）武术动作朴实而简单，运动中所包含着东方人体学、宗教修持法与人文关怀，是一个以身体运动为载体的大文化，从中获得难以言表的身心愉悦。

### 真功夫就是真养生

从中国武术运动养生理论的角度，绝大部分奥林匹克的运动都是毁坏人类健康的运动。挑战极限使肢体内脏承受超负荷的压力；争强好斗培养出贪婪功利的心理意识；金牌奖金都是牺牲健康去换取的。我们看看那些无论获冠军的还是没拿过奖的退役运动员有几个是健康的，工作事业和他们年轻时的付出也不成正比。而中国武术家运动寿命很长，到老年身体非常好，是平时注重练功的蓄养。

武术内功主要指的是呼吸方式，在横隔膜以下呼吸叫腹式呼吸，也就是气沉丹田。内功修炼主要来源于道家炼养法中的存思术、内观术、导引术。太极拳主要来源于导引术，以呼吸引动肢体运动，用一些太极桩法先找到横隔

图1-4 武术内练

膜以下的感觉，呼吸分三个过程吸、止吸、呼。止吸时隔膜肌一圈用手按是硬的就对了。

具体到练功，每个人每种功夫千差万别，不可刻意统一规范，不能把武术变成广播体操。武术是主动、整体、对称运动，我练主要是动作内牵外连、对拉拔长、在空气中体会水的阻力，用意识连通对应穴位。武术站静桩是修炼身心的重要基本功，它是一个把精神意识在身体上物质体现的过程，在不动的状态下能让四肢麻胀身体出汗。思维要扫除万虑、默对长空、内念不外游、外缘不内侵、虚灵独存，周身内外激荡回旋、悠扬相依，其乐无穷。

### 真功夫涵养民族气节

中国传统实战武术近现代不得不提武术家孙禄堂，他把形意、八卦、太极融为一体。孙禄堂晚年正值国力衰败，外国列强肆意欺侮的民族危亡之时，他年近半百击昏挑战的俄国著名格斗家彼得洛夫，年逾花甲力挫日本天皇钦命大武士板垣一雄，古稀之年一举击败日本五名空手道高手的联合挑战。只有中国传统武术的训练方式，才能在古稀之年仍然雄风不减。另外，他还写了很多拳学著作。

但凡称为"博大精深"的事物，都难以把握全面的精准。所以中国武术绝不是标准化的体育项目，而是一个庞大的身体运动的文化载体。传统武术在当今是一个落魄的行业，大部分者不是在公园小树林教拳，就是在娱乐界做武替，生活并不乐观。但是却有一批执着于传统武术传承的人，坚守着这一片小小的阵地，靠的是一种超越金钱名利的尚武精神，随着文化的回归，真正传统武术会有其应有的地位。

### 道家功法是对生命最好的养护

道家所研究的是对生命的养护，构建了一个完整的炼养技术体系。武术是把这种炼养法植入为训练方式，成为它的技术特色。太极主要应用的是导引术，用肢体运动与呼吸吐纳相配合的内家拳种。

但是中国的中医武术等文化很难标准化，让很多江湖骗子钻空子，造成了不好的影响，引起非议是正常的。所以需要真正懂得传统文化精髓的学者，用现代科学语汇传播，使好的中国文化得以保留。

**传统功夫与道家丹功相通**

师傅领进门，修行靠个人。无论学习什么，领进门的老师很重要，老师都没进门，学生就更不知道跑到哪里去了？中国实战武术大体分类为两种：一种将门武术，一种宗门武术。

将门武术：冷兵器时代战场上撕杀格斗用的，多为器械。只允许一些将军家族或地方团练和孝武科举的少数人习练，战时国家征用。历史记载有杨家将、岳飞的岳家军、戚继光的戚家军等。随着冷兵器时代的结束，将门武术已经退出了历史舞台。

宗门武术：只有中国的武术来源于道观和庙宇，是修行者在修炼过程中总结出来的。在深山老林闭关修炼时，既要保持体能又要防御野兽的攻击，长期观察野兽动态，以炼养法、禅定、丹道术等修行手段，融合出一种阴性的武术体系，一开始这种武术就是对抗野兽的，所以凶残程度可想而知，只有中国武术有仿生机制。由于和宗教有关，后人相对将门武术将其命名为宗门武术。

小周天是道家内丹修炼的第二个程序。第一步筑基：使精、气、神达到精足、气满、神旺的三全状态。第二步炼精化气：贯通任、督二脉打通小周天。注意是"贯通"二脉。反复使气自会阴，尾闾上达泥丸，再下降丹田，反复运转叫河车通，坎离交媾。所说的气是受意识控制，通过内观产生，并不是具体的空气，是一种能量的运行，提升人体本身的原动力。

武术里常说：不怕千招会，就怕一招灵。练了很多功夫招式最后到了运用，就是一两下，但是这一两下绝对是最适合自己的。比如从上小学开始就学知识，走向社会练本事，这么多知识本事哪个适合自己，就要从中精选出简单实用有效的那一招。找到这一招并不容易，一旦找到就会通达顺畅。

（资料来源：佚名.真正的中国武术：外御强敌强体魄　内养生命精气神[JB/OL].腾讯网，2016-03-14.）

# 参考文献

[1] 李印东，张明庭，李志坤，等.武术概念阐述[J].北京体育大学学报，2008（2）：259–262.

[2] 邱丕相.对武术概念的辨析与再认识[J].上海体育学院学报，1997（2）：7–9.

[3] 杨祥全.武术概念之源流变迁考证[J].北京体育大学学报，2007（2）：249–251.

[4] 蔡宝忠.从甲骨文"武"字的含义到现代意义的武术概念[J].沈阳体育学院学报，2005（2）：117–119.

[5] 王兆春.速读中国古代兵书[M].北京：蓝天出版社，2004：2.

[6] 陆宗达，王宁.训诂与训诂学[M].太原：山西教育出版社，1994：189.

[7] 明.张溥.汉魏六朝百三家集.卷六十七.见钦定四库全书文渊阁.

[8] 北宋.何去非.何博士备论.卷下.见钦定四库全书文渊阁版.子部.兵家类.

[9] 宋.叶适.杂论.见钦定四库全书文渊阁版.集部.总集类.十先生奥论注.前集.卷十四.

[10] 唐.孙逖.送赵大夫护.唐.芮挺章.国秀集.卷上收录.见钦定四库全书文渊阁版.集部.别集类.

[11] 宋.石介.徂徕集.卷二.送李先生谒张侯.见钦定四库全书文渊阁版.集部.别集类.北宋建隆至靖康.

[12] 元.陈基.夷白斋稿.卷三.见钦定四库全书文渊阁版.集部.别集类.金至元.

[13] 清.查慎行.苏诗补注.赠青潍将谢承制.见钦定四库全书文渊阁版.集部.别集类.北宋建隆至靖康.

[14] 中国社会科学院语言研究所词典编辑室.现代汉语词典[M].北京：商务印书馆，2002：1336.

[15] 周伟良.中国武术史[M].北京：高等教育出版社，2003：4.

[16] 孙文.精武本纪序（1919年）[M]//国家体委体育文史工作委员会，全国体总文史资料编审委员会.体育史料第17辑.北京：人民体育出版社，1992：12.

[17] 王庚（1921年）曾撰文对"国粹体育"进行过论述.见国家体委体育文史工作委员会，全国体总文史资料编审委员会.体育史料第17辑[M].北京：人民体育出版社，1992：12.

[18] 中央国术馆史编辑委员会.中央国术馆史[M].合肥：黄山书社，1996：34.

[19] 周伟良.中国武术史[M].北京：高等教育出版社，2003：1.

[20] 中央国术馆史编辑委员会.中央国术馆史[M].合肥：黄山书社，1996：75.

[21] 体育学院本科讲义（内部教材）·武术：上册[M].北京：人民体育出版社，1961：1.

[22] 徐才.武术科学探秘[M].北京：人民体育出版社，1990：9.

[23] 体育学院通用教材·武术：上册[M].北京：人民体育出版社，1985：1.

[24] 温力.中国武术概论[M].北京：人民体育出版社，2005：3，26，22.

[25] 体育学院函授教材·武术[M].北京：人民体育出版社，1996：5.

[26] 杨建营，程丽平.大武术观统领下广义武术概念的确立[J].上海体育学院学报，2013（4）：88–93.

[27] 温力.中国武术概论[M].北京：人民体育出版社，2005：20.

[28] 郭志禹.武术理论的辩证思维论析[J].上海体育学院学报，1997（4）：44–47.

[29] 蔡仲林，汤立许.对武术概念的再认识[J].湖北大学成人教育学院学报，2004（4）：77–79.

[30] 童旭东.传统武术概念内涵的发散性[JB/OL].新浪博客,2013-10-16.

[31] 温力.认识的深化和武术概念的嬗变[J].武汉体育学院学报,1993(1):6-9.

[32] 旷文楠.中国武术文化的历史作用与地位[J].体育文史,1998(4):2-7.

[33] 韩雪.中州武术文化研究[D].上海:上海体育学院,2005:5.

[34] 刘罡,申国卿,王宏.太极拳中的阴阳哲理[J].福建体育科技,2003(1):30-33.

[35] 武圣.阐释少林武术徒手格斗中三节、六合、八到、五度、五劲的技术内涵[JB/OL].新浪博客,2010-11-02.

[36] 乔正权.峨眉武术浅述[JB/OL].新华网,2015-10-31.

[37] 曹湘英,田凌.中华武术"内外兼修"的文化内涵及价值取向[J].首都体育学院学报,2005(2),24-26.

[38] 张昌来,陈蔚,刘大伟.武当内家武术动静观与它的道家养生思想[J].郧阳师范高等专科学校学报,2005(6):78-80.

[39] 中华武之魂.八卦掌是刚柔相济的拳术阐释[JB/OL].央视网博客,2009-12-13.

[40] 周以纯.我理解的"刚柔相济,首尾相连"[JB/OL].新浪博客,2009-06-25.

[41] 李成银.论武术功法运动的发展的功理及特点[J].搏击·武术科学,2009(2):1-4.

[42] 武隐者.解密少林寺千佛殿脚窝之谜[JB/OL].新浪博客,2012-04-01.

[43] 申国卿.燕赵武术文化研究[D].上海:上海体育学院,2008:5.

[44] 佚名.真正的中国武术:外御强敌强体魄 内养生命精气神[JB/OL].腾讯网,2016-03-14.

# 第二章
# 中国武术历史风貌

## 【学习目标】

学习中国武术发展的基本历史，认识不同时期武术发展的基本情况与相关武术热点，了解武术技击功能的历史风采，感悟以武术技击为载体和引线而展现出的中华传统文化丰富内涵与多彩姿态。

## 【学习任务】

1.了解历代武术的发展沿革概况。

2.学习新中国武术的发展状况，理解、掌握当代中国武术的分类情况及其相关依据。

3.认识武术技击功能的历史风貌，以技击功能为引线，了解不同历史时期武术发展所处的相应时代语境，以此感悟武术宏观发展与国家、民族同呼吸共命运的道理。

## 【学习地图】

历代武术沿革脉络➡新中国武术发展概况➡武术技击的历史风采➡时代语境对武术的影响➡客观心态看武术

# 第一节　中国武术的时代脉络

　　从最初产生于原始社会的萌芽状态到当代普遍传播于世界各地，武术的发展历经了上下数千年的漫长过程。在不同的历史阶段，武术的演进轨迹自然各不相同。梳理武术的时代脉络，探寻武术的历史风采，不仅意义重大，而且别具风味。

## ▌一、原始社会之武术寻踪

　　武术是中华民族通过长期社会实践不断积累和丰富起来的一项宝贵文化遗产，从服务个体生存的现实需要而言，武术的形成与社会的进步、文明的发展息息相关，是人们在社会实践中逐渐形成的一种不折不扣的生存技能，这一点，在原始社会的客观大环境之中体现得尤其直观。

　　原始社会生产力不发达，综合生产水平极其低下，原始先民们为了生存繁衍，就必须同自然界、野兽甚至在人类之间进行搏斗和对抗。在这种搏斗和对抗的生存竞争活动中，先民们不仅被迫运用拳打、脚踢、躲闪等本能性动作与野兽搏斗、对抗，并逐渐学会了拿起石头、木棒等简单的生活工具与野兽抗争，而且还日复一日地积累了劈、砍、击、刺的相关技能和方法，尽管这些动作仅仅是低级的、简单的动作，尚未从原始的生存搏斗和生产活动中脱离出来，但正是这些简单的动作为古代武术的形成奠定了重要的物质基础。从目前掌握的资料来看，"武术的起源离不开原始狩猎、部落战争、图腾武舞、祭祀活动、宗教巫术等多个活动方式"[1]。考古发现，数千年前，中国就存在较为成熟的原始习武操练活动。今天我们无法一睹远古先人们的风姿，但是可以从古老的岩画中感悟到古代武术的千姿百态，从武事岩画中体悟到中国武术的万千气象。

### （一）狩猎岩画描述的早期武术形成基础

　　在学会农作物种植之前，狩猎是原始先民的重要生存手段，同时也是人与兽搏的现实例证。原始先民基于生存而学会的使用石器、木棒击打野兽的方法，在狩猎生产活动中也逐渐得以广泛运用，这些本能的、自发的、随意性的身体动作为有意识的武术搏杀技能的形成奠定了基础。狩猎活动的开展迫使原始人类在残酷的生存环境中不断提高自身的身体素质以及抵御自然界恶劣气候和野兽侵袭的能力，并在"原始群"时代发展中形成徒手或持简单器械的攻防格斗技能，如拳打、脚踢、跳跃、躲闪、跌扑、劈、砍、击、刺等，这些基本动作日渐演变成为武术中的踢、打、击、刺等基本动作，孕育出了武术的初始形态。

---

1　汤明伟，王辉.论少数民族武术的本源与区域特征[J].体育与科学，2013（1）：67.

我国宁夏西北部的贺兰山留下了各种不同风格和内容的、多姿多彩的狩猎岩画，这些岩画生动地再现了原始社会狩猎文化盛行时期精彩的狩猎场面，镌刻着"先民们上千万年之久的整个生活，记录着古代先民由野蛮走向文明的苦难而又辉煌的历程"[1]，为研究早期人类相关武术活动提供了重要的依据。从至今保留较为完好的芦沟湖飞石索猎羊岩画、砂石梁抛掷岩画等狩猎岩画来看，大多是刻画的人与兽的各种动作形态，线条简单，动作形象，尤其较好地记录了人与兽搏斗的场景。狩猎岩画的狩猎方式和工具，亦生动形象、清晰可辨，其工具有石块、石球、飞石索、投标器、石鱼镖、骨鱼叉、长矛、弓箭等。各种狩猎方式和工具被广泛运用在围猎中，大大提高了狩猎的效率，也持续完善着武术器械的各种形态。例如，狩猎中用藤索和石球制作成的"飞石索"主要用于抛出后缠住大兽的四肢，这种"飞石索"就是早期武术"流星锤"的雏形。另外，武术中的绳镖也是从原始的石鱼镖、骨鱼叉演变而来。先民们在石鱼镖、骨鱼叉尾端系一根绳索或绑一根木棒，用手抓住绳索或木棒，将镖、叉掷出后牵动绳索将它收回，以便多次利用。不难揣测，在"人民少而禽兽众"的环境下，武术在狩猎这样一种原始状态中展现出来的猎杀动物的生产技能，逐渐成为一种有目的的猎杀动物的自我训练，促使原始武术实现了质的飞跃。同时，先民们运用自己的智慧和生活实践，创造的各种击打野兽的工具和方法，也为早期武术器械和拳术的形成奠定了基础。[2]

## (二) 部落战争加速了武术搏斗技能转化

"战争是社会和人类发展史上的重要现象，也是武技、力量、体能、体力和智慧表现的重要载体。"[3]新石器时代末期，随着生产力的发展和私有制的产生，各氏族、部落之间为了各自的利益，因为资源、财富等矛盾而频繁爆发战争，使用武力成为掠夺资源、财富的一个重要手段。氏族部落之间这种有组织的战争显著加速了原始武术的形成。

据史料记载，这一时期大规模的战争有黄帝战炎帝、黄帝战蚩尤、夏禹伐九黎、征三苗等，我国史书中记载的最早的一次战事，是神农对斧氏族与遂氏族发动的战争。著名的史学家郭沫若也在《中国史稿》第一册中写道："在通向华夏族形成道路上，传说有三次大规模的部落战争。"第一次是发生在炎帝部落的共工氏和蚩尤氏之间的战争——"蚩尤乃逐帝，战于涿鹿之阿，九隅无遗"。共工拼死战斗，失败后"怒而触不周之山，天柱折，地维绝"。关于这次战事，《韩非子·五蠹》中描写道："共工之战，铁铦短者及乎敌，铠甲不坚者伤乎体"，当时战争的激烈程度可见一斑。第二次是炎黄二帝结为联盟，与蚩尤大战于涿鹿之野，最后，战而胜之。《庄子·盗跖》中说此战双方"流血百里"，可见当时激战之残酷。第三次则是黄帝与炎帝之间的部落战争，双方战于阪泉，"血流漂杆"，黄帝"三战然后得其志"，从此开始了中华民族的伟大融合历程。在这一宏观背景下，各种原本运用于生产活动中的工具和技能也逐渐在战争中广泛应用并转变成军事技能。战争的发展，也促进了尚武之风、格斗器械以及军事武艺的演进。伴随

---

1　崔风祥.贺兰山岩画与古代狩猎文化[J].武汉体育学院学报，2005 (4)：10.

2　王国志.武事岩画：见证早期武术发展的历史足迹 [J].沈阳体育学院学报，2005 (6)：135-139.

3　刑新强.西藏岩画中原始体育图像的解读[J].成都体育学院学报，2008 (9)：52.

作战方式的演进，军中一些武艺和技能突破了单一的局限性，从技术到组织、从形式到思想均发生了极大的变化，使武术脱离了生产技术，完成了从获取生产资料到注重搏斗技能的功能转化，加速了原始武术的形成。在早期战争中，就有了"五兵"的发明。据《世本》记载："蚩尤作五兵，戈、殳、戟、酋矛、夷矛也。""挥作弓，夷牟作矢。"武器伴随战争的需要不断发展着，人们远则使用弓箭、投掷器，近则使用棍棒、刀斧，每种器械巨大的杀伤力被残忍地展现出来。如果从武术器械发展的视角而言，弓箭的发明则显然是历史的巨大进步。恩格斯在《家族、私有制和国家的起源》中指出："弓箭对于蒙昧时代，正如铁剑对于野蛮时代和火箭对于文明时代一样，乃是决定性的武器。"[1] 弓箭作为一种远射工具，由于独特的作用和效果，逐渐脱离狩猎实践演变为原始先民极普遍的作战武器，在战争中被广泛运用，极大地提高了杀伤力。弓箭的形状不断改良，轻便且易于携带，材质也在不断发生变化，更加牢固耐用，使用起来更加得心应手。随着冶金技术的发展，箭头也由原来的石、骨向铜、铁演化，提高了武器的杀伤力。弩、弓箭之外，长矛、刀剑以及圆形和方形的盾牌等武器也渐次在原始部落战争中广泛运用，从而不断丰富着武术器械的种类，同时也使得武术的内容和方法更加丰富多彩。

## （三）原始社会中的武舞一体与巫武不分

中国武术的起源与原始宗教、教育、娱乐等民族文化有紧密联系。原始宗教的主要形式——巫术与图腾崇拜通常借助原始武舞的形式来体现，而原始时期武术与武舞的一体化特征非常明显。

由于特殊的自然环境等综合因素，作为早期的身体活动，武术、武舞、舞蹈时常处于一种混沌不分状态。早期武舞主要是表现人与兽或人与人搏斗的舞蹈，它是狩猎或战争场面的再现。当时，人们在狩猎和战争活动前后，都要跳武舞，舞者手持各种兵器，作击、劈、砍等动作，通过武舞这种形式来模拟和还原战胜敌人和猎物的场景，想象、练习劈砍击刺等杀伐的动作技术来产生一种超自然的力量，以鼓舞士气乃至祈神保佑。这些武舞既是战斗的演习、武艺的操练，也是原始击刺动作组合成武术的简单套路的萌芽。舞中存武，舞中行武，舞中显武，武舞也可以说展现了早期武术与舞蹈的客观交融，一些武舞的动作组合与现今的武术套路有许多相似之处。《尚书·大禹谟》记载，舜时曾经发生过一个以武舞慑服反叛部落的事例，一个叫有苗的部落不服从当时中央政权的统治，舜命禹率人去讨伐。禹领旨后没有直接率兵展开攻击，而是让士兵手持干、羽等各种武器，以武舞的方式训练了70天，有苗氏终于被其慑服了，从而不战而屈人之兵。这一战例之外，相关文献中也有"巴师勇锐，歌舞以凌殷人"等史料记载。

与武舞联系在一起的还有以巫术为代表的原始宗教祭祀活动等。据相关资料介绍，巫术在早期的人类社会十分盛行，史前的巫术中存在着许多原始的体育形态，而巫舞则可以说是最古老的体育形态之一。因为巫武不分，武术与巫术的各种联系便也成为原始社会时期的一种历史现象。先民们为了在战争中能取得胜利，一些巫术活动也逐渐升级为大型武舞，如西周军队中的"象舞"和"大武舞"。这些武舞既是对战争的模拟和练习，又是对士兵进行针对性的军事训

1　李祥石，朱存世. 贺兰山与北山岩画[M].银川：宁夏人民出版社，1993：122.

练。史书中所载的"教兵舞，帅而舞山川之祭礼"等便是这种现象的实证。正因如此，一些研究者认为，在古代，"舞""武"两字是同源、相通的，武术的精髓，源自于巫—舞—武。诚如胡小明在《从左江岩画看民族传统体育的起源与传播》一文中所说："如果武术不是受益于武舞，那它将向拳击、摔跤等格斗术的方向发展，至于后期儒、释的影响，不过是为武术披上了一层伦理学的面纱。揭去这层面纱，便宛如我们站在左江岸边，凝视着那些手持刀剑而舞的人形。"[1]在我国的一些少数民族地区，现代仍保留有不少其先民的武舞传统。例如，云南纳西族的祭神武舞"东巴跳"，数十上百人手持武器而狂舞，场面十分壮观。

原始武舞尽管是一种简单的手舞足蹈，但却促进原始武术在原始文化的混沌母体中萌芽成长。正是基于上述的认识理念，一些学者甚至认为，"中国武术正是从巫术文化氛围中获得了更为丰富的武术因素和创造灵感，现代武术套路受到巫舞潜移默化的影响，而具有极强的表演性和艺术魅力"。

## ▌▌二、先秦武术发展探骊

先秦指秦朝以前，在时间上是指从传说中的"三皇五帝"到战国时期这个阶段，因此，狭义的先秦武术史研究的范围，包含了我国从进入文明时代直到秦王朝建立这段时间，主要指夏、商、西周、春秋、战国这几个时期的武术历史。学者黄摩崖先生将先秦比作中华文明的头颅，这一譬喻对于武术同样较为适用。在这一阶段，中华先民创造了灿烂辉煌的历史文明，其中夏商时期的甲骨文、殷商的青铜器，都是人类文明的里程碑标志。这一时期的大思想家孔子和其他诸子百家著书立说、游艺讲学，开创了中国历史上第一次文化发展高峰并对武术演进产生了重要影响。武术在这一时期取得了长足的进步，武术活动从军事技艺分离，并开始向竞赛、艺术化发展；理论形式上出现了针对武术技击的描述以及武道与武德雏形的相关论述等，由此初步组成了中国古代武术的基本理论体系。[2]

### （一）以剑为代表的短兵技术及其理论发展

激烈的军事冲突继续发挥着对于武术技击的推动作用，战争形式的变化特别是车战向步战的发展也促使近身相搏的武术技术得以更多地应用。由于冶炼技术的进步，刀剑等短兵器开始出现并且制作工艺日益精良，当时的"巴式剑"和"越王勾践剑"皆为世所罕见的名品。短兵器的大量使用和技术上的改变，极大地丰富了武术的内容和推进了武术理论的快速发展。当时荆轲刺秦王所用的武器即为太子丹重金求得的天下"名匕"，图穷匕现，壮士悲歌，寒风潇潇中的易水送别也终成为先秦武术史上的一曲绝响。先秦短兵器在造形方面主要是锋刃、剑身长度、握把等的变化。这种变化对短兵的功能、技术有很大影响。短兵锋利使直线刺杀动作增加成为可能，剑身窄长则说明春秋战国剑的砍杀作用已有所衰退，剑法动作向着灵活多变的技术方向发展，这也是春秋时期出现了如聂胜、盖聂等不少击剑名家的一个重要原因。

---

1　胡小明.从左江岩画看民族传统体育的起源与传播[J].成都体育学院学报，1992（2）：31.
2　袁宇宁.先秦时期武术体系研究[J].少林与太极，2014（1）：9-11.

先秦时期不仅武术的技击形式有了一定的发展，同时也有了少量武术理论的出现，最为著名的就是《吴越春秋》中的"越女论剑"。《吴越春秋·勾践阴谋外传》中记述：越王向民间武术家越女询问剑道，越女为其讲述了一套精辟的击剑理论："其道甚微而易，其意甚幽而深，道有门户，亦有阴阳，开门闭户，阴变阳兴。追形逐影，光若仿佛。"说的即是先秦剑道讲究的动与静、快与慢、虚与实、内与外、逆与顺等矛盾关系。这种剑术理论对于武术史的象征意义非常显著，即使在当时的世界范围内也是独一无二的。另外一个例子是《庄子·说剑篇》中对于剑道的相关阐述。在这篇著名典籍中，庄子分别以"锋""锷""脊""镡""铗"等剑的不同部位为喻，借用斗剑之理劝说赵惠文王放弃"日夜相击于前"的斗剑，励精图治、治国兴邦，其关于剑术的阐述异常精辟——"夫为剑者，示之以虚，开之以利，后之以发，先之以至"，短短数言，不仅反映出当时斗剑技术已发展到很高的水平，而且体现出对斗剑经验的深刻领会和技战术理论方面的深入总结。对此，权威的《中国武术史》对其评论道："这段击剑要领，被视为武术技击理论的纲领，其意义远远超出了击剑，可以看成是整个武术的一种战略战术理论。它的基本思想是：故卖破绽，诱敌来攻，因敌应变，后发制人，夺取胜利。这是中国武术的基本理论之一，至今仍是指导武术发展的重要原则。"[1]

《庄子·说剑篇》中同样保存了一些春秋战国时期有关剑的形制、斗剑仪式、尚武好勇、性情耿烈的剑士及其衣冠特征等多方面的重要资料。通过该文描述可知，春秋战国时期，武术功能已经有了多样化的发展，其最为突出的表现便是武术具有了表演性、竞赛性与娱乐性。这一时期，练武的目的已经不仅是为了战

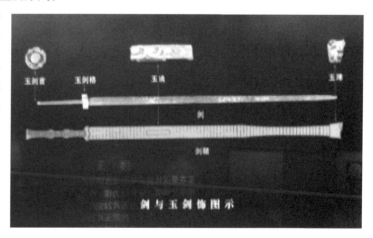

图 2-1　汉代玉剑结构示意图（河北博物馆收藏）

场上的运用，有时也是为了赛场上的竞争。较武的刺杀搏击，不再局限于战场上敌我的生死拼杀，同样应用于赛场上的表演与争雄。此方面典型的史料之一，便是该时期赵国等地盛行的斗剑之风。这一时期，一些武艺高强的世家，还以传授武术知名，如《史记》作者司马迁就追述其先祖的一支，"在赵者，以传剑论显"，表明当时剑术发展已积累了较为丰富的技艺要领，形成了专门的学问。[2]

1　国家体委武术研究院.中国武术史[M].北京：人民体育出版社，1996：26.

2　申国卿.《庄子·说剑篇》透露出的武术文化信息[J].山东体育学院学报，2007（3）：60-62.

## （二）射术和以射礼为特色的武术教育

射术作为最早期的一种军事武艺活动，在春秋战国时期已经得到了相当程度的完善，其中尤以楚国人最是擅长，《荀子·正论篇》中说的"羿、逢蒙者，天下之善射者也"即指此意。楚人在善射的同时，还形成了较完整的射术理论。逢蒙死后，遗有《射法》二卷，其中，《汉书·艺文志》里便收录有《逢门射法》两篇，但现已亡佚。另据东汉赵晔《吴越春秋·勾践阴谋外传》中记载，越王勾践的大臣范蠡曾经推荐楚国的"善射者"陈音帮助越国训练弩手，并向越王论及射箭之道，即射术理论。[1]另据相关文献记载，先秦时期也有专门对武术中礼仪标准的记载，如《礼记·少仪》中的"凡有刺刃者，以授人则辟刃"，即指凡是带着兵刃者，在给人兵刃时，不能以刀锋向人，以示尊重对方。据说这也是目前发现的对古代武术礼仪最早的文字记载。就礼仪而言，这一时期最具历史影响的相关武术礼仪活动则是盛行于商周的射礼，较早的武德也体现于"射礼"中。著名的"礼、乐、射、御、书、数""六艺"教育中，以"大射、乡射、燕射、宾射"等为代表的射礼即为其中的重要内容，所谓"立德行，莫若射"之说，便是当时人们将射礼作为伦理教化途径和手段的反映，通过进行"射以观德"教育，"射"作为一种修身的行为规范名垂青史，"君子无所争，必也射乎。揖让而升，下而饮。其争也君子"等也成为与其相提并论的德育格言。[2]

## （三）诸子百家学说与孔子的文武之道

春秋战国时期，以儒家、道家、法家等为主要代表的诸子百家纷纷崛起，他们的学术理念与热烈争鸣极大地促进了同时期武术理论的发展，为中国传统武术文化奠定了充实的基础。诸子百家中的道家思想构成了武术理论体系的坚固基石，特别对于以太极拳等为旗帜的内家拳法影响突出，儒家、法家、墨家学说等则对于武术德性观念的演进发挥了重要作用，其中，墨家主张的兼爱、非攻是武术侠义精神的原典，儒家学说的相关观念则成为中国武术武德伦理的核心主体。儒家先师孔子出身武艺世家，史载其本人身长九尺、材貌特异、武艺出众，可"勇服于孟贲，足蹑狡兔，力招城关"。孔子认为在战争频仍时期国家统治者要"教民以战"，否则无异于"弃民"，但又不赞成穷兵黩武，其理想化的武备思想为"有文事者必有武备，有武备者必有文备"。这种文武兼修的治国之道同样被其应用于个人教育。孔子尊奉一种"完人"教育理念，以实现人的全面发展，而武艺是必修内容之一，他以"六艺"（礼、乐、射、御、书、数）教授弟子，其中"乐"中的"武舞"及"射与御"都与武术有密切关系。孔门弟子遍天下，所谓"弟子盖三千焉，身通六艺者七十有二人，受业者众"[3]，其中不乏武勇出众者，如文武双全的冉求、勇士卞庄子、仗剑保护孔子的公良孺、执矛杀敌的子路等。孔子提倡的武艺是在礼的范畴规约之内，认为"勇而无礼则乱"，其所践行的是一种"仁义之勇"的伦理观。孔子本人虽孔武有力，但却"不以

---

1　王家忠.先秦时期楚人的武术文化探究[J].体育学刊，2009（12）：87-90.

2　谭华.体育史[M].北京：高等教育出版社，2009：36.

3　司马迁.史记[M].北京：中华书局，1975：4，1909，1938.

力自矜"，因其认为"筋骨之力，不如仁义之力荣也"。[1]此外，与这种伦理观相得益彰的还有孔子教射以飨教化等著名事例，"礼为武先"的儒家思想后来也逐渐演变为武术"德技双修"的经典理论支撑。

# 三、汉朝至隋唐五代的武术

## （一）汉朝武术发展概况

汉朝的对内对外战争均连绵不绝。大规模内战主要是统治集团内部叛乱和镇压农民起义的战争。对外战争主要是对胡、乌桓、鲜卑、匈奴、羌等游牧民族的攻防之战。其中在对匈奴的战争中尤显搏斗技艺和兵器械武术训练的重要，武术技术得到了进一步发展，汉文献中有很多关于军队武术训练记载，如《汉官六种》中就对军人练习武术的情况有所描述："民年二十三为正，一岁为卫，一岁为材官骑士，习射御骑驰战阵。"[2]还有，《后汉书》中有"修兵马，习战射"的有关军队武术训练的记载。譬如，《汉书·地理志》中有"天水、陇西，山多林木。民以板为室屋。及安定、北地、上郡、西河皆迫近戎狄。修习备战、高上气力……汉兴六郡、良家子选羽林、旗门。以材力为官、名将多出"的记载。武术的作用，汉朝的著作《论衡》中有明确记载："两敌相遭，一巧一拙，其必胜者，有术之家也。"[3]汉初实行郡县征兵制，兵民不甚分。这种兵役制度，使全国的适龄男子普遍接受军事训练，为全民习武提供了有利的客观条件；而那些复员回乡，特别是历经过沙场考验的人，对武术的价值功用有着更深刻的认识，他们亦成为民间习武的有力推动者。汉武帝时由于土地兼并加剧、战争破坏以及自然灾害的影响，大批小农破产流亡，募兵制逐渐盛行起来。史书中常提到"勇敢""奔命""佽健"等，亦均为招募性质，如《汉书·景十三王传》的"愿从国中勇敢击匈奴"，《汉书·平帝纪》的"募汝南、南阳勇敢吏士"，《汉书·宣帝纪》亦载"选郡国吏三百石佽健习骑射者，皆从军"。在尚武多战的年代里，这种佽健、勇敢、善骑、善射的募兵要求实质上就是一种武士的客观评价标准，它推动着社会中一部分人朝着这种方向发展，对武术发展起到的推动作用不言而喻。

汉朝帝王对武术相当重视和喜爱。汉武帝对军事武功的执着追求，使武风更加强劲。与汉朝开国皇帝刘邦直接相关的"鸿门宴"既是中国家喻户晓的历史事件，也是有关武术表演的生动形象记述。《史记》中记载有项庄的一句话："君王与沛公饮，军中无以为乐，请以剑舞。"[4]这一信息表明在汉初即存在有用于欣赏、助兴的表演性剑舞活动。《汉书·武帝纪》载元封"三年春，作角抵戏，三百里内皆（来）观"；元封六年"夏，京师民观角抵于上林平乐馆"；《汉书·哀帝纪》"孝雅性不好声色，时览卞射武戏"。因此，各种武术娱乐活动如角抵、手搏等，在汉时都相当盛行。汉朝政府还把武术作为一种骄傲而夸示于外宾。此举无形中也加快了武术的对外传播，如中国刀、剑、相扑等技艺在汉朝时开始东渐日本并对日本武术发展产生了深刻影

---

1　徐强，张胜利.先秦时期齐鲁武术文化研究[J].武汉体育学院学报，2014（2）：60-63.

2　刘殿爵，陈方正.汉官六种逐字索引[M].香港：商务印书馆，1993：32.

3　长泽规矩也，解题.汉书/地理志第8下[M].东京：汲古书院，昭和48年：406.

4　司马迁.史记[M].延边：延边人民出版社，2005：45.

响，汉朝的矛、剑等也
传入朝鲜。汉政府对
少数民族的优长之处
也积极吸纳，使得中
原地区和少数民族的
武术交流大大加强，
并促使当时兵种、相
关武术技术、器械和
训练发生了较大变
化。汉朝军队中有很
多少数民族将士，武

图 2-2　长沙马王堆出土的《导引图》

帝增设的八校中至少有三校来自少数民族，他们把具有民族特色的武艺带进汉营，成为武术交流的重要媒介。[1]此外，汉朝统治阶层"养士"之举，对武术的发展也大有影响。据史书记载，刘濞、淮南王皆招宾客以千数；刘武"招延四方豪杰"；刘赐也"心结宾客"等。这种势态发展至东汉，一些地方官也开始私养剑客，在客观上对武术的发展起到了推波助澜的作用。[2]

　　汉朝导引养生之风亦较为盛行，《后汉书》中特别设立《方术列传》就是突出的证明。名医华佗编创的五禽戏不仅推动了导引术的发展，还为后世某些象形拳的编创提供了范例。两汉时导引术的发展已相当成熟，不仅有了成套的动作，还有导引专著问世，如1973年湖南长沙马王堆出土的《导引图》，1984年湖北江陵县张家山汉墓出土的竹简《引书》等。这一特征在汉代画像砖上也有充分的体现，如四川成都羊子山出土的"九剑画像砖"、四川郫县出土的"一人舞钺"、陕西米脂出土的"剑盾对双戟"、河南南阳出土的"空手夺枪"等都突出表现了武术的娱乐性。从中可以看出，当时既有单人表演，又有双人表演，既有短兵表演，又有长兵表演，形式开始多样化。在这种浓郁的武术氛围之中，武术的理论著述以及把各类武术动作整理成书的学者也开始出现。在著名的《汉书·艺文志》中即记载有兵技巧、射术、手搏（拳法）和剑术篇等。[3]

## （二）三国、两晋、南北朝武术特征

　　三国时期，魏、蜀、吴互相攻击征讨，频繁的战争持续促进着武术技术的发展，同时也涌现出了一大批武功高强的战将，其中以吕布为引领，其他如刘备手下的关羽、张飞、赵云、马超、黄忠，曹操军中的典韦、许褚、张辽、徐晃、庞德，孙权统领的太史慈、程普、周泰、甘宁、吕蒙等，皆为叱咤风云的人物。三国之后的两晋南北朝是中国历史上最为分裂动荡的年代，同时又是中华民族的大融合时期。北方的少数民族内迁后，与各民族长期杂处生活，对中国武术的发展产生了重要的影响。佛教在东汉开始进入中国，之后外来佛教思想融合于汉民族传统文化中，寺院中僧众习武练功活动开始出现。此外，武技活动受地域和社会环境影响，娱乐表演性武术呈

1　刘朴.从现存汉代画像石中看东汉时期的武术活动[J].北京体育大学学报，2009（2）：29-34.
2　张霞，朱志先.汉代武术发展的原因浅析[J].解放军体育学院学报，2004（4）：16-18.
3　林伯原.中国体育史（上古部分）[M].北京：北京体育学院出版社，1987：112.

现出新的时代特点。[1]

两晋南北朝时期，拳技活动在军中内外颇受重视，有不少部伍士卒以身手灵活和徒手拳搏知名。在游牧民族与汉族文化的长期融合与发展中，北方拳技形成强劲的刚猛雄健之风，纷乱年代使得拳技活动成为许多人需要掌握的一种自卫格斗技能。当时的后赵皇帝石勒是上党武乡羯族人，骁勇过人，武艺娴熟。壮士李阳与石勒为布衣时，两人经常"迭相殴击"，徒手打斗。石勒称帝之后对李阳笑曰："孤往日厌卿老拳，卿亦饱孤毒手。因赐甲第一区，拜参军都尉。"这个时期在南北两地，都有拳技高手。不少人的拳技武功已很高超，有的还能单人对付多人而不败，并且北方已经出现了有史可考的"元家拳"。

两晋南北朝时期，刀不但成为军队最基本的短兵装备，而且制作工艺精美，深受不同人士所喜爱，善使刀的人也很多，如有《陇上歌》称赞晋代勇士陈安"骁壮果毅，武干过人，多力善射，持七尺刀，贯结，奔及驰马"[2]。陶弘景《古今刀剑录》称："后燕慕容垂以建兴元年造二刀，长七尺，一雄一雌。"除七尺刀外，又有五尺刀，北朝乐府民歌《琅琊王歌》提到"新买五尺刀，悬著中梁柱"。刀的另一种使用方式就是刀与盾相配合，而且"刀楯及单刀、双戟，皆有口诀要术"[3]。这一时期，剑虽然在战场上被刀所替代，但在军中内外仍有使用剑器的传统。专门从事剑技者，被称之为"剑客"。剑客在北朝十分活跃，他们以娴习剑法，勇气过人而著称。在当时，舞剑用剑之风不绝，许多人以剑闻名，他们能文善武，为世人所称，其中，梁州诸军事安西将军元显，"善草隶，爱篇什及春日停郊……长剑佩腰，高蝉暎首"；相州刺史窦武贞，曾因功拜为骁骑将军，"少以剑气有闻，长以侠烈标誉。力折鲁门，勇高齐垒，长者多游其室"，可见"剑气"一词最晚在南北朝时期就早已出现。壮美的舞剑、勇武的气质反映出北朝文化的厚重和多姿多彩。军旅长兵武艺在使用上也有了进一步的变化和新的技术特征，稍大量出现在战争及平时的实际训练中，在原来的一丈八尺的基础上出现了长二丈五尺的"大稍"和双面开刃的"两刃稍"。另外，两晋南北朝时期棍棒作为兵器投入战场，得到了新的发展。北魏孝明帝武泰元年（528年）9月，起义军首领葛荣引兵围邺，攻打相州，镇压起义军的北魏尔朱荣军队就用棍棒代替刀兵武器。士卒操用棍棒比用刀兵武器的作战威力更大，在人马逼战时发挥了棍棒的攻战取胜作用，被称为"神棒"。

这一时期，武术表演被正式列为宫廷娱乐的项目，无论南北，民间亦流行相扑活动，不同地区之间的相扑活动较为流行。南朝与北朝常举行武艺竞技，亦以较射为主要项目。北齐时，南方梁朝派往北齐的使者精通武艺，曾与北齐武士举行过一次比武。在拉硬弓比力量及骑射两方面，南方使者均不敌，北齐大将纂连猛武艺高强获胜。这次较武，表明在娱乐性的武术竞赛中出现了较多的国家、民族意识，赋予武术竞技更为深广的意义。武术器械的相关娱乐性项目同样种类较多，有刀楯表演、马槊表演、刀剑表演等。另一类武术器械项目如刀、剑、戟等武器的抛掷表演，则近乎杂技项目。据《宋书·黄回传》记载，出身杂役的黄回因"拳捷坚劲、勇力兼人"而被

1　马爱民.两晋南北朝武术拳技与器械探究[J].体育文化导刊, 2013 (6)：136-139.
2　崔鸿.十六国春秋辑补前赵录八·刘曜[M].长沙：岳麓书社, 1996: 299-306.
3　杨明照.抱朴子外篇校笺：下册[M].北京：中华书局, 1997: 709.

任为军官。黄回的朋友王宜与亦精通武术，"善舞刀播，回常使十余人以水洒之，不能着"。

武术发展至两晋，已积累了相当丰富的技击经验，把重要的招式连贯起来，便于练习记忆，于是出现了某些武术程式和套路。葛洪《抱朴子·外篇自序》讲他习武情况："又曾受刀楯及单刀双戟。皆有口诀要术，以待取人，乃有秘法。其巧入神。若以此道与不晓者对，便可以当全独胜，所向无前矣。晚又学七尺杖术，可以入白刃，取大戟。"武术家们总结出许多"口诀""要术"，这标志着武术的巨大发展，这些武术程式、方法和套路的演练，用于表演给人们观赏，便是武术的技击性与娱乐性的结合。因而当时的表演武术与实用武艺联系是十分紧密的，甚至出现了不少借武术表演而暗含杀机的故事，这也表明当时武术表演是真刀真枪，与实战演习几乎无异。[1]

## （三）隋唐、五代武术概览

隋唐时期，社会经济出现了空前的繁荣。隋朝大运河的开凿，唐朝"贞观之治""开元盛世"的辉煌，中外文化交流的增多等都为武术发展提供了广阔的天地。这一历史时期，上至统治阶级，下至平民百姓，尚武任侠之风浓郁热烈。国家对于军事的重视促进了新式武术器械如陌刀等的出现，弓射、摔跤、武舞皆获得了显著进步，武术内涵得以丰富充实。唐时武则天创立的武举制，是武术史上的一大创举，五代十国时期的战乱继续促进着军事武艺的发展，同时也出现了一大批以武力闻名的杰出武将。

隋唐两代的统治者都十分重视对府兵的选拔和军事训练。府兵战士平时从事农业生产，农闲时即进行军事训练，所选人才皆唯武勇为先。府兵战时通过免除租调来获取相应补偿，并可以通过军功获得升迁。所以，当时的青年人大都十分重视习武，以实现从军的愿望，凭借战绩还能授官封爵。安史之乱后，唐朝更加重视对武术人才的选拔和任用。唐肃宗曾下诏求"武艺绝伦"者；唐德宗也曾征求"军谋宏远，武艺殊伦者"；唐懿宗咸通十一年（870年）张榜招募骁勇之士，一时间，应募者云集，武术高超者众多；唐玄宗不仅重视训练战斗人员，而且十分注意培养、选拔良将，曾专门颁布《命诸州举贤才诏》并亲自测试人才，韦肇在《驾幸春明楼试武艺绝伦赋》中记载了比武时的盛况："有武备者，国之嘉谟；习武事者，人之令图。……是以诣阙者数百计。"唐朝的这种国策为武艺超群者提供了出人头地的机会，也在客观上促进了习武活动在全国范围内的开展。据记载，在隋朝之时出现了非正式的武举制。武举制度正式建立是在武则天长安二年（702年），其主要内容有长垛、马射、马枪、筒射、步射、穿劄、翘关、负重、材貌、言语十项。中国唯一由武状元而位至宰相并且在安史之乱中立下卓越战功的唐代名将郭子仪即是通过武举选拔而得。隋唐武举制度，在中国武术史上是一件大事。武举制以及武举考试内容的确定，实际上是对武术精炼化、规范化的结果。武举制的创立，不仅提高了习武的社会地位，为当时的武艺人才提供了晋身之阶，而且对武术的推广与发展意义尤其重大，这种面向社会各个阶级选拔武勇之才的办法为此后历朝历代所沿袭。[2]

---

1　旷文楠.两晋南北朝武术的娱乐性发展[J].成都体育学院学报，1994（4）：16-19.

2　何文婷，刘定一.唐代统治阶级对武术发展的影响论析[J].搏击·武术科学，2015（2）：27-28.

为了消除突厥等少数民族的侵扰，隋唐的统治者非常重视弓箭术。唐高祖李渊曾"简能骑射者二千余人，饮食居止，一同突厥，随逐水草，远置斥堠。每逢突厥候骑，旁若无人，驰骋射猎，以曜威武"。唐朝的善射者因此也屡见于史册，其中名将薛仁贵最为精擅射术，军中曾为其歌曰："将军三箭定天山，壮士长歌入汉关。"弓弩之外，隋唐时亦有弹丸射。隋大将长孙晟即以善于弹丸而闻名。隋文帝与他在一起饮宴，"时有鸟

图2-3　唐代名将薛仁贵

群起，晟十发俱中，并应丸而落"。在重视弓弩的基础上，隋唐五代的军事武器有了长足发展。其中一个著名的例子是陌刀，它是唐代时开始使用的新兵器，陌刀的前身是汉时的斩马剑，唐时陌刀已广泛使用并屡见于战场。《旧唐书·李嗣业传》载："禄山之乱……嗣业乃脱衣徒搏，执长刀立于阵前大呼，当嗣业刀者，人马俱碎。"《新唐书》载："（崔）乾祐为阵，十十五五，或却或进，而陌刀五千列阵后。"可见，唐时不仅有以陌刀称其能的将军，更有专门组织的陌刀队作战，陌刀在战争中威力甚大，得到了统治者高度重视。隋唐五代，军中标准装备，唯有刀制而无剑制，这说明剑已完全退出了正式战争的舞台。当时马上除使用长枪外，还出现了锤锏等击打短兵，其中铁锤在五代十国时尤其常为勇将所擅长。《旧五代史·李存孝传》载："存孝每临大敌，被重铠橐弓坐，仆人以二骑从，阵中易骑，轻捷如飞"，李存孝独舞铁锤，"挺身陷阵，万人辟易"。《旧五代史·周德威传》载："陈章纵马追之"，德威背挥铁锤将之击于马下，"生获以献，由是知名"。李存孝、周德威二人都是五代十国时期一流战将，临阵使用铁锤，说明这种兵器在当时很受重视，也为武术史留下了正史上并不多见且甚为精彩的战例。[1]

隋唐五代时期的武术娱乐活动也同样出彩。角抵与相扑，历代以来均为人们所喜爱，隋唐五代时持续盛行，在正月十五及七月中元节之际，多有角抵、相扑比赛，当时的规则特点大致有以下几个方面：一、不按体重分级；二、主要以摔倒对方来决定胜负，事先约定也可以击打；三、活动范围较大，没有统一的场地和护具的要求；四、犯规的罚则不明显。与角抵相对应的是隋唐五代时期武

2.1 《汉骨风韵》

舞的盛行。当时流行的健舞曲有《剑器》《胡旋》《胡腾》等。其中，《秦王破阵乐》是唐代著名的武舞，"大面"舞即假面舞，则是仿效高齐兰陵王的击刺动作而成的武舞。根据唐朝人段成式所撰《酉阳杂俎》记载，当时有兰陵老人善舞剑，曾为人表演，"紫衣朱鬒。拥剑长短七口。舞于中庭。迭跃挥霍，捥光电激。或横若裂帛，旋若规尺"。唐代名画家吴道子请剑术号称一绝的裴旻舞剑，"作气以助挥毫"，而使其作品放射出巅峰的异彩。对此，唐代《独异志》中曾经有这

---

1　郭会丽.隋唐五代时期的武术[J].搏击·武术科学，2006（2）：16-18.

样的描述："吴道子善画神。开元中，将军裴旻居母丧，诣道子，请于东都天宫寺图神鬼数壁，以资冥助。答曰：'废画已久，若将军有意，为吾缠结舞剑一曲，庶因猛励，获通幽冥。'旻于是脱去衰服，若常时汝饰，走马如飞，左旋右抽，掷剑入云，高数十丈，若电光下射，旻引手执鞘承之，剑透空而下。观者数千人，无不惊栗。道子于是援毫图壁，俄顷之际，魔魅化出，飒然风起，为天下之壮观。道子平生所画，得意无出于是。"[1] 裴旻不仅剑术高超，其刀法也同样精绝。据《朝野金载》记载："裴旻与幽州都督孙佺北征，被奚贼所围。旻马上立走，轮刀雷发，箭若星流，应刀而断。贼不敢取，蓬飞而去。"《新唐书》也这样说："裴将军曾随幽州都督孙佺北伐奚人，为奚人所围，裴将军乃舞刀立马上，飞矢四集，迎刃而断。奚人大惊，遂解围而去。"裴旻不但拔打雕翎非常娴熟，而且也是一名射箭高手。当时北平还有好多老虎，据《藏书》记载："北平多虎，旻善射，一日得虎三十。"在一天之内射死三十只老虎，武力实非一般，所以，颜真卿对其大加赞誉的诗句中有"一射百马倒，再射万夫开。匈奴不敢敌，相呼归去来"等美言绝非曲意奉承。裴旻不仅以武功高强享誉燕赵，而且在当时也是很有名的人物，李白曾向他学过剑，王维也曾专门为其赋诗相赠："腰间宝剑七星文，臂上雕弓百战勋。见说云中擒黠虏，始知天上有将军。"在这种娱乐盛行的氛围中，隋唐五代时期，尤其是在唐代，因为受女子社会地位较高的少数民族文化的冲击，女子体育出现了历史上少有的繁荣，女子参加武术活动也明显有所增加。著名诗人杜甫曾经专门描述过唐玄宗与杨贵妃在南苑游猎的盛况："辇前才人带弓箭，白马嚼啮黄金勒。翻身向天仰射云，一箭正堕双飞翼。"诗人王建也有类似的作品："射生宫女宿红妆，把得新弓各自张。"同时代的公孙大娘也以剑舞而名动力四方，"公孙剑伎方神奇"即为所指。可见，这一时期女子参与武术活动是相当普遍的。[2]

隋唐时期，导引养生理论与实践也向前走了一大步，其中的按摩术成为医疗保健的重要手段，巢元方、孙思邈对这一进步作出了巨大的贡献。巢元方主将前人的导引方法加以收集汇总，取其精华，整理出一套比较科学而系统的养生理论，并将其引入医书，用于医疗，为后代医学家对导引术广泛应用做了前期的奠基工作。孙思邈强调养性是保持身体平和与预防疾病的一种有效方法。其著述《存神练气鸣》详细论述了神与气对身心健康的作用并提出了练气的相关方法，对后世导引术在健体养生方面的应用具有重要价值。

另外，值得一提的是，盛唐时期，中国是当时世界政治、经济、文化中心，与周边国家之间来往非常密切。当时在武术方面交流最多的有日本、朝鲜、印度、东罗马帝国等。其中，与日本在射艺上的交流，与朝鲜在枪术上的切磋，与印度在养生术上的交融以及与东罗马帝国在摔跤类项目上的较技等，都在一定程度上积极地推动了武术技术、理论体系的充实、提高。唐睿宗（710—712年）时期的相关史料中就有域外武技婆罗门国（古印度）的客观记述——婆罗门国进献唐朝的杂技艺人，"倒行以足舞，仰植括刀，俯身就锋，历脸下，复植于背，觿（bì）策者立腹下，终曲而不伤。又伏伸其手，二人摄之，周旋百转"。更早些时的佛教类书也记载有中印两国文化互通时的杂技表演："大唐贞观二十四年，西国有五婆罗门来到京师，善能音乐祝术、杂戏、截舌、抽

1　李冗.独异志：卷中[M].北京：中华书局，1983：42-43.
2　刘万春.河北武术[M].北京：北京体育学院出版社，1990：35-41.

腹、走绳、续断。"在唐高宗显庆（656—661年）年间，唐朝使者王玄策等人亦多次到过天竺国，目睹了当地精彩的杂技表演，虽然那种历史场景下他们是当作具有竞技性的幻术来理解的："或有腾空走索，履屐绳行，男女相避，歌戏如常；或有女人手弄三伎，刀稍（槊，长矛）枪等，掷手空接，绳走不落；或有截舌、自缚、解伏，依旧不劳人功。如是幻术，种种难述。"[1]

## （四）宋元明清武术撷英

宋朝是中国民间武术发展的重要时期，这主要表现在军事武术在农村的空前普及和城镇套子武术的迅速发展等几个方面，在当时尖锐的民族矛盾和阶级矛盾中，农民聚习武及私人授受武术的现象较前范围广、规模大、人数多，同时，由于中国封建经济进程的显著变化，市民阶层的壮大，使健身娱乐为主的套子武术首先在城镇逐渐发展成为一个普遍的现象。这些发展变化为宋朝之后民间武术的大发展奠定了基础。[2]宋朝是公认的武术体系已基本形成时期。在北方游牧民族的强大军事压力下，军旅武艺在宋朝时已经有了明显变化。这首先表现在军事训练的程式化，使兵器技艺进一步规范化。在军队训练方面，宋代使用了统一的训练操典——教法格，宋仁宗、宋神宗两次变法期间，多次颁布教法格，设置专职"教头"进行传习。庆历四年（1044年），曾"遣官以陕西阵法分教河北军士"，即中央派出教官推行教法格。王安石的《将兵法》更把它作为一种制度确定下来，由中央派出武艺高强者到各路军中充任教头，从而使军士武艺水平有了进一步提高并较好地促进了军中武风的兴盛。为了满足对教头的需要，宋朝还采取短期培训或轮流集训的办法训练基层教头。"宋代的教头只有训练的责任，而无统领军队的权力，因而可以把精力用在研习武艺方面，从而推动了武艺的发展。"[3]为了对抗北方游牧民族的侵扰，宋朝的武术在民间也得到了进一步普及，以民间结社的武艺组织蓬勃兴起。据苏轼调查，当时仅"定保两州，安肃、广信、顺安三军边面七县一寨内管自相团结弓箭社588社、651伙、共31 411人"。当时弓箭社遍布河北北部广大地区，人数之多、范围之广是罕见的。除弓箭社外，北宋末至南宋初，河北、山西等与北方游牧民族势力范围接壤地区诸省各地乡村居民还组织了寓兵于农的抗金武艺组织"忠义巡社"。在农村还有以"社""堡""山寨"形式出现的武艺结社组织，如"檑子社""霸王社"等。这些组织纷纷"自相纠率，保守乡井"，或"各据山寨，聚屯自保"，其共同点，即武艺具有较强的军事训练性质，突出了实用性，以弓、弩、刀、枪等为当时结社组织的主要装备和训练内容。[4]从史料看，上述组织的武艺活动，有明显的共同点，那就是所备兵器甲宵皆实战所需之物，训练及临阵皆为弓弩、刀、枪等军事武艺，至于"花刀、花枪、套棍、滚叉之类，通常认为无济于实用的"套子武艺"在这些武艺组织的活动之中则很少见到，这正反映了当时广大农村的习武特点。另一方面，随着宋朝经济发展和工商业的繁荣，在宋代都市中，"瓦舍"之类的娱乐场所相当盛行，大型的瓦子可容数千人。一些以专门从事武术为业的艺人在瓦舍中表演"射弓""使棒""舞剑""舞斫刀""舞蛮牌"等，这些表演精彩无比，惊人、奇妙、刺激，成为

---

1　道世.法苑珠林：卷七十六[M].上海：上海古籍出版社，1991（影印）：548a.

2　林伯原.试论宋代武术的发展变化[J]. 北京体育学院学报，1989（1）：49-57.

3　谭华.体育史[M].北京：高等教育出版社，2005：103.

4　徐才，等.武术学概论[M].北京：人民体育出版社，1995：33-34.

区别于其他朝代的一个醒目武术标志。宋代瓦舍的兴起，为体育表演和体育观赏活动的发展提供了良好表演场所和营造了良好的环境，同时标志着我国古代休闲体育娱乐性活动迈进了一个新的里程，不仅促进了民间武术组织的发展，还对我国民间武术的发展起到深远的影响。[1]

中国是多民族的文明古国，在武术史上，许多兄弟民族的富于特色的武艺技能，曾对武术文化的发展作出了重要的贡献。在中国古代，曾经建立过国家政权的辽、金、西夏及元代，对武术的发展起到过重要的促进作用，其中元代在中国武术史上留下了特别的印记。一方面，由于害怕危及自身统治，元代统治者明确禁止民间习武活动。另一方面，元代统治者虽然禁武，但是却又并不反对以杂剧等戏剧形式展示武术的另类传播形式，因此也导致元代武术特殊的发展形式，同时又促进了以套路为表现特征的套子武艺的兴盛和发展，从而为明清武术的成熟和繁荣积累了力量。徒手的拳击搏斗与角抵，是辽、金、西夏及元等几个朝代的流行武艺项目，而金、元时期的"角抵"中，有时还夹杂着拳击之术。元代初期便有职业摔跤手，摔跤比赛时着装，跤手赤裸上身，管理摔跤手的机构叫"勇校署"，跤手的人数至少在百人之上，据记载元英宗一次便"赐角抵百二十人，钞各千贯"。[2]元代诗人胡祗曾有《相扑二首》描写元大都角抵表演赛，诗云："满前丝竹厌繁浓，勾引耽耽角抵雄；毒手老拳毋借让，助欢鼓勇兴无穷。臂缠红锦绣裆襦，虎搏龙拿战两夫；自古都人元尚气，摩肩累迹隘康衢。"诗中描写了元大都人们踊跃观看角抵的盛况。从描述中，可以看出当时的角抵中，还有着拳击、擒拿的动作，不完全是摔跤之技。徒手拳击之术，在元代则被称为"白打"，被纳入了"十八般武艺"之中。元代流行的戏曲唱本《敬德不服老》中就有"凭一十八般武艺，定六十四处征尘"，"他十八般武艺都学就，六韬书看的来滑熟"等唱词。明人谢肇淛《五杂俎》记，"十八般武艺"的前十七种都是兵器武艺，第十八为"白打"。"白打""即手搏之戏"，俗谓之"打拳"。[3]可见，在元代早已将拳击之术列为十八般武艺之一，表明当时的拳术已发展到较高的水平。

图2-4　明代抗倭英雄戚继光之《纪效新书》

明朝由于北方蒙古骑兵和东南沿海倭寇的威胁，所以在重视军事训练的同时也时常向天下募集武勇人才，如土木之变后，"招募天下勇士，山西李通，行教京师，试其技艺，十八般皆能，无人可与为敌，遂应首一选"。显然当时的民间武术家多有应募者。又"俊乱，少林僧应募者四十余人，战亦多胜"。为了战胜倭寇，"总兵戚继光以金华义乌俗称剽悍，请召募三千，教以击刺法，长短兵迭用，由是一军特精"。如此等等的高手征召与募兵训练，不仅促使了具有地方特

1　胡江平，陈勇建，刘超.宋代瓦舍对武术发展的影响[J].当代体育科技，2012 (15)：77-78.

2　旷文楠.辽、金、西夏及元代武术的发展[J].成都体育学院学报，1994 (1)：17-22.

3　国家体委武术研究院.中国武术史[M].北京：人民出版社，1997：202-225.

点的武术进一步提高和发展，而且对改变明军的腐败军风也起了一定作用。明代一些重要的有关武术论述的著作，大都出自嘉靖年间以及嘉靖后期，这种现象也不是偶然的，除一些社会原因外，它与嘉靖间的御倭战争有直接的关系。例如，戚继光的《纪效新书》就是他多年在浙江沿海抗击倭寇的经验总结，也是训练戚家军的教本，其中不仅收录了俞大猷的《剑经》，而且详述了三十二势拳法和各种武术器械的使用方法，具有很高的实用价值。这个时期所出现的俞大猷棍法、辛酉刀法、藤牌刀技术以及整理后的杨家枪法等皆为后世所推崇，是珍贵的武术典籍。另外，明代农民起义在推动明代武术发展中同样起到了重要作用。据吴晗《明史简述》记载，明代"农民战争次数之多，规模之大，时间之久，分布地区之广，在历史上没有任何一个时期可以和明朝相比"。农民起义本身就是最广泛的人民习武运动，明代农民起义军在广泛组织和武装群众，并通过训练来提高农民军武艺水平方面是较为有效的。起义军在转战南北的过程中，促进了当时已经形成的各种地方武术流派的交流和提高。正是由于上述原因，明代武术在沿袭前朝的基础上出现了较大的飞跃。第二，明代武术技术和理论的发展状况及其特点的分析。到了明代，随着社会条件的变化和尚武之风的兴盛，中衰的剑道又重新复兴起来，如茅元仪搜寻了明以前外传入朝鲜的中国古佚剑法。他和唐顺之还搜寻了不少断简残篇的古剑诀，并把这些珍贵的资料全部载入了《武编》和《武备志》。当时还出现了一些精湛的剑法，其中有名的如李良钦荆楚长剑法等。[1]值得强调的是，在抗击倭寇的斗争中，日本刀法也随着抗倭战争而渐渐传入中国。日本刀法深受中国刀剑技艺的影响，在汲取中国武术许多特点的基础上，经过长期实践，形成了朴实多变、奇诈诡秘的作战风格，加上刀的制作精良，因而使当时武备积弛的中国军队难以应付，以致有人惊呼"倭寇刀法天下无敌"。致于实用的日本刀法引起了当时许多有识之士的关注，他们认真总结、研究日本刀法的特点，并与中国刀法相结合，推动了中国刀法的发展。抗倭名将戚继光在这方面作出了突出贡献。嘉靖辛酉年，戚继光在浙江对倭作战中获得一本日本刀法的"倭夷原本"并"从而演之"，这就是著名的"辛酉刀法"。通过在军队内推行日本刀法，使更多的人接触并习练这一来自异国的武技，加强了明军的战斗力。在明亡后，日本刀法在清军中虽不再使用，但在民间仍然有一些习练者，经过长时间的融合，逐渐与中国的武技融为一体。日本刀法的传入在一定程度上丰富了中国武技的内容，也成为两国文化交流的一个佐证。[2]

2.2　日本武术神速拔刀法

2.3　鸳鸯阵

　　清朝作为中国最后一个封建王朝，一共经历了268年的时间，前后跨越古代和近代两个时代，这个因素决定了它在中国文化史上有别于以往其他任何朝代的历史地位，在某种意义上可以说对于以往几千年中国传统文化集了大成。[3]无独有偶，中国武术在清代也可以说达到了历史发展的一个顶峰。中国武术的拳种流派大多数是在清代形成体系，据中国武术1983—1986年挖掘整理的相关材料，在清代武坛上"源流有序、拳理明晰、风格独特、自成体系"的拳种逾百个，当时流行的拳术有少林拳、通臂拳、大红拳、小红拳等二十几种；刀术则有大刀、单刀、少林

1　林伯原.明代武术发展状况初探[J].体育科学，1982（3）：8-19.

2　关彦莉.明代武术发展与明代社会[J].搏击.武术科学，2005（4）：17-18.

3　郭成康，等.康乾盛世历史报告[M].北京：中国言实出版社，2002：263-280.

双刀、连环刀等十几种；还有空手进刀、单刀进枪、双拐进三节棍等对练技艺。武术套路日臻完备，并且出现了以传统哲学名词命名，并以哲理阐发拳理的拳术和拳派。清晚期，以太极学说立论的太极拳、以八卦学说立论的八卦掌、以五行学说立论的形意拳相继崛起，经典哲学理念的融入，一方面为传统武术的文化层面增添了新的内容，积极地延展了武术文化的内涵与外延；另一方面，又极大地提升了武术的文化品位并最终奠定了中国武术经典形象的学理基础，也使清代成为历代武术很难超越的典范。清代武术发展的成果还体现在包括程真如《峨嵋枪法》、王宗岳《太极拳论》、黄百家《内家拳法》、苌乃周《苌氏武技书》、李亦畬《太极拳谱》等大量的武术专著问世，相关的拳械图谱、口诀、技理、功法阐述等，使武术理论进一步丰富发展，其中，雍、乾时期的著名拳家苌乃周提出了以"中气论"为核心，强调"内外合一""形气合一"的武术整体观理论；清初吴殳著《手臂录》，视兵械为手臂的延长，强调身体与兵械应融为一体，完善了"身械合一"的理论。它们与明代的《纪效新书》等一些武术论著共同构成了中国武术理论体系的经典内容。由于时代综合因素作用，清代武术呈现出以"八旗"为主的军旅武艺和民间武术相互交错、共同发展的繁荣局面。北方游牧民族的尚武特点使得清军一直重视武艺训练，清代"禁教不禁拳"的政策同时又使得民间武术踊跃发展，在实践中二者经常相互吸收和借鉴，共同促进了武术的繁荣发展。各民间拳派的成名人物经常到军中授艺，这种现象在以北京为中心的北方尤其盛行。据徐珂《清稗类钞》记载，武技与气功的进一步交融，是清代武术另外一个重要发展特征。清代武术家广泛吸取气功功理和锻炼手段，促进了武术与气功的交融。"练武与练气交融，丰富了武术的锻炼方法，提高了武术锻炼效果，拓广了武术的锻炼价值。清代武术与气功的交融，促进了武术气功体系的完善，也促进了武术在健身、修身领域的普及和发展。"[1]

## （五）近代以降的武术发展

1840年鸦片战争以来，近代中国在以科技为先导的西洋文明的冲击下被迫拉开了转型的历史帷幕，伴随着西学东渐的强劲步伐，古老的中国武术同样演绎出了一首艰难曲折的转型乐章。近代以降的武术发展过程中，一些突出的历史事件给后人留下了深刻印象。首先是义和团运动和武举制废除，接着是军国民运动背景下的"中华新武术"改良，同时期的精武体育会、北平体育研究社、中华武士会、中央国术馆等则与著名的"土洋体育之争"一起成为近代武术的永恒遗产；20世纪50年代的全国武术表演竞赛大会、80年代的武术"挖掘整理运动"

图2-5　民国二十二年（1933年）天津习武情况

以及围绕"打、练"关系的发展讨论等都在新中国武术史上具有重要影响；竞技武术的发展、太

---

1　国家体委武术研究院.中国武术史[M].北京：人民体育出版社，1996：295-310.

极拳运动的兴盛、沧州及各地武术节的出现与北京2008年奥运会武术比赛等则成为当代武术运动的显著标记。这些事件构成了武术各时期的醒目标志，联结出一幅斑斓的世纪武术图谱。

1900年前后主要兴起于河北、山东、河南等北方大地的义和团运动在近代中国武术发展中有着重要地位。在国难当头、皇室权贵争相逃避退缩之时，数十万计以传统武术拳械奋勇抗争的中华儿女展现了中华民族不畏强暴、刚健有为的传统品质。虽然，为了激励人们勇于和强大的帝、官、封势力作斗争，义和团民们的习拳练武往往伴随有诸如"画符念咒""刀枪不入"等一些神秘主义的活动形式，给武术蒙上了一种封建迷信色彩，从而造成了武术发展中的某些负面影响，义和团民众们的思想和行为，在某些方面也不可否认地显示出了封建社会小农经济落后和愚昧的一面，但是这些微观方面的非主流因素都无法掩盖义和团反帝爱国运动的进步意义及其对于中国武术的巨大推动力量和深远影响作用。

1900—1949年，是中华民族近代转型的关键时期。以该时期中华民族救亡图存的时代主题为研究主线，从1901年武举制被废除、1902年军国民运动到"中华新武术"的革新尝试，从影响深远的"土洋体育之争"到精武体育会、中央国术馆等体育组织的积极探索，系列重大事件由点到线、由线到面的平铺与开展，不仅折射出民族自强背景下的武术发展特点、尚武精神的时代价值，以及武术体育化转轨的时代诉求等，而且清晰地呈现了这一重要历史中民族文化所处的典型宏观背景以及武术文化对于这一时代语境的应激与回应。1949年10月1日，随着一代伟人毛泽东在天安门城楼宣告中华人民共和国成立，中华民族开始进入了一个开天辟地的新时代。作为中华民族传统文化有机组成部分的中国武术，也毫不例外地开始了一种新的发展状态。总体而言，新中国成立以来，作为一项民族传统体育项目，武术主要开始承载着增强人民体质的使命，逐渐向着一种体育形式的改造与规范发展。党的十一届三中全会以后，改革开放的春风吹遍了中华大地，社会主义市场经济建设稳步推进。在解放思想、充分发挥主观能动性的改革开放大潮的激荡之下，武术也开始逐渐融入社会主义市场经济建设的节拍，不仅武术经济和武术产业化成为日益明显的热点，而且竞技武术比赛以及武术社会化的发展也渐趋体现市场经济的影响，从而在20世纪80年代以来的武术发展中共同烘托出一种武术市场经济的宏观场境。伴随着2008年在北京举行的第29届奥林匹克夏季运动会以及2012年度中国共产党第十八次全国代表大会的召开，中华民族稳步和平崛起的战略特点不仅为中国武术创造了全新的时代大环境，而且也使得当代武术文化逐步表现出一些新的发展特征。古老的中国武术，承载着悠久的历史传统，正处于一个机遇与挑战共存的全新战略转型时期。

后排左起：苏景曲 钱西樵 高振东 褚桂亭 黄元秀 沈尔乔
前排左起：杨澄甫 孙禄堂 刘百川 李景林 杜心武 郑佐平 田兆麟

图2-6 难得一见的民国时期传统武术名家合影

# 当代武术的内容分类

从体育运动属性来看，当今世界很难找到另外一种运动项目能够与中国武术相提并论。环顾古今中外，无论从内容之丰富还是形式之多样抑或种类之繁多等方面而论，历史悠久，源远流长的中国武术都是任何其他体育项目所难以比拟的。但是，这一特点在客观上也造成了对于武术内容分类方面的相关难题，我们也的确不易找到一种科学的标准，以之适用于武术的内容与分类。相关资料表明，对中国武术进行分类在历史上实际早已有之，也曾有多种分法形成于历史的不同时期，散见于有关古籍和史料中，有许多至今还为一些人所沿用。新中国成立以后对武术的内容分类方法曾进行了研究，也有过几次变化，其中，比较有代表性的分类方法有以下几种。[1]

## 一、传统意义上的武术分类

一般而言，传统意义上的武术分类方法，主要有地域分类法"内""外"家分类法、姓氏分类法、技术特点分类法等几种。

### （一）地域分类法

传统的按地域分类之法，最为典型的则是以长江为界，人们习惯上通常把流行于长江流域以南地区的架势较小、动作紧凑、拳势刚烈的拳术俗称为南派武术，通常把长江以北地区流行的相对架势较大、动作舒展、腿法丰富的拳术俗称为北派，还有一种与此相关的解释认为北派主要指黄河流域及其以北地区。此外，相当流行的名山大川分类法，实质上也是按地域分类之法的有机组成部分，这种分类同样带有地域的特点，只是更偏重于名山大川，如按名山分类，可

---

1 单锡文.中国武术分类研究[J].天津体育学院学报，1995（3）：72-76.

将武术划分为少林、武当、峨嵋、昆仑等派；按大川分类，又可将武术分为黄河流域武术、长江流域武术、珠江流域武术等。武林中流传已久的"北崇少林，南尊武当"之说便可视为这种分类方法的形象例证。

## （二）"内""外"家分类法

这种分类据考证是形成于明代中期，当时少林拳勇名闻天下，一些武术家认为少林拳法存在"主于搏人，人亦得而乘之"的不足，而创造出"以静制动、后发制人"的顺势借力的拳法，而自称"内家"，而将少林拳称为"外家"。这一分类方法沿用到今天，一些人士仍习惯于把以太极拳、形意拳、八卦掌等为代表的武术拳种称为内家拳法，而以少林拳为代表的动作刚健有力、审跳闪躲灵便的通背拳、六合拳、八极拳等通称为外家拳法。历史上，不少好事者据此总意图让"内家""外家"拳法一分高下，关于"内家""外家"拳法优劣之分的争论也颇为有趣。

## （三）姓氏分类法

历史上，以姓氏作为某一拳种的名称，在各门各派的武术中均有存在，如太极拳就有陈、杨、吴、武、孙、和等氏（式），再如广东南拳在清代就按门派特点以及师承不同而分为洪、刘、蔡、李、莫等氏（式）。这种分类方法主要是依特定武术拳种的创始人或者主要代表人物而命名，其实也与古时军事领域习惯于以领军人物的姓氏命名军队一脉相承，如历史上著名的杨家将、岳家军等。

## （四）技术特点分类法

现代所见的各主流传统拳种名称，如少林拳、太极拳、形意拳、八卦掌等，基本上都是根据这些拳种不同技术特点不同，而划分为不同的门类，如分别称为少林门、太极门、八卦门等，各门类都包含有本门类的拳术、器械以及练功方法、攻防技术等。

对于以上各种分类方法，研究者认为，皆属于中国武术不同发展时期的历史产物，它们大多是在特定的背景下产生的武术现象，在历史上曾起到一定的作用，现今在一定范围内也仍然具有存在意义，但必须看到这些分类方法因受历史的局限，都不同程度地存在缺陷。如地域分类、名山大川分类都过于简单、笼统，有的分法模糊不清如内外家分类法，内家拳到底都有哪些内容，历史上没有详尽的记载，而且这种分法过于片面，只反映了武术的一部分，从分类上看缺乏整体性。许多拳种因其师承、技术特点不同而以姓氏命名分化出许多流派，这些主要表现在较低的类属层次上，整体而论，某一拳种的不同流派，往往以姓氏命名，并不能反映武术的全貌。

## ‖ 二、形式与类别分类法

新中国成立以后至20世纪70年代，武术分类方法着重于对各拳术技术特点的分类。鉴于当时武术运动开展的情况。其内容只限于套路运动这一单一形式。随着武术搏斗运动形式于20世纪70年代末恢复以来，武术分类又有了新的变化，我们可将其称为形式与类别分类法，即把中国武术分为套路运动、格斗运动、功法运动三种形式，内含单练、对练、集体演练、散打、推手、短兵、功法等几个类别，这也是当前较为普遍采用的主流分类方式，相关内容如下。[1]

## （一）套路运动

武术套路运动是以踢、打、拿、击、刺等技击动作为素材，遵照攻守进退、动静疾徐、刚柔虚实等技击规律而组成的拳术、器械和对练套路的演练形式。

### 1.单练

指武术套路技术的单人形式的练习。

### 2.对练

对练是两人或两人以上，按照预定的程序进行的攻防格斗套路。其中包括徒手对练、器械对练、徒手与器械对练三种练法。

（1）徒手对练。徒手对练是运用踢、打、摔、拿等方法，按照进攻、防守、反击的运动规律编成拳术对练套路，包括打拳、对擒拿、南拳对练、形意拳对练等练习方式。

（2）器械对练。器械对练包括以器械的劈、砍、击、刺等技击方法组成的对练套路，主要有长器械对练、短器械对练、长与短对练、单与双对练、单与软对练、双与软对练，常见的有单刀进枪、三节棍进棍、双匕首进枪、对刺剑等。

（3）徒手与器械对练。即一方徒手，另一方持器械进行的攻防对练套路，如空手夺刀、空手夺棍、空手进双枪等。

### 3.集体演练

集体演练是集体进行的徒手、器械或徒手与器械的演练。在竞赛中通常要求六人以上，可变换队形、图案，也可用音乐伴奏，要求队形整齐，动作协调一致。

## （二）格斗运动

格斗运动是两人在一定条件下，按照一定的规则进行斗智较力的对抗练习形式，主要包括散打、推手、短兵三项。

### 1.散打

散打是两人按照一定的规则使用踢、打、摔、拿等方法制胜对方的竞技项目。

### 2.推手

推手是两人遵照一定的规则，使用掤、捋、挤、按、采、例、肘、靠等手法，双方粘连粘随，通过肌肉的感觉来判断对方的用劲，然后借劲发劲将对方推出，以此决定胜负的竞技项目。

### 3.短兵

短兵是两人手持一种用藤、皮、棉制作的类似短棒器械，在一定直径的圆形场地内，按照一定规则使用劈、砍、刺、崩、点、斩等方法一决胜负的竞技项目。

从体育运动的视角来看，按运动形式与类别分类显然较之前述的任何分类都更合适。通过三种运动形式即套路、搏斗和功法运动，六个类别即拳术、器械、对练、集体表演和攻防技术

---

1　郐宏升.武术内容与分类[J].辽宁体育科技，2010（3）：102.

（散打、推手、短兵）、功法等，把中国武术的基本内容进行归纳，但也存在一些问题，即没有真正把现代武术的发展格局展现出来。

## （三）功法运动

功法运动是为了掌握和提高武术技术能力和练养综合效果等而进行的针对性较强的相关武术练习。常见的功法运动大多以单个武术动作作为主体而重复练习，以达到健体或增强某方面体能、技能的效果。例如，专习太极桩以调心、调身、调息，长时间站马步桩以增强腿力等。一些历史上有名的武术资料如《易筋经》等，便是武术功法运动专著。传统武术功法如铁砂掌、铁布衫等也皆为武术功法运动的范例。

# 三、武术功能分类法

武术运动不仅具有多内容、多形式、多类别的特点，同时还具有多层次多功能的特点，这一特点应该能够通过武术分类体现出来。基于此，有学者就提出了按照武术功能进行分类的相关方法，即按武术的教育功能和社会功能将武术划分为学校武术、竞技武术和健身武术三大类。这种分类的出发点是从宏观角度，运用系统论的观点，对中国武术多功能多层次特点进行考查。其不仅体现了武术多内容多类别的特点，更注重武术多功能多层次的特点。

## （一）竞技武术

竞技武术以创造优异运动成绩为主要目的。新中国成立以后国家在这方面投入了大量的工作，如竞赛体制的建立，竞赛规则的制定，裁判法的研究与实施竞赛规定套路的创编推广，自选竞赛套路内容规定的制定，等等。特别值得提出的是针对武术中流行最广最具代表性的长拳、南拳、太极拳、太极剑、长拳类的刀、剑、枪、棍等项目进行改造使之成为能够进行比赛的竞赛项目，这是武术竞赛史上前所未有的创新之举。这些项目与学校武术相比较，有层次上的不同，存在着初级与高级之分，简单与复杂之别，竞技套路在动作数量、动作组别、技术难度、编排布局上均有特定要求，所以与学校武术具有明显的区别。自1957年武术作为全国性正式竞赛项目以来（"文化大革命"时期停）每年均有各种类型的全国大赛如全国武术锦标赛、全国太极拳、剑比赛、全国少年武术比赛等。竞技武术中的散手和推手则于1989年正式成为竞赛项目。

## （二）健身武术

健身武术是指除学校武术、竞技武术之外的流行于广大民间的那些源流有序、拳理明晰、风格独特、自成体系的传统武术。

## （三）学校武术

武术的教育功能实际上古已有之，学校武术的分类即主要体现了武术的传统教育功能，泛指以各级各类学校为平台而开展、存在的相关武术形态。

自从人类诞生的那一刻起，就伴随着基于生存和安全需要的原始武术萌芽。在社会生产力与生产关系的联动作用下，在军事、政治、经济、文化的综合涵咏之中，武术从漫漫时空中一路走来，历经原始社会、先秦时期、两汉三国、南北朝、隋唐五代、宋元明清等生命年轮，又通过1840年以来的近代转型语境，从民国时期步入新中国的当代发展轨道，最终完成了从技击之术到现代体育的历史嬗变。恢宏的武术气质，厚重的武术内涵，承载着斑驳陆离的中华民族历史图景，积淀了博大精微的中华传统文化记忆、融摄有无以言表的人类文明综合要义，如果不了解这种特点，对于中国武术的专业元素与时代内核就很难产生正确的理解与把握。正因如此，历史上才会产生关于中国武术内容的不同理解及其相应分类认识。

当代存在的武术内容与分类观点，主要有传统意义上的武术分类方法、形式与类别分类法、武术功能分类法等。其中，传统意义上的武术分类方法，包括地域分类法、"内""外"家分类法、姓氏分类法、技术特点分类法等几种；形式与类别分类法把中国武术分为套路运动、搏斗运动、功法运动三种形式，内含单练、对练、集体演练、散打、推手、短兵、功法等几个类别；武术功能分类法则主要根据武术的教育功能和社会功能将武术划分为学校武术、竞技武术和健身武术三大类。不难预见，武术内容与分类的相关内容，随着时代的发展，也将会持续出现新的认识。

**回顾与练习**

1.武术发展主要经历了哪几个历史阶段？每个历史阶段的宏观武术发展特征是什么？

2.武术的内容与分类方法主要有哪些？对此，你的观点是什么？

3.武术发展与其不同阶段所处的时代环境有何联系？

**画外武音**

**1. 从纳西族的原始战争舞蹈看原始武术的发展[1]**

东巴战争舞蹈（夏聪），又名胜利舞，是纳西族东巴教传教武道场里使用的舞蹈（另一种是文道场）。用象形文字记录的东巴舞大全《么磋》中记录了六十个组合动作。一个组合就是一个完整的舞蹈。其中有神跳、杀鬼跳、四头武神弓箭跳、大神磨刀跳，另外还有金黄大蛙跳等模拟动物的舞蹈。

---

1　张鸿力.从纳西族的原始战争舞蹈看原始武术的发展[J].体育文史，1986（4）：33-34.

东巴战争舞蹈中使用的武器有刀、盾、弓箭、弩箭、矛、叉、棍和剑,舞蹈动作具有明显的攻防性。如东巴战争舞中的刀舞:战士们身披短褂,腰扎布带,足踏战靴,手执单刀和双刀,伴随着缓慢、雄浑的鼓点,分两队入场,然后战士们开始上下挥舞,不断变化着阵法,持刀者模拟敌对双方左砍右杀,进行着实战性的操练动作。在舞蹈之中,还穿插着投叉和飞矛。舞蹈中力的用法,进攻性的动作有劈刀、砍刀、扎刀、刺刀和翻身劈刀,防守性的动作有缠头、裹脑、架刀、切刀。步法有弓步、跪步、搓步、虚步、蹲步和跳跃。另外还有掷刀、甩刀、闪胯挥刀等。这些技击性的舞蹈动作古朴实用,力度很强,已经具备了明显的攻防意味,包含了武术的基本含义。

带有情节的战争舞蹈中,有优麻擒敌钫,是祭胜利神的舞蹈。舞蹈表现护法神引导战争牺牲者的灵魂逾越九座黑坡(鬼障),经受磨难考验而最后进入神庙的情节。显示了优麻击破鬼障,打败魔鬼的勇敢无畏的精神和高超的战斗本领。跳时,场上有九张桌子,代表九座黑坡。跳舞者手持刀、剑、矛、盾和各种法器,一人接一人腾跃上桌,在九张桌子上边跳边舞,每跳一桌时对脚踢一次,然后进行各种操舞。如面对面的踢左脚,然后举刀对杀,背靠背的踢脚后,持刀对杀。这些都是严格地按照一定规定进行的动作。对舞中有一段是,一方举刀砍下,另一方则横刀架挡,然后一刺一防,一进一退;接着各自跪步踢腿,接弓步扎刀,起身踢腿,转身架刀,然后各自闪胯劈刀,接互相架刀做定形动作,然后以单腿旋转接前空翻(或是挥刀纵跳)跳下,最后顺势翻身跪步做定形动作,复而起身站起,做收势。通过这段对舞,可以看出它已经具备了较简单的套路运动的形式。

### 2.妇好墓展:揭露最早女武将的前世传说[1]

妇好是中国历史上有典籍可查的第一位女性武将,而且是真实历史中出现的女武将,并非是类似于"杨门女将"一样的传说。她四处征战,为殷商中期复兴立下了汗马功劳,因此,她被商王朝的人们视为"战神"。

1976年在河南安阳发掘了大量的龟骨,毫无疑问这是商代留下的宝贵史料。当考古学家与文字学家兴奋地整理考古所得,对龟甲上的文字进行一个一个的释读工作时,一个名字反复地映入了他们的眼帘:妇好。经过整理,学者们发现这些龟甲所反映的都是殷高宗时期的历史,而这个妇好,正是她带领了三千人的部队,配合殷高宗武丁的万人军队,与敌人浴血奋战,最终大获全胜。在商代,万人规模的军队简直是不可思议的,也是我们目前在甲骨文材料

---

1　凌俊峰.妇好墓展:揭露最早女武将的前世传说[JB/OL].腾讯网,2016-04-11.

中见到的最大规模的一次战争。

学者们后来发现，这位在战场上叱咤风云的女将，在战场外还有一个特殊的身份，那就是武丁的妻子、商王朝的王后。熟悉商代历史的朋友们应该知道，这位统治者以武功闻名，他推动了商代在中后期的复兴，创造了又一个盛世。我们今天能看到的资料里，记述了他四处征伐的故事，以及他的赫赫战功。而武丁所取得的丰功伟业，正与他身后这位女性有着莫大的关系：妇好不但亲自上战场杀敌，还参与了商王朝的政事，比如国家要问候贵族中年长的老人、国家要犯和奴隶们逃亡后的追捕——这些事情武丁都很放心地交给了妇好，除此之外，来自其他方国的后妃们，也要由妇好进行会见，与她们处好关系，为部落与方国间的良好关系作出应有的贡献。

在妇好忙碌的身影背后，我们可以看见，武丁给予了她极大的信任，每一次妇好带兵出征，武丁都全力支持她，并在她凯旋时出城相迎，据说最远的一次迎接了八十多公里。当他们最终遇到一起时，这一对恩爱的夫妻会激动地忘记身后还有部属，在一起自由地驰骋追逐——这样浪漫的爱，即使是今天的人都有理由去羡慕。

然而，勇武的女将军妇好，却不幸地在三十三岁就去世了。这个年龄，也许说在商代还算比较长的话，和比她多活了二十多年的丈夫武丁相比，实在是太短了点。老天爷也许太嫉妒这对神仙眷侣，以至于要早早地拆散他们。妇好是为什么去世的呢？今天的我们没有发现什么确凿的证据，但是在甲骨文中，发现了这样的文字："出贞……王……于母辛……百宰……血。"这一段一般人肯定看不懂的文字，让许多专家猜测，妇好遭遇了难产，最终可能就为此而丧命，也有学者据这一段材料认为，妇好可能是在战争中受伤，最终没有熬过这一劫。

深爱着妇好的武丁，因为爱妻的早丧而深受打击，害怕妻子在地下孤苦，他下令将妇好葬在宫室旁边，好让自己能天天见到她，并率领儿孙为妇好进行了一次又一次的祭祀，武丁为她举行了许多次冥婚，将爱妻郑重地嘱托给自己的先王们，让他们来照顾、保佑自己的妻子。在每次出征之前，武丁都要慎重地祭祀在战场上百战百胜的妻子，祈求她能够保佑自己获得胜利，而正因为这样，妇好逐渐成为了商人心中的"战神"。

妇好墓中出土的大量青铜器、玉器、象牙等珍贵的宝物，正向我们诉说着这一段几千年前可歌可泣的爱情故事。

### 3.从画像石透析汉代武术的文化特征[1]

汉画像石的产生和发展是一种社会现象,反映了汉代社会的经济、政治和社会生活中的主流思想,以及由此而形成的墓葬制度与习俗方面的变化,是汉代社会景象的再现。与武术有关的汉画像石,常见有渔猎、角力、器械对刺、武士人物、武林故事等的图像。其中,角力类有手搏、角抵、斗剑、空手对剑、斗牛、搏虎等,气势雄浑,动作逼真。武士人物有执戟、执戈、执盾、执斧、执剑、执弩、飞剑等,形象微妙。武林故事类有管仲箭射小白、荆轲刺秦、二桃杀三士等武林故事。季札挂剑、七女为父报仇、管仲射小白、曹子劫桓、二桃杀三士、荆轲刺秦王、高渐离击筑刺秦王、聂政刺韩王、豫让刺赵襄子、要离刺庆忌等系列,大部分都有榜题赞词,也有个别画像具有贬义讽刺,其外还有兵器库、练功、倒立技、百戏图等与武术相关的内容,集中再现了汉代武术的发展情况。汉代虽然还未出现武术图谱,但是出土的大量画像石上的刻画内容,都有多姿多彩反映汉代武术文化的武术形象。出土的此类武术画像石,"是继殷商的象形字、文字画之后我国武术古图谱的萌芽,是突破象形字、文字画古老表达方式的一种文化发展"。[2]

在历年来出土和发现的有关汉画石资料中,单从渔猎、角力、武士人物、武林故事及百戏类的汉画像石中所描绘的武术动作特征观察,汉代武术器械更加多样化,有剑、刀、戟、短戈、勾镰、斧、弓、弩等。汉代搏击类武术内容,除了角力、角抵等"手搏"外,还出现了徒手对戟、徒手对剑、剑对剑、刀对刀、刀盾对刀、戟对戟、戟对剑、斧对戟等器械对打。汉代的拍张、舞剑、舞戟、跳刀、飞剑、倒立技、翻跟斗等武术技能在百戏图中多有表现。说明民间武术与军事武技在汉代逐渐分野,民间武术在不脱离实战的基础上,其发展方向趋向娱乐性和表演性。[3]

从汉画像石的武术内容可以发现,汉代武术活动出现了单人、双人、徒手、持器械等多种形式,武术基本步型也基本定型,至少弓步、马步、跪步和仆步在汉代武术中已经存在。汉画像石中虽然没有武术成套动作的刻画,但是丰富的武术活动画像可以为汉代出现"古拙简朴的、连缀几式而成的拳术套路"提供旁证。

---

1  郭守靖,孟召峰.从画像石透析汉代武术的文化特征[J].搏击·武术科学,2011 (6):15-18.

2  郭志禹,谢建平.中国武术史简编[Z].上海:上海体育学院辅助教材,2004:8-14.

3  刘秉果.中国体育史[M].上海:上海古籍出版社,2003:34,42,40,41,36.

### 1.武圣关羽使的刀竟不是青龙偃月刀?

偃月刀是一种长柄大刀,形如偃月(圆弧向下称偃月),刀面往往阴刻有龙纹,因而得名"偃月刀"或"青龙偃月刀"。偃月刀是中国古代冷兵器中造型最优美的器型之一,因与一位中国妇孺皆知的大英雄使用的神兵器紧密相连,使得偃月刀名声大振。这位大英雄就是被尊为"关圣帝君"的关羽。历史上,关羽确有其人,并州河东解县(今山西省运城市)人,东汉末年刘备麾下的著名将领。由于他生前的忠义英勇,死后被历代朝廷褒封,统治者崇为"武圣",与"文圣"孔子齐名,在民间备受推崇。

大家熟知的《三国演义》中,关羽为蜀汉五虎上将之首,留下了"单刀赴宴""温酒斩华雄"等佳话。青龙偃月刀则是小说中关羽使用的武器,书中描述称"刀长九尺五寸,重八十二斤,刀身上镶有蟠龙本月的图案",名为"冷艳锯"。这种兵器的制造过程也充满了神秘色彩,相传,天下第一铁匠在月圆之夜打造它,完工时,突然风起云涌,从空中滴下青龙的1 780滴鲜血,所以,得青龙偃月刀之名。后来,果真有1 780人丧命于这把刀下,圆了术士之说。

但是,历史上的关羽所用武器并非青龙偃月刀,因为在三国时代还没有出现像青龙偃月刀一样的阔头大刀。这种偃月刀的雏形最早可能来源于唐朝的某种武器,直到北宋时才有明确记载并绘有图像,除了具备实战功能外,还用来操练、仪仗,以示雄壮军威。

三国时期,战场上主要短兵器为环首刀,据《太平御览——蒲元传》中记载,三国时诸葛亮曾命蒲元在斜谷开工造三千日刀,为了造好这批刀,蒲元特

图2-7 关羽横刀跃马的形象

地命人使用蜀江江水来为刀刃淬火，所造的刀非常精良，被称为"神刀"。南朝齐梁陶弘景（456—536年）在《古今刀剑录》中描述，孙权在黄武五年（226年）造刀万口，可见当时各国军队都在大量生产它并装备部队。

"环首刀"是一种用于劈砍的单刃厚背短兵器，其刃长有的在100厘米以上，兼有刺的功能，是当时世界上最先进、杀伤力最强的冷兵器之一，汉代的骑兵正是挥舞着环首刀将匈奴击败。

《古今刀剑录》还有对关羽所使兵器的记载。"关羽为先主所重，不惜身命，自采武都山铁为二刀，铭日在万人。及羽败，惜刀，投于水。"此段文字证明关羽有使用刀的可能。《古今刀剑录》距三国时代仅200余年，可信度较高，而且，在两汉时期，骑兵作战均使用环首刀厮杀，历史上的关羽使用的也许就是当时流行的环首刀。如鄂州市鄂钢综合原厂一号墓出土的三国时代环首刀，实物刃长超过1米，厚度近1厘米，刀尖45°角，刃锋利，除可大力劈砍外，兼有刺的功能，如果关羽果真用刀的话，那就可能是环首刀这种兵器。

偃月刀流行于宋代，也不是从汉代环首刀基础上演变出来的，它们之间的差别不仅是在产生时间上，而且还表现在外形上。三国隋唐，环首刀又延续了近300年，到唐代进行了显著的改进，成为礼仪性佩饰，皇家御用军队和侍卫的重要兵器，并称之为"仪刀"。战场士兵装备的刀则增加了护手，并取消了刀柄端的圆环，成为"横刀"，也就是现在所说的唐刀、唐大刀，它也是日本刀族的直系祖先。这类窄身长刀由于造价高昂无法大规模生产装备等原因，在隋唐之后的中国战场上几乎绝迹。

后人在小说里为关羽选择了青龙偃月刀作为佩刀，应该是为了强化关羽的武神形象。从此青龙偃月刀这种威武、漂亮的兵器，成为与英雄合二为一的圣器，构成了我们现在常见的关羽形象。关羽使青龙偃月大刀的说法可能起源于宋代。岳飞就曾经被画为身披甲胄、横马持刀的像关羽的武将。有人还把此画刻于石上，今存于龙门文物研究所。在元人郝经《重建庙记》中也有"跃马斩将万众中，侯印赐金还自封。横刀拜书去曹公，千古凛凛国士风"的诗。而把青龙偃月刀与关羽的形象在后人心目中紧密联系在一起的当归功于元代戏剧家关汉卿，在他的作品《关大王独赴单刀会》中，第一次刻画了关羽和青龙偃月刀形影不离的经典形象。

《三国演义》作者罗贯中要完成一百二十回的长篇章回体小说，只有五十六卷的《三国志》是不能提供所需的大量信息的，尤其是在一些战争场面和武将兵器的描写上缺少相关资料，《三国演义》成书时间距三国时代已经有1 000多年，在缺乏考古研究又找不到更多实际材料的情况下，杜撰就成为可能。罗贯中所处时代正是元末明初，战乱纷纷，他曾任元末农民起义军张士诚

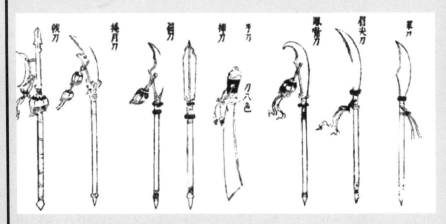

图 2-8 宋代军事著作《武经总要》所载 "刀八色"

的幕客，对于战场及兵器并不陌生，其中大量对战场兵器的描写都可能出自于他亲历的元末明初的数次战争。偃月刀在元末战场上频繁使用，给敌人造成的巨大杀伤力，可能给作者留下了深刻的印象，所以，罗贯中在小说中对关羽手中偃月刀的描写也不单是对元代杂剧记述的延续，而是加进了自己的真实观感，所以，在内容情节上才能做到如此真实，引人入胜。

（资料来源：彭鹏. 毁童年：武圣关羽使的刀竟不是青龙偃月刀？[JB/OL]. 腾讯网, 2016-04-01.）

**2. 中国上下五千年, 谁为弓箭第一人？**

漫漫史籍中，以弓箭扬名的英杰豪侠着实不少，但以现代人的眼光来看，很多记载或似玄幻，或似科幻，或缺乏足够的惊心动魄。例如，后羿射掉了九颗恒星；纪昌学射则是望远镜+显微镜复合技；惊弓之鸟只是个巧合；养由基的准头完虐现代奥运冠军；李广一激动能将箭射入顽石；最高端的射术更是跃入形而上的玄奇境界——不射之射。

北宋徽宗年间，有一次，宋军与反叛的羌族部落作战，一开始作战不利，甚至连主帅都遇伏战死。当时败退的宋军被敌人围追堵截，在狭窄的关隘前挤成一团，不出意外的话，即将陷入溃败和覆灭。就在这个危机时刻，有一个叫王舜臣的军官站了出来。他就拿着弓独自站在那里，等待敌人进入射程。羌人冲在最前面的，是七个最骁勇的骑兵先锋。王舜臣发出了一句响亮的预言："谁冲得最快，我就让谁脑袋开花！"结果这七个敌骑还在冲，于是王舜臣发了三箭，三个敌骑落马而死，而且都是脸上中箭。剩下四个敌骑害怕了，扭转马头就跑，结果都被王舜臣的箭穿通了后背落马而死。

上万的敌军都被王舜臣神乎其技的弓箭所震慑住了，没人再敢上前。于是王舜臣赢得了宝贵的时间，开始重整宋军。没多久，敌军又冲了上来，一场恶战

图2-9 李广射石

就此爆发。激战一直从下午持续到了晚上，在近四个小时的时间里，王舜臣射出了上千只箭，箭无虚发，射到手指破裂，血流满臂。最终，凭借着王舜臣的勇猛和担当，宋军才平安脱险。

相比于后羿射日、李广射虎之类的传说，王舜臣的战史翔实而生动，其中的细节也经得起推敲，这是一件彰显勇气与力量的壮举，也是人类切实可以做到的壮举。原文中有一句重要的描述："舜臣自申及酉，抽矢千余发，无虚者。"首先，"抽矢千余发"，千余并非虚数。

两个时辰千余箭，以1 000箭计，约合14秒一箭。考虑到更换装备、短暂休息的时间，实际发射频率可能高于10秒一箭，这个射速对于熟练的射手毫不勉强。现代匈牙利的骑射大师卡萨（Kassai）配合特殊手法，可以达到约每秒1箭的射速，而经过一定练习的普通爱好者做到3秒1箭也毫不勉强。原文中"引弓三发，陨三人，皆中面"，"中面"也是一个重要的提示：这七个骑兵先锋，很可能是装备重甲的，而当时的骑兵头盔绝大多数是没有护面的。于是面部也就是着甲敌人最薄弱的部位。这也意味着王舜臣并不需要拉力很大，能射穿重甲的强弓就可以击毙敌人，也为"抽矢千余发"提供了合理性。而在四个小时内发射出上千只箭的这种马拉松式射箭，其实并不是只有王舜臣一人能达成的壮举。

在日本也有这种马拉松式的射箭比赛，称为"三十三间堂射"（大矢数）。在古代日本的京都有一幢房子，厅堂并列，一字排开，多达三十三间。射手要站在房子的一端向另一端发射，而且洞贯所有房间。比赛中，射手要从傍晚至次日黎明连续射箭，只允许射手吃完每顿饭和在射完一"肩"（箭筒，约容纳500支箭）之后休息片刻，其余时间必须不停顿地张弓搭箭，连续发射。据史籍记载，最高纪录保持者是纪伊藩国的和佐大八郎范远。贞享三年（1686年）四月，他在京都连发13 053支箭，其中8 133支洞贯全程。东京和京都保存至今的三十三间堂总长度为120米左右，内部高度约4.5米。这高度对弓的拉力和性能是有相当要求的，娱乐性的软弓只能让箭中途掉落或过高插在房椽上。

可见王舜臣4小时千箭的成就不算超出人类的极限，而"指裂，血流至

图 2-10 《西岳降灵图卷》中的宋代未着甲骑兵弓箭手形象

肘"更说明其付出了血肉的代价。不过，在剧痛和战乱中保持箭无虚发的精度，这份坚毅沉着又非单纯马拉松射箭可比。

有趣的是，"抽矢千余发"还包含着另一重线索。一支箭，以出土文物情况来看，重量在40～120克不等。考虑到王舜臣的弓可能并不是很重，取一个中间偏小的值每支箭60克，千矢就是60公斤以上的箭重！体积也会多得要用车来装，绝不是一人身上可以携带的。而当时所使用的弓，全为天然材料制作，或为单纯的木材，或角筋加木胎，射多就会暂时性的疲软。疲软的弓不但影响威力，也会让射手无法掌握射准。所以在当时，一把弓射上几十或几百箭，就必须要轮换。弓箭还是一种要求匹配使用的器材。不同的箭混用会让射手掌握不了准度。箭不匹配弓的力量，也会导致飞行状态不佳，因此乱用不得。

显然，王舜臣得到了有效的后勤支持，他并不是一个人完成这种壮举。总之，王舜臣用自己的沉着与勇气力挽狂澜，拯救了成千上万名同胞的生命。即便这只是《种世衡传》中的一小段插曲，其"虽万人亦往矣"的豪气，却绽放出远胜玄奇神话的风采。中华上下五千年，弓箭第一人，当为王舜臣。

（资料来源：水替士心.中国上下五千年，谁为弓箭第一人[JB/OL].腾讯网，2016-04-15.）

# 参考文献

[1] 汤明伟, 王辉.论少数民族武术的本源与区域特征[J].体育与科学, 2013 (1) : 67.

[2] 崔风祥.贺兰山岩画与古代狩猎文化[J].武汉体育学院学报, 2005 (4) : 10.

[3] 王国志.武事岩画: 见证早期武术发展的历史足迹[J].沈阳体育学院学报, 2005 (6) : 135–139.

[4] 刑新强. 西藏岩画中原始体育图像的解读[J].成都体育学院学报, 2008 (9) : 52.

[5] 李祥石, 朱存世. 贺兰山与北山岩画[M].银川: 宁夏人民出版社, 1993: 122.

[6] 胡小明.从左江岩画看民族传统体育的起源与传播[J].成都体育学院学报, 1992 (2) : 31.

[7] 袁宇宁.先秦时期武术体系研究[J].少林与太极, 2014 (1) : 9–11.

[8] 国家体委武术研究院.中国武术史[M].北京: 人民体育出版社, 1996: 26.

[9] 申国卿.《庄子·说剑篇》透露出的武术文化信息[J].山东体育学院学报, 2007 (3) : 60–62.

[10] 王家忠.先秦时期楚人的武术文化探究[J].体育学刊, 2009 (12) : 87–90.

[11] 谭华.体育史[M].北京: 高等教育出版社, 2009: 36.

[12] 司马迁.史记[M].北京: 中华书局, 1975: 4, 1909, 1938.

[13] 徐强, 张胜利.先秦时期齐鲁武术文化研究[J].武汉体育学院学报, 2014 (2) : 60–63.

[14] 刘殿爵, 陈方正.汉官六种逐字索引[M].香港: 商务印书馆, 1993: 32.

[15] 长泽规矩也, 解题.汉书/地理志第8下[M].东京: 汲古书院, 昭和48年: 406.

[16] 司马迁.史记[M].延边: 延边人民出版社, 2005: 45.

[17] 刘朴.从现存汉代画像石中看东汉时期的武术活动[J].北京体育大学学报, 2009 (2) : 29–34.

[18] 张霞, 朱志先.汉代武术发展的原因浅析[J].解放军体育学院学报, 2004 (4) : 16–18.

[19] 林伯原.中国体育史 (上古部分) [M].北京: 北京体育学院出版社, 1987: 112.

[20] 马爱民.两晋南北朝武术拳技与器械探究[J].体育文化导刊, 2013 (6) : 136–139.

[21] 崔鸿.十六国春秋辑补前赵录八·刘曜[M].长沙: 岳麓书社, 1996: 299–306.

[22] 杨明照.抱朴子外篇校笺: 下册[M].北京: 中华书局, 1997: 709.

[23] 旷文楠.两晋南北朝武术的娱乐性发展[J].成都体育学院学报, 1994 (4) : 16–19.

[24] 何文婷, 刘定一.唐代统治阶级对武术发展的影响论析[J].搏击·武术科学, 2015 (2) : 27–28.

[25] 郭会丽.隋唐五代时期的武术[J].搏击·武术科学, 2006 (2) : 16–18.

[26] 李冗.独异志: 卷中[M].北京: 中华书局, 1983: 42–43.

[27] 刘万春.河北武术[M].北京: 北京体育学院出版社, 1990: 35–41.

[28] 道世.法苑珠林: 卷七十六[M].上海: 上海古籍出版社, 1991 (影印) : 548a.

[29] 林伯原.试论宋代武术的发展变化[J].北京体育学院学报, 1989 (1) : 49–57.

[30] 谭华.体育史[M].北京: 高等教育出版社, 2005: 103.

[31] 徐才, 等.武术学概论[M].北京: 人民体育出版社, 1995: 33–34.

[32] 胡江平, 陈勇建, 刘超. 宋代瓦舍对武术发展的影响[J].当代体育科技, 2012 (15) : 77–78.

[33] 旷文楠.辽、金、西夏及元代武术的发展[J].成都体育学院学报, 1994 (1) : 17–22.

[34] 国家体委武术研究院.中国武术史[M].北京: 人民出版社, 1997: 202–225.

[35] 林伯原.明代武术发展状况初探[J].体育科学, 1982（3）: 8-19.

[36] 关彦莉.明代武术发展与明代社会[J].搏击·武术科学, 2005（4）: 17-18.

[37] 郭成康, 等.康乾盛世历史报告[M].北京: 中国言实出版社, 2002: 263-280.

[38] 国家体委武术研究院.中国武术史[M].北京: 人民体育出版社, 1996: 295-310.

[39] 张鸿力.从纳西族的原始战争舞蹈看原始武术的发展[J].体育文史, 1986（4）: 33-34.

[40] 凌俊峰.妇好墓展: 揭露最早女武将的前世传说[JB/OL].腾讯网, 2016-04-11.

[41] 郭守靖, 孟召峰.从画像石透析汉代武术的文化特征[J].搏击·武术科学, 2011（6）: 15-18.

[42] 郭志禹, 谢建平. 中国武术史简编[Z]. 上海: 上海体育学院辅助教材, 2004: 8-14.

[43] 刘秉果. 中国体育史[M]. 上海: 上海古籍出版社, 2003: 34, 42, 40, 41, 36.

[44] 班固.前汉书·艺文志[M]. 北京: 中华书局, 1962: 1761, 1762, 194.

[45] 彭鹏.毁童年: 武圣关羽使的刀竟不是青龙偃月刀? [JB/OL].腾讯网, 2016-04-01.

[46] 水替士心.中国上下五千年, 谁为弓箭第一人[JB/OL].腾讯网, 2016-04-01.

# 第三章
# 中国武术的拳种流派

**【学习目标】**

学习中国武术拳种流派的基本概况，认识传统武术拳种百花齐放的基本特点，通过相关拳种个案的解读，阐释与展现武术拳种的综合内涵及丰富文化特质。

**【学习任务】**

1.了解中国武术的拳种流派整体状况。

2.认识不同武术拳种的技术、功法特色，以此为引线，感悟武术以技术为载体所蕴含的多姿多彩的民族传统文化特质。

**【学习地图】**

为数众多的武术拳种流派➡武术拳种流派当代概况➡武术拳种流派形成要素➡武术拳种流派历史成就

# 中国武术拳种流派大观

数千年的漫长发展积淀,使得中国武术形成了众多风格不同的拳种流派,这一特征也是中国武术与当今世界其他国家武技区别的一个突出标志。历史上,武术的众多拳种流派一直享有盛名,但是,由于中国幅员辽阔等综合因素,究竟各个时期曾经分别存在过多少武术拳种流派,始终难以形成定论。

## 一、当代中国武术拳种流派概况

新中国成立以后,对于武术拳种流派的普查统计才真正具备了现实可能性。1979年1月,原国家体委下发了《关于挖掘、整理武术遗产的通知》,要求各级体委努力做好该方面的工作。1983—1986年,在国家体委武术挖掘整理领导小组的统一部署下,在各级体委武挖整组的积极参与下,动员了全国8 000余名专职武术工作者和业余爱好者,耗资100多万元,开展了我国武术发展史上空前的"普查武术家底,抢救武术文化遗产"工作。经过3年的努力,初步查明流传各地的"源流有序、拳理明晰、风格独特、自成体系"的拳种129个,[1]其中便包括在大众中流行较广的少林拳、太极拳、南拳、形意拳、八卦掌、通臂拳、劈挂拳、八极拳、翻子拳、炮拳、红拳、洪拳、秘踪拳等。这个数据也是中国武术最具代表性、权威性的官方信息。在这个由129个拳种构成的武术体系内,有以少林拳等为象征的佛家武术,有以太极拳为反映的道家武术,也有以猴拳、蛇拳等为代表的象形武术等,堪称是一个群星荟萃的武林大观园。

## 二、武术拳种流派的历史成因

所谓拳种流派,是指由于不同的技术特点和风格而形成的武术技术派别。研究者认为,一个流派的形成通常应具备三个要素:第一,流派是通过一定套路形式表现出来的;第二,套路必须形成独特的风格;第三,这些各具特点的套路要有相当一部分的习练者加以推广与练习。由此而言,套路、风格、习练者,便构成了形成不同流派的三要素,是不可分割的统体。除此之外,在技术理论及练功方法上,还须建立相对完整的体系。只有具备这些条件,才可能形成某一拳种,也才能称之为流派。众所周知,武术的本质特征是攻防技击,而这种攻防技击又以个人身体运动为基础。由于个人的身体条件、文化素养以及性格、习惯等各不相同,表现在攻防动作上必然有所差异,这就有可能形成不同的技术特点,不同的技术特点即是形成流派的前提基础。随着攻防技术动作的逐渐完善和规范化,当攻防技击的练习发展成为套路并且有较多的习练者时,

---

1　申国卿.燕赵武术文化研究[D].上海体育学院,2008:5.

不同的流派也就相对固定下来。在武术套路发展演变的漫长过程中，已有流派的进一步合并、分化、发展，则又持续形成许多新的流派。武术功夫的养成不是一朝一夕之举，作为流派核心内容的独特风格、技术形成，也决非一蹴而就之事，正常情况下往往需要长期的时间积累。[1]

　　纵观历史，我国武术流派形成和发展的重要时期是明清时代。除了戚继光《纪效新书》等著述中涉及的三十二式长拳以及六步拳、猴拳等十六家拳法外，一般认为，著名的少林拳、内家拳、峨眉拳、形意拳、太极拳等均成拳于明代；八卦掌、通臂拳、八极拳、劈挂拳等，也大多在清代形成。据《体育史》记载，清代已经出现了60多种套路，其中，拳术有少林拳、通臂拳、大红拳、小红拳等二十几种；刀术则有大刀、单刀、少林双刀、连环刀等十几种；还有空手进刀，单刀进枪、双拐进三节棍等对练技艺。清代以后众多拳式繁衍，各种武术流派更加盛行于世，大凡每一个拳种的产生也都是既有继承，又有创新，一旦当它突破本门拳术传统特点，在逐渐发展中风格和运动方法都区别于本门原有拳种和其他拳术时，就形成了新的技术流派。太极拳的形成，就是由陈王廷汲取了各家拳法之长，以戚继光三十二势长拳为基础发展而来的，后经杨露禅、武禹襄、孙禄堂、吴鉴泉等人的不断丰富，逐渐形成太极拳流派。其他拳种也大抵类似，如意拳（大成拳）脱胎于形意拳，鹰爪拳脱胎于翻子拳，通臂拳又吸收了劈挂、少林、螳螂拳等多种拳术而自成流派。当然，在新武术流派开始形成的最初阶段，往往由于特点不甚突出等因素，不一定会引起人们的重视，只有随着一代代薪火相传的持续演练，技术动作以及理论体系不断丰富完善，特色才会逐渐鲜明，影响随之越来越大，持续吸引更多的人加入、习练，最终形成流派。如太极拳创始时只是在温县陈家沟小范围内流传，八卦掌最初也只是盛行于京津一带，形意拳原本流行于山西、河北等地。这些拳种，皆已成为在全国乃至世界各地较为流行的传统武术代表性品牌。武术流派的形成是一个历史发展过程，也是武术运动发展的必然趋势之一。旧时代武术界宗派林立，主要是与封建社会小生产特性及统治阶级等的影响有高度相关性。新中国成立后，万象更新，武术拳种流派的面貌也焕然一新，成为服务人民大众健康、传承民族经典文化的重要载体，呈现出百花争艳的发展格局。

# 武术拳种流派经典概览

　　在中国武术体系中，有一些著名的传统拳种流派，由于传播区域和受众人群非常广泛，在人们心中留下了经典的记忆，因此，有所谓的"十大名拳""四大名拳"等武林誉称，在此，择要简介如下。

---

1　张选惠. 谈谈武术流派问题 [J]. 成都体育学院学报，1981(2)：39-42.

# 一、六合拳

## （一）"六合"以及六合拳源流

六合拳源于元末明初，是中国传统名拳之一。关于"六合"一词，历史上长期说法不一。有说法认为，"六合"是指眼与心合，胆与力合，气与血合，身与手合，手与脚合，脚与胯合；有说法认为，"六合"系指东、西、南、北、上、下六个方位，运动时手与眼合、步与身合、智与力合；也有说法认为，"六合"是以"沙、刘、罗、杨、赵、孙"六位武术家而得名。现在的"六合"则多指内外三合之合，其中，"内三合为意与气合，气与力合，力与筋合；外三合为手与脚合，肘与膝合，肩与胯合。二者合为六合。是指的内外的配合为本门之长"。关于六合拳的来源，一说为明万历末年张明之所传，1990年河北省武术挖掘整理小组编著的《河北武术》一书则指出，六合拳"大体皆出于河南嵩山少林寺韦陀门"。六合拳是中国武术中的一个大拳种，历史悠久，人才辈出，在全国分布比较广泛。明代戚继光即有六合枪二十四势流传，"今之枪技，多源于此"。[1]

## （二）河北六合拳传承概况

六合拳在当代的河北省一带流传较广。目前，关于河北地区的六合拳的源流，一般认为是始于沧州泊头镇西清真寺八里庄的曹家，但在此前提下认识又小有分歧，1990年河北省武术挖掘整理小组的《河北武术》一书中是以曹寿为始传拳者，而1991年沧州武术志编纂委员会出版的《沧州武术志》一书中则注明六合拳是由曹振朋传其子曹寿。六合拳由曹寿传予泊头镇石金可、石长春、张茂龙等，此后分四支传播，求艺者甚众，一些志士名扬于外。泊头镇四世传人石金可授徒甚多，得意者有十八弟子。其中楚文泰最为年长，以大枪著名，另外还有石金省、石金合、石清振、沧州田奎春等。沧州李冠铭亦受业于泊头镇。其师一说为曹寿，另一说则为楚文泰。六合门拳术自泊头镇传入沧州又可分为三个支系。李冠铭艺成返沧，传其侄李凤岗，授徒王殿臣、刘玉庭等。李凤岗曾在沧县大南门外随叔父李冠铭经营成兴镖局，精双刀，时人美称"双刀李凤岗"。王殿臣、刘玉临继承成兴镖局，设庆临国术社，授徒胡云田、姚宝云等。胡传侄胡景华等。王正谊绰号大刀王五，清末在北京半壁街创办源顺镖局，为京城八大镖局之一。他助谭嗣同戊戌变法，又常扶贫济危，名震京城。田奎春相传为石金可十八弟子之一，在沧州传予佟存，佟存传子佟忠义。佟忠义善摔跤，精拳术，通骨伤科，早年在沧州授徒有赵永福、关吉祥等，后又赴上海办忠义国术社，授徒甚众。截至1991年，六合拳法已传九世。另，清末有关东人传六合拳法于献县淮镇。六合拳中出了不少著名武术家，像李冠铭、李凤岗、大刀王五等皆是武林中的风云人物，而佟忠义则是与王子平齐名的一代名家，被美称为"沧州二杰"。

3.1 一刀倾城

## （三）六合拳法器械特点

六合拳以舒展大方、快速多变、动静分明的长拳风格而闻名，其招式轻敏连贯，稳中有动，步法清晰，刚柔并蓄，飘洒实用，技法讲究"一打二拿三摔"，刚劲饱满，势势相连，一气呵成。

---

1　刘万春：河北武术[M].北京：北京体育学院出版社，1990：128-133.

六合拳法之基本功,有桩、腰、腿、掌、气五功,其功夫套路有十三太保、五禽、仙天京、拾手生立等,内外软俱备,基础坚实;主要手型有拳、掌、勾、明、暗、阴、阳、出、回;主要步型有弓、马、虚、扑、歇、开、散、进、退、摆、里、顺、凑、提、落、换、纵、抽;有劈、砸、掼、冲等拳法和弹、踢、蹬、踹、勾、挂、旋等腿法。六合拳法之拳术套路主要有前后六合拳、前后行门八式、前后回龙拳、前后迎门炮、前后梅花拳、五花炮、八折拳、关东拳、关西拳、十八趟截打拳等;器械包括六合大枪、六合花枪、十二连环刀、梅花枪、六合剑、八仙剑、行者棒、六合双刀、六合钩、三节棍对双枪、对劈刀、双刀进枪、大刀对老虎鞭、三节棍对打、双手带进枪、双手带对双枪、棍术对练及镗、链、槊、锤、抓、戟、斧、钺、鞭、锏、爪、环等。[1]

## 二、八卦掌

八卦掌是中国古老的传统拳术,长期以来,一直与形意拳、太极拳、少林拳并称为中华武林四大名拳,在各地广泛流传,是中国武术中的一个优秀拳种。

### (一)董海川与八卦掌

一般认为,八卦掌的创始人是董海川。董海川,河北省文安县城南朱家务(一说为坞)村人,族居山西洪洞,明代迁至河北藁城,后迁至今河北雄县开口村,数代后,又由开口村再度迁居文安县朱家务。有关董海川的生卒年代,至今说法不一,早期记述多言其生于清嘉庆二年(1797年),卒于光绪八年(1882年);中国武术研究院康戈武研究员在其《八卦掌源流之研究》一文中认为其应生于1813年,即清嘉庆十八年;此外,民间尚零散流传有生于清嘉庆元年(1796年)、嘉庆六年(1801年)、嘉庆九年(1804年)的不同论述。

3.2 八卦掌创始人董海川

有关董海川生平的文字记述,较早见于清光绪九年(1883年)春二月,由尹福等人为其师所立的墓志铭文。该碑文由铁岭贵荣撰笔,碑中有"少任豪侠,不治生产,法郭解之为,济困扶危,不遗余力,性好田猎"等关于董海川的情况记述。董海川自幼喜武,少年时即以武勇名动乡里,弱冠后游历四方,受道家修炼术的启示,创编成八卦转掌之术;后净身为太监,入京供职于肃王府,其武功被王府总领班全凯亭发现,遂拜为师,从此八卦掌始传出;同治十三年即1874年离职后,游居弟子处传拳授徒;于光绪八年(1882年)冬去世,由尹福等弟子葬于北京东直门外小牛房村南,先后共建碑四座,记载其生平事迹。董海川先后教授有弟子上千人之多,"请艺者自通显以至士贾与达官等几及千人",著名的有尹福、程廷华、马维骐、史纪栋、刘德宽、樊志涌(勇)、梁振蒲、刘凤春等多人,仅见于墓志碑文中所记门徒,就达五十六人。在八卦掌的源流问题上,同样有各种不同的观点。至于董海川是否于九华山从毕澄霞学"八卦掌"之考,康戈武先生及吴志泉、黄万祥先生,均以九华山实地考证为据进行过论述,而结论不一。

### (二)以奇巧著称的董海川八卦掌体系

众说纷纭的拳学源流,身世不详的创始师祖,武艺超凡的八卦宗师,这一切都使董海川八卦掌蒙上了一层神奇的色彩。事实上,长期以来,八卦掌的拳学体系也正是凭借着与众不同以

---

1 沧州武术志编纂委员会.沧州武术志[M].石家庄:河北人民出版社,1991:31-33.

奇巧著称的特色一直享誉中华武林。

### 1.彰显周易八卦思想的拳理、拳技

刘敬儒在其所著《八卦掌》一书中认为："八卦掌是以掌法变换和行步走转为主的内家拳术。由于习练八卦掌时要走圈，每圈走八步，恰合八卦的乾、坎、艮、震、巽、离、坤、兑八个方位，故名八卦掌。"孙禄堂于1916年所著的《八卦拳学》一书中写道："是编为修身而作，取象于数理，立体于卦形，命名于拳术，谓之游身八卦连环掌。"八卦掌利用周易八卦的理论来作为本门武学的基本拳理，首先在拳理上表现出了博大精深而又神奇巧妙的一面。根据"一阴一阳之谓道"的传统易理，八卦掌划圆绕圈，循行八方，不仅与后天八卦图进行外观上的对应，而且拳理与易学八卦理论紧密协调。"变则通，通则久。"从两仪、四象到化生万物的八卦，整个周易处处体现一个"变"字。八卦掌也正是因为有了这个"变"字才其妙无穷。八卦掌的"变"在具体技术上则体现为，其动作设计总是忽上忽下，忽左忽右，使对手不知所措；其力法也总是一触即变，从来不与对手拼蛮力，稍一接触，如果感到对手的力比自己的还大，立刻改变力法或招式使对方落空，同时以迅雷不及掩耳之势进行后续打击。这种具体技术上的"变"，也是使八卦掌在技击上赢得"奇妙莫测"之誉的重要因素。

### 2.以绕圆走圈为主的奇特功法

首先，八卦掌的整套功法有动功，也有静功。站桩分为动桩和静桩，其中的静桩和坐功、卧功都是静功，动桩和转、换、打都是动功，动为阳，静为阴，这就构成了八卦掌功法组成上的阴阳特征。这种动静兼顾的功法特征，既可通过静功的作用使习练者具有扎实的内功基础，又能在动功的作用下把功力转化为活的实战能力，动静功法的结合同时又使习练者涵养精神，锻炼身心。

第二，八卦掌的转圈是顺时针和逆时针兼顾，换式是左右完全对称的。其意为统揽阴阳，环顾八方，左右互练，阴阳相易。同时，在实战中，这种功法特点又可以使人全身协调，四方兼顾，不轻易为敌所乘。

第三，在功法训练上，其掌法有仰、俯、竖、抱、劈、撩、穿、挑，步法如摆、扣、起、落、进、退，身法、劲力如走、转、拧、翻、伸、缩、开、合、动、静、刚、柔等，总是讲究上、下、左、右、前、后相间，法含阴阳，变化多端。它以八个掌式动作为基础，然后按阴阳相配的原则组合出无数实用的散手组合，纵横联络，奇正相生，因而具有极高的实用性，同时又可以提纲挈领，易于掌握规律。这便是八卦掌在功法结构上的阴阳之"变"。

第四，绕圆走圈是八卦掌功法的核心和区别于其他拳种的主要特征。八卦掌的功法可分为四大部分：站、转、换、打。站，是站桩，用以聚气、长力、定神、敏锐触觉、加强实战中的自然反应；转，是转圈，用以采气、定神、使气布达于四肢、加强腿力、强化实战中的手眼身法步意识；换，是换式，指练功和技击过程中的动作方向转换，其另一重要作用是加强实战中的组合手法和后续手法意识；打，是单操，即把单个武术动作一一拆开，反复进行实战操练。这四部分功法中的换和打实际都是从绕圆走圈中派生来的。绕圈走转同时又是加强腿力的极有效的功法，八卦掌重点训练两条腿，发挥腿的主动作用，在进退攻防的环境中，利用步法的转移闪让，诱敌扑

3.3 八卦掌戈春燕

空,出其不意,侧面迂回,突击进攻。圆形循环无端,往返无滞。在圆形转动中,自己的目标始终在转移,使对方难以击中。对方的目标常在我的圆形中心,体位转移幅度小,容易命中。在进行游身连环活步训练时,行走中不断进行各种动作变化,一动即变,一变再变,在这种情况下训练应变技能。这种功法奇特、灵活机动的转走训练,被人称为"活桩步",更因配合呼吸,又称作"活步气功"。所以绕圆走圈被认为是八卦掌的基本功和核心功法,同时也是八卦掌区别于其他武术最明显的外在特征。

### 3.以巧闻名的奇形兵器

八卦掌的器械主要有春秋刀、连环剑、连环纯阳剑、连环蟠龙棍、五行棒、昆仑铲、八卦刀、双钩、双戟、十三节软鞭等。其中,粘身枪、八卦钺、判官笔、蛇形圈、风火轮、钩镰剑、双匕首等属于八卦掌的奇门兵器。八卦门的器械规格较大,刀长四尺二,剑长三尺八,粘身枪两端有头,俗名"两头蛇",长约练习者身长加一臂。此枪分圆形训练及直趟训练两法,去掉双枪头就当棍用。

八卦钺有两种,一种是传播很广的子午钺,还有一种是鸡爪钺(锐)。其中鸡爪阴阳锐可分为三部分:第一部分由鸡头和脖子组成,其结构有鸡嘴、鸡冠和鸡脖子,鸡嘴一尖一勾,两刃;鸡冠一尖,一勾,两刃;鸡脖子一面为刃一面为背。各部分用法不同:鸡头部分可刀、刺、钩、削、挑、挂、砍;鸡脖子较长,可砍、劈、抹、拦、架,两锐配合一起可锁拿,鸡脖子较长与鸡身连接。第二部分为鸡身部分,由两个鸡翅、鸡爪及握柄部分组成。鸡翅前后各一个,前翅翅尖下勾两面有刃与后翅相连,后翅翅尖上翻为一尖二刃一勾,后翅下部与鸡身相连为练者手握之处,握柄下边前方各有三个鸡爪,其形为三勾三刃三尖,其作用有锁、拿、抹、架、砍、握、挂、刀、抓、护、刺、拦,还可作爬高之工具。第三部分鸡尾部由一尾组成,其形似匕首,又似枪头,分为一尖两刃,其作用可刺、挑、削、拍、砸、挂。鸡爪阴阳锐总长为六十五厘米至七十厘米,可根据使用者的手臂长短而定制。

七星竿,采用四川产的"苦竹"制成,因其中空细小如豆,几近于实,故又叫"实竹"。选择苦竹七节,每节七寸(约23厘米),共长四尺九寸(约163厘米)。用长细铁条将竹节打通,将一头堵粘好,灌入水银七钱(35克),再用木塞粘胶将竹竿另一头孔隙堵住,即可使用。因为此竿七节,每节七寸,再充以水银七钱,故取名"七星竿"。此种用苦竹充水银制成的小竿子,刚硬无比,既轻灵又沉实,十分称手。用其打人,不论用哪一头打击,里边的水银便随着竹竿流到哪端,于是打出这一头便增加了重量和力道,犹如增加了速度,其效果非一般木棍能比,还可用来作点穴用,有闭穴止血之功。当年董先师曾行一歌称道:"莫说轻轻不为兵,轻灵无比有仙踪;长短器械它不怕,轻则拆骨重塞经。"据说董先师曾在山上乘凉,忽然感到有一股风扑来,一条一米多长的金色细蛇窜来。他伸手抓住了蛇的中间,蛇便来回缠绕,头尾乱动。拿住蛇的头、尾,蛇的腰就用力扭动。董先师睹此情景,顿有所悟,遂创制了七星竿法——击中,首尾动;击首、尾,则腰动。但另一说法则认为,清朝宫中打人的刑具不是木板,而是中心灌有水银的竹杖。据说这种刑具比木板(棍)打人要痛得多,董海川也有可能根据竹杖这一刑具,加以变化,创编了套路和用法,遂成为八卦掌门的一件奇锋兵刃。

作为八卦掌器械中的一个精华部分,八卦掌的双兵器还有燕尾翅和日月双镰等,均形制奇特,技法奇巧,堪称八卦掌门的绝技。

## （三）董海川八卦掌体系的武学风采

### 1.展示了传统武术的雄健武威

八卦掌能够在中国武术中一直占据着重要的地位,这是与其自身显著的技击威名密不可分的。一个多世纪以来,众多门人的高超武功,为八卦掌赢得了雄健的英名,同时也直观而明确地展示了中国传统武术的赫赫武威。

八卦掌初入京师之时,就是凭借着卓尔不群的武功一举打开局面的。据记载,清同治四年（1865年）,董海川至京师,初充清宫宦官,旋因疾恶如仇、时露英气,引起同人猜疑而改隶南亲王府。董初为散差太监,后升任七品首领职。肃王太监中有个叫全凯亭的,略解武技,一次偶然窥见董海川练习武技,慕董武功高深,跪求录为弟子。此后,董海川的拳技渐为人知。因其术以绕圆走转为基本运动形式,区别于过去流传的拳术,武坛人士称之为"平日所未闻未睹者"。一些怀疑其术技击实用性的武技家,纷纷来与董海川较量。精于罗汉拳的尹福,擅长摔跤术的程庭华,善用连腿的史继栋,以大枪著称的刘德宽等少壮武豪,相继败在董海川手下,后求为董门弟子。后来,号称杨无敌的杨露禅先生与董海川先生比武后也说:我与董先生比武只能比个平手,胜董海川先生很难。据董海川碑铭载:"十数武士围攻（董公）,手到皆疲。""更有剑戟专家,特与公赛,公赤手空拳,夺其械,踏其足,赛者皆靡。尝游塞外,令数人各持利器。环而击之,先生四面迎拒,捷如旋风,观者群雄无不称为神勇,惮其丰采。"董海川名声曰隆,弟子日众,"请艺者,自通显以至工贾与达官等几及千人"。

董海川的众弟子中也是名手如林,皆以武功显扬。特别是以尹福、程庭华、史计栋、马维祺、刘德宽等为代表的第二代弟子更是以武技名扬京城及全国。尹福先生和程庭华先生在北京先后创办了南场和北场两个武场,程尹两式在北京、天津、河北、山东等地广为流传。程庭华、梁振圃、刘德宽、刘凤春与形意拳名家李存义、张兆东等结为八拜之交,形意拳界曾掀起了学习八卦掌的热潮,李存义、张兆东后来也成了八卦掌名家,而其弟子中,如黄柏年、姜容樵、韩慕侠等也皆为八卦掌名家,承传八卦掌并著书立说,其中的李存义、韩慕侠等还曾经参加了义和团的反帝爱国运动甚至击败了洋人大力士,为中国武术争了光。以上述弟子等为代表的八卦掌门人的高超武功在中国武坛可谓有口皆碑,这些都对八卦掌的发展、普及和传播起到了积极的推动作用,同时也向世人展示了中国武术源远流长的尚武传统和技艺高超的赫赫武威。

### 2.弘扬了武术文化的尚德理念

八卦掌以高超的武功扬名,但同时也是一个尤其重视武德的武术流派。作为八卦掌的创始人,董海川首先就是中国武术崇尚武德传统思想的优秀实践者。孙禄堂在其《拳意述真》一书中写道:"能到至诚之道者,仅八卦掌之董海川先师,形意拳中李洛能先生,太极拳中之杨露禅和武禹襄先生四人而已。"

据李子鸣发表在《中华武术》上的《董海川先师轶事》记述,董海川自幼即性情豪爽,任侠尚义,于清咸丰年间,因于乡间抱打不平之命案才以太监身份

3.4 八卦掌绕圆穿桩

匿迹北京肃王府，不露锋芒。当时在肃王府任武术总教师的沙回回提出与董海川比手，败北遭免职，沙回回即拜董海川为师，又行刺董公未遂而逃，"先师也没追赶。肃王闻而至询问，先师禀道：'沙夫妇行凶杀我，本想把他们擒拿，被他们逃了。'"董海川收徒之前，必先使徒服之以艺，感之以德，五体投地，方始得列门墙。其徒弟全凯亭曾经持刀躲在墙角暗处，待其端着菜汤小盘走过时，突从身后一刀劈下，先师往后一抽身，顺其刀一脚将全蹬倒地下，而手托汤盘丝毫未洒，仍端着自顾去吃饭。后感其诚仍答应收他为徒。董海川对待门徒非常严格，曾经亲手惩戒凭武功而为非作歹的义子李荣贵，并将其逐出八卦门。

著名的八卦掌第二代传人中，因为大部分出身贫寒，长期的社会底层生活培养了他们正直的品行和良好的武德，他们又各以自身的言行实践极大地影响了各自的弟子门人，因而使八卦掌形成了注重武德的良好传统。如尹福，河北省冀县人，幼年来京，居朝阳门（齐化门）吉市口，曾以卖烧饼、油条为业；程庭华，河北省深县城南程家村人，自幼入京学徒，后在崇文门外开设眼镜店；梁振普，河北省冀县城北后冡村人，13岁到北京，在前门外"万兴估衣庄"做学徒，以贩估衣为生等。在以他们为代表的八卦掌的著名传人中，以德扬名的可以说是屡见不鲜。如被称为"估衣梁"的梁振普，性格豪爽，好济人急，有古侠之风，曾挫败河北冀县"四霸天"，在北京永定门外掌毙歹徒赵六等数十人；被称为"翠花刘"的刘凤春功深德高，"翠花刘魔窟夺国宝"的故事在武林中广为传诵；"溜腿史六"史计栋破山盗为民除害之事迹传遍整个京城；"神腿力大脚门"门宝珍为救穷人而怒砸赌场也表现了除暴安良的武德修养；"眼镜程"程庭华为反抗外侮而牺牲于八国联军枪下的爱国主义精神更是一直被奉为武林义举的楷模。

### 3.开创了因材施教的武坛佳话

八卦掌是继形意拳、太极拳之后诞生的三大内家拳之一，但八卦掌与形意拳及太极拳的发展历程却有着显著的不同，原始的八卦掌既没有拳谱，也没有套路。我们今天能够看到的《云盘三十六歌诀》是尹福先生的弟子曾省三所撰，各种各样的"游身八卦连环掌"的拳套也大多是第四代和第五代的传人们于董海川之后而创编的，董海川先师除了转掌的心法和八式行桩外，据说只传了几式转刀。

八卦掌自董海川进京首传至今，已有一百多年历史。其间，由于历代名人辈出，且风格各异，八卦掌一直引起世人的广泛关注。尹福、程庭华、史计栋、马维祺、梁振普、刘凤春、张占魁、刘德宽、宋长荣、宋永祥、樊志勇等八卦掌第二代传人，是八卦门中公认的继董海川之后成就较大、建树卓著的佼佼者。上述名家虽然都是董海川的入室弟子，但由于大多数都是带艺投师的成名拳家，所以董海川传艺之法一向是留其长处，因材施教，以绕圆走圈为基本功，强调"百练不如一走"，以操练单式与基本掌法相组合，以变为法，量体裁衣，而不过于强调动作的一致性，所以在八卦掌第二代传人中自然出现了流派纷呈、不拘一格的现象。八卦掌门中这种因材施教的特殊传授方法，也成为中国武术中一段传诵不已的佳话。在郭古民先生的遗著中有一段文字最能说明为何尹派、程派、马派、史派等董海川先师亲传的各派掌法却又都各不相同——"董先师之教人，不以拳脚演示，纯以口授，非至近弟子万难学拟。而其特别之教授，则在于因人施教，非泥于一技而教之。故董门高弟各有所长，凡授以相当之艺，无不易成标奇。"董公的弟子大多都只练单、双、顺三掌，且这三掌也各不相同，都融入了其他武技的招式，如程派的"走马活携"就是程庭华原有的摔跤绝技。董公的第一代传人中，以尹派和程派最有影响力，尹派以穿掌为主，俗称"枪式"；程派以披掌和削掌为主，俗称"刀式"。第一代传人会的掌法都很少，但是也都练出了很高的功夫。与董海川这种因材施教的独特方法相适应，八卦掌第二代传人中一些著名的拳家虽然同练八卦掌，但其各人所擅长和传承的八卦掌掌法、套路、器械的练法各不同，因而形成了后人所称的不同流派。

尹派八卦掌的代表人物尹福（1840—1909年），字德安，号寿鹏，河北省漳淮村人，自幼好武，精于弹腿，后带艺投师拜董海川习八卦掌，将其所学弹腿、罗汉拳融于八卦掌中，苦练数年，自成风格，名震京师。其门下成名弟子很多，如居庆元、门宝珍、马贵、李永庆、宫宝田、女婿何金奎及子尹成璋、尹玉璋等。大总管太监崔泇贵是他的弟子，光绪皇帝也跟着他练掌，故北京人尊称他为帝师。尹派八卦掌的特点是，出掌形似牛舌，故名为"牛舌掌"，臂伸得较直，四指并拢，拇指内扣，掌指向前，掌心含空，掌背形成瓦垅；在劲力上，以干冷刚直见长，讲冷、弹、硬、脆、快。善爆发、顿挫和弹抖，人称"硬掌法"；其在进手时屈腿蹚泥，以自然步走转，步子小，趋于急行，横开斜进，拧翻走转，进退直接，多穿点，在速度上强调"打闪穿针"，瞬间爆发。

程派八卦掌的代表人物程庭华（1848—1900年），字应芳，河北省深县程村人，自幼入京学徒，艺成后在京崇文门（哈德门）外花市上四条，以制镜为业，江湖人称"眼镜程"，擅长摔跤，投师董公门下后深得八卦掌之精奥，因其传人主要在北京南城一带活动和传练，故又称北京南城派八卦掌。其掌法的特点是屈腿蹚泥，横开直入，拧翻走转，舒展稳健，劲力沉实，刚柔相济，善摆扣步，螺旋力层出不穷，拧裹劲变化万千。程派八卦掌桩功全面，不但有行桩，还有站桩，在八卦掌各流派中流传最为广泛。其传人遍及全国各地及海外，著名者除孙禄堂合太极、形意、八卦自成一派外，较有影响的传人有刘斌、杨明山、李文彪、程有龙、张永德、姬凤祥、刘振宗、王丹林、冯俊义、张玉奎、郭风德等。

3.5 一代宗师之武术八卦掌

史派八卦掌创始人史计栋（1837—1909年），字振邦，河北冀县小寨村人，木商，善技击，精腿法，排行六，故人称"史六"，拜入董公门下，苦练多年，成为名家。其妻为董公义女，董公晚年即住其家，因史在东城开有木厂，故其流派被称为北京东城派八卦掌，与程廷华流派的南城派八卦掌同时驰名京城。史派八卦掌出掌为"钩镰手"，食指、中指二指并拢，虎口撑开，其余二指则向内抱微屈。步法有蹚泥步和鸡形步两种。其所传弟子中，著名者有韩福顺、张德修等。

樊派八卦掌代表人物樊志勇（1840—1922年），绰号"樊疯子"，满族，世居北京。自幼曾习少林、弹腿等术达八年之久，后拜董海川为师习八卦掌。樊氏掌以"瓦垅掌"为基本掌型，其拳式紧凑、轻捷灵活，善"三角步"，打四面，踩八方，以穿九宫为主，走转圆为辅，具有独特风格。樊氏八卦掌主要传人有其女樊凤兰、婿王志能等，再传有文大生、王刚、韩杰等。

梁派八卦掌代表人物梁振普（1863—1932年），字昭庭，人称"估衣梁"，河北冀县人。自幼好武，7岁拜本村秦凤仪老拳师学弹腿，13岁到北京，在前门外"万兴估衣庄"做学徒，以贩估衣为生，故人称"估衣梁"。梁派八卦掌在掌法上以"龙虎掌"为标准，步法抱膝摩胫，如趟似踢，其特点是以正击斜，借力发劲。其后世传人有田金峰、李少奄、郭古民、傅振伦、李子鸣等。

其他还有如宋长荣一派八卦掌特别注重下盘功夫，要求运动时前脚起，后脚蹬，掌要与肩齐，掌要握力，步法为"驼形步"；宋永祥一派八卦掌的基本掌法为"荷叶掌"，其特点是换掌时要叠步，摆扣均衡，暗掌多于明掌；刘宝珍的八卦掌又称八卦阴阳掌，行步转圆速度较快，变掌换式不讲摆扣步法；刘凤春一派八卦掌，仅单换掌一势就练了三年，所以"翠花刘"的单换掌未逢过敌手；张占魁的八卦掌集形意、八卦、迷踪拳为一体，刚柔相济，身法灵活，步法为蹚泥步；刘德宽则综合八卦掌第一代传人中的散手和自身功夫而编创了"六十四掌"等。

## 三、形意拳

在形意拳的起源问题方面，以前曾相传有创始于宋朝名将岳飞和高僧达摩的说法，但一般认为是前人为了借岳飞和达摩来提高拳术的知名度和号召力。除此之外，目前社会上还有"三流一源"之说，即形意拳有山西、河北、河南三大支派，都是在心意六合拳的基础上发展起来的，至今河南地区还叫心意拳，只有山西、河北称之为形意拳。而关于形意拳源流的认识分歧，则主要集中于其创始人是姬际可还是李飞羽的问题。"形意拳脱胎于明末清初人姬际可创编的心意六合拳。大约咸丰六年（1856年）以后，郭云深之师李飞羽，始以'形意'命名这一拳系。"这是权威的国家体委武术研究院编纂的由人民出版社1997出版的《中国武术史》中关于形意拳的论述，也是一种较为主流、权威的认识。

### （一）拳传山西，名立河北

自17世纪姬际可创拳以来，形意拳术的发展至今已历经三百余年。道光十六年（1836年），直隶深州（今河北深县）人李飞羽（也称李老农、李洛能，字能然）慕名到山西祁县拜戴文雄为师习武，开创了戴氏心意拳外传的历史。李飞羽继承发展了戴氏心意拳术，并进行了多方面的重大改进和创新。

李飞羽的杰出弟子很多，但最杰出的就是河北的刘奇兰、郭云深和山西的车毅斋、宋世荣，后来也由此四人而大致分为河北和山西二支。山西由于车、宋二人均精于内功，拳法劲力十分精巧，拳路也更形象而紧凑；而河北刘、郭等人由于随李洛能时间较长，拳法较古朴，拳路舒展大方，具有一种恢宏气象。河北深县人郭云深以半步崩拳打遍天下无对手而闻名武林，郭云深还曾于北京传授形意拳学，与八卦掌宗师董海川以武会友，从而使形意拳开始名声大振；刘奇兰文武双全，武林人称"圣手秀士"，著有《形意拳抉微》一书。其子刘殿华也是武林中的佼佼者，把其父之书从拳术到器械一一画图为论，实为武林书籍中之佳作。郭、刘这两支之后又出了两位杰出人物，其一为刘奇兰的大弟子河北深县人李存义，另一为郭云深再传弟子河北完县人孙禄堂，他们在中国武术中均有着非同一般的影响。另外，还有郭云深一系的形意拳弟子王芗斋在精研形意拳学的基础上博采众长，集百家武术之精华而独创出中国武术中一门崭新的拳种——大成拳，更是给形意拳起到了锦上添花的作用。

形意拳基本拳法以三体式、五行拳、十二形拳为主（山西有些地区站桩不用三体式，而用

"六合式""站丹田"；十二形拳为十形）。单练套路有五行连环、杂式捶、四把拳、八式拳、十二洪捶、出入洞、五行相生、龙虎斗、八字功以及上、中、下八手。对练套路有五行相克、三手炮、五花炮、安身炮、九套环等。器械练习有连环刀、连环剑、连环枪、连环棍、三才刀、六合大枪、凤翅镗等。

## （二）理法五行，象形取意

3.6 形意拳内部教学视频

形意拳是以技击兼养生为突出特色的拳种，五行拳是其基本拳法，也是形意拳沿用五行学说为指导思想来演练拳术的代表性的体现。"五行拳"中的五拳，即指劈拳、钻拳、崩拳、炮拳、横拳，其中劈拳属金，崩拳属木，钻拳属水，炮拳属火，横拳属土，有形意拳歌诀云："劈拳似斧性属金，生钻克崩妙绝伦。崩拳属木似箭穿，生炮克横紧连环。炮拳似炮性属火，生横克劈妙无双。横拳似弹性属土，生劈克钻用自如。钻拳属水似闪电，生崩克炮顺势变。"劈拳主要用掌，其形似斧，拳势严谨；崩拳以左右直打冲拳为主，其形似箭，喻其直进有力；钻拳似电，快速上钻；炮拳沿波浪曲线左右斜进，一架一冲，拳法激烈；横拳于前冲中顺势横拨，坚韧含蓄，拳掌结合。根据五行相生相克之理，五行拳亦有相生相克的关系，即劈生钻、钻生崩、崩生炮，炮生横、横生劈；劈克崩，崩克横，横克钻，钻克炮，炮克劈。这种拳法上的相生相克，同样还体现于五种拳法特色在实战运用时的变化之中。

形意拳以阴阳五行学说立论，精心模仿各种飞禽走兽的技能特长，象其形，取其意，内外兼修，形意合一，蕴含有丰富而浓郁的象形取意之仿生学思想。如五行拳中崩拳似箭，取射物之意；十二形中的虎形，取猛虎伏身离穴之势，扑食之勇等；其各拳都以"象形取意"为拳理，古谱中所说的"行如槐虫，起如挑担"则是形意拳起落进退的基本法则之一。形意拳之十二形者：龙、虎、猴、马、鼍、鸡、鹞、蛇、鹞、燕、鹰、熊；十二形拳之取意为：龙有吸水之精，虎有扑食之勇，猴有纵跳之能，马有疾蹄之功，鼍有浮水之灵，鸡有争斗之性，鹰有捉拿之技，熊有竖项之力，鹞有崩撞之形，蛇有拨草之精，鹞有入林之妙，燕有抄水之巧。象其形，取其意，务需符合拳理，服务拳法。"心意诚于中，肢体形于外"，外形与内意的高度统一与结合，才成"形意"。

## （三）形意武盛，究因思原

在明清以降的中国武术发展史上，形意拳之所以能够一路续写辉煌，概括而言，大致有以下几个方面的原因。

### 1.以枪立拳，体用为本

史载姬际可"以枪立拳"开创了形意拳的前身心意拳。雍正十三年（1735年），河南进士王志诚的《拳论质疑序》是继《姬际可自述》之后最早的传世墨本。《序》云："（姬际可）精于枪法，人皆以为神，而先生犹有虑焉。以为吾处乱世，出则可操兵，归则执枪可自卫，若当太平日，刀兵鞘伏，倘遇不测，将何以御之。于是将枪法为拳法，会其理为一本，通其形于万殊，名其拳曰六合。"在以往的乱世，形意拳这个以"体用为本"的特点显然是很容易让人理解的，而也正是这个特点，决定了形意拳从问世之初就具有了相当的实用性，能够满足当时人们"以御不测"的需要，所以才会拥有了生存、发展的前提条件。也正是因为这个突出特点，李飞羽才会不远千里慕名前往山西学习该门拳艺，也才会有历代形意拳习练者的不辞辛苦、不绝于道。

2. 革故鼎新，海纳百川

形意拳之所以称其为形意拳，与李飞羽对于原始心意拳的创造性发展有着很大关系。李飞羽"以他数十年练功体会和实践经验的总结，大胆地对心意六合拳进行系统地整理，首先提出了以三体势站桩为入门，以五行拳为基础，以十二形拳为进阶的系统的技术训练体系。以中国古代的阴阳五行学说为理论基础，从道家养生、练功、修炼的方法和理论中，结合拳术的内养修炼，提出了武功修炼的三个层次（即三步功夫明、暗、化和练精化气，练气化神，练神还虚）的理论，使形意拳以崭新的面貌，以技术系统化和理论的科学化（在当时来说）矗立于武林"。李飞羽对于形意拳术的贡献是巨大的，也是有目共睹的，以至于有"形意拳是脱胎于心意六合拳而自成一系之说"。李飞羽的弟子直隶深州人郭云深"熟颜书复善奇门，论述三层道理，三步功夫，三种练法，完善了形意拳理拳法，以至于体用规矩法术之奥妙，并剑术、刀枪之精巧无所不极。著有《解说形意拳经》一书"。李飞羽的弟子直隶大兴人宋世荣又融会贯通太极、八卦等拳理，将内功与心意拳、内家拳完美地结合起来，并创编了"内功盘根""麟角刀""十六把"等徒手、器械与对练套路，进而在演练方法与内外兼修等方面均有较大的创新和改进，丰富与充实了形意拳的内容，展示了独特的风格与特色，为宋氏形意拳的崛起奠定了坚实的基础。另外，郭云深弟子河北完县人孙禄堂，著有《形意拳学》和《拳意述真》等书，继续完善和发展了形意拳理论，并融形意、八卦、太极三门武功为一体创立了孙氏太极拳学。河北深县人王芗斋在形意拳学的基础上博采众长，侧重了意念与精神的训练，又创立了大成拳，以一个新的拳种立于武林。古拳谱表明，初期的形意拳"拳法内容比较简单，基本拳法为前六势、后六势"，对比今天形意拳的广博体系，历代形意拳弟子在继承基础上的创新显而易见。这种难能可贵的革故鼎新精神对于形意拳发展显然起到了有力的推动作用。

3.7 孙禄堂形意拳动作分解

在形意拳的发展史上，众多形意门人还突出地体现了一种海纳百川的恢宏气度。这种广阔的胸怀和开放的精神对于形意拳的发展也起到了积极的促进作用。道光十六年（1836年），李飞羽由河北深县千里迢迢慕名到山西祁县拜戴文雄为师习武，后又将其艺回传山西，传为武林一段佳话。李飞羽一改传统的保守思想，广为传艺，重视文人与上层人士作用，并加强对外广泛交流研究，四方人士争相求艺，因此，形意拳名家辈出，艺传四方，其入室弟子有郭云深、刘奇兰、车毅斋、宋世荣、白西园、刘晓兰等，皆为当时高手。这些弟子们又都传拳授徒，发扬形意拳术，如李飞羽的弟子河北深县人刘奇兰为人宽宏大度，知识渊博，和蔼可亲，有长者之风。时常有人慕名来访，交谈数言后都体折心服，拜在门下列为弟子者甚多，如李存义、张兆东、刘文华、刘德宽、周明泰、耿成信、刘凤春、刘殿琛等，也各为一时豪杰。

光绪十五年（1889年）农历九月，李飞羽弟子直隶形意拳大师、以半步崩拳打遍华北无对手的郭云深首赴太谷走访形意同门，与车毅斋切蹉技艺长达一年有余。之后，直隶形意名师到太谷走访形意同门的还有刘奇兰、李太和、刘元亨、李占元、张树德等。光绪二十九年（1903年），郭云深最后一次到山西太谷，与师兄车毅斋等商讨十二形之排列序次，经研究决定将原先李飞羽所传之六象排在前、车毅斋所传之六象排在后的序次，改为"龙虎为开"排在前，"鹰熊为合"排在后，自此，鹰、熊二形不再单独演练，形意门人谓之"鹰熊合演"。郭云深临行前，同车毅斋师徒共11人合影留念，20世纪90年代，此照片于武术期刊上刊出后，关于照片的一些细节还引起了激烈的争论，成为形意拳发展史上的一个小插曲。

图 3-1　郭云深与车毅斋等切蹉拳艺

　　宣统三年（1911年），形意拳名家李存义在天津创办了中华武士会，以开阔的胸襟与宏大的追求团结武界同仁，培养了一大批优秀的武术人才。民国三年（1914年），李存义最后一次到太谷，与同门师兄弟李复祯、布学宽、宋铁麟、刘俭等共同商讨形意门人之辈次，决定从飞羽（洛能）公第二代传人起，以"华邦维武尚，社会统强宁"十字为辈序，使后之来者有谱可稽。同年，形意拳新秀河北任邱人郝恩光首次将形意拳传到日本，开创了中国拳师教外国人学习形意拳的新纪元。而形意拳大师河北深县人郭云深、李存义和天津人张占魁等引领的形意拳与八卦掌两大武术流派之间的技术交流与深厚友谊更是成为近代中国武术史上的一大亮点。孙禄堂初学形意拳时先拜李魁元为师，当学艺及成时李便主动将其推荐入其师郭云深门下继续深造，后来郭又把其精心培育的弟子孙禄堂送至八卦掌名家程廷华处习艺，最终成就了著名的一代武学宗师"虎头少保，天下第一手"孙禄堂。

**本章小结**　　在漫长的历史发展过程中，武术形成了众多拳种流派，这一特征也是中国武术区别于国外其他武技的重要体现之一。能够形成一个拳种流派，需要满足一定的相应条件，要能够经得起时间的考验。1983—1986年，在国家体委武术挖掘整理领导小组的统一部署下，历经3年努力，初步查明流传各地的"源流有序、拳理明晰、风格独特、自成体系"的中国武术拳种共有129个。其中，六合拳、形意拳、八卦掌等则是其中的经典代表。

**回顾与练习**　　1. 当前的武术拳种流派，你知道的主要有哪些？

2. "源流有序、拳理明晰、风格独特、自成体系"的当代中国武术拳种共有多少个？对此，你的观点是什么？

**画外武音**　　**解密：晚清十大武林高手排名**

导读：武林高手指练习武术，且在武术上具有成就与相当影响的人士。练武之人遍布世界各地，也出现一些知名的流派，如咏春拳、洪拳、谭腿、截拳道、空手道、柔道、合气道、剑道等。今天我们来看看晚清武林十大高手。

**1. 武林高手——董海川**

董海川生于清嘉庆年间（1797—1882年），河北文安县人，幼年喜各家拳术及长访师江南，在九华山下见一壮汉盘树绕行，顺逆转换之间辫子竟可立起，便向前询问。壮汉指引去其师父云盘老祖处。自此，董海川在云盘老祖门下学艺，历经几个寒暑，尽得其艺。临别时师父赠双钺并叮嘱：武艺已经是高手中的高手，但转掌（当时还没有八卦掌这个称呼）这门练法并不完善，你要完善它并发扬光大。

董海川下山后来到了京城，经人介绍于京师肃王府中任杂役。在一次王府比武中，董海川端着盘子从众人身后跃前，救下被王府护卫首领沙回回掷下擂台之武士，从而被肃王得知府中还藏有如此高手。董海川随即在场上表演了几样绝技，掌劈石磨、贴墙画等，据说最后一样绝技是绕树转掌，越转越快，最后脚下离地转树一圈，称为凌空八步。当时，太极拳名师杨露蝉与董海川在王府架起的网上比武，你来我往，精彩万分，最后平分秋色。八卦掌自董海川之后，桃李盈门，流传后世。董海川寿享高龄，临殁昏愦，仰卧床上，两手仍作换掌式，直至气绝。八卦掌流传国内外，迄今不衰。董氏传人亦层出不穷。

### 2.武林高手——大刀王五

京师武林名侠。本名王正谊，字子斌，祖籍河北沧州，回族。因他拜李凤岗为师，排行第五，人称"小五子"；又因他刀法纯熟，德义高尚，故人人尊称他为"大刀王五"。王正谊一生行侠仗义，曾支持维新，靖

图 3-2　银幕中的大刀王五

赴国难，成为人人称颂的一代豪侠。位列民间广泛流传的晚清十大高手谱中，与燕子李三、霍元甲、黄飞鸿等著名武师齐名。王五出生贫寒，三岁时父亲又因疾去世，与母亲相依为命，很小便开始干各类杂活，后来又拜肖和成为师，为习武打下了坚实的基础。

沧州当时最有名的武师当属双刀李凤岗。为了修习更高的武艺，王五便想拜他为师，却多次吃了闭门羹，他就长跪李门前以示习武之诚心，李凤岗为其精神打动，便收其为徒。王五不负师父重望，几年下来功夫已在师父之下。为了把他锻炼成更加全面的人才，李把他推荐给自己的师兄刘仕龙，一起押镖，行走江湖。经过几年的锻炼，王五告别了师父。同治十年，他先到天津，后又到北京，经人介绍到了一家镖局当了镖师。王五不仅在本行中受人尊敬，他的爱国义举更是被人们广泛传颂。甲午战争失败后，御史安维峻上疏，力陈议和之弊，要求严惩误国者，却遭到清廷的贬斥，被革职戍边。王五出于义愤毅然担负起了护送安维峻的责任。回京后，王五便在香厂筹开学堂街，名为"父武义学"。更为人们所称道和广为流传的是王五与谭嗣同的交往。王五侠义心肠，与谭嗣同兄弟相称，传授谭武艺刀剑之法，二人由此结下了深厚的友谊。

1898年，戊戌变法进入高潮，谭嗣同应诏入京，任四品军机章京，参与变法。在此期间，王五担负起了谭嗣同的衣食住行和保安工作。变法失败后，谭嗣同为表白自己变法决心，醒悟大众，甘愿受捕。王五得知后心急如焚，多方打探消息，买通狱吏，还广泛联络武林志士，密谋救谭，却被谭嗣同坚决拒绝了。9月27日，谭嗣同等"戊戌六君子"被刚毅监斩于宣武门外菜市口，王五得知后悲痛欲绝。1900年，义和团反帝爱国运动在北方兴起。王五率众积极参加，与义和团众并肩作战，杀洋人，攻打教堂。后因义和团运动发展不利返回北京，而在北京居住的期间又被小人告密，以致其住所终被八国联军包围，大刀王五

为了不连累亲友只身负义，后被德军枪杀于前门外东河沿，时年56岁。

大刀王五被杀后，头被挂在城门上，家人无法给王五入殓。天津的霍元甲听说后，只身赶来，夜里将王五的头取下，埋葬。当天晚上，霍元甲就住在王五故居南房西侧的一间房子里。

### 3.武林高手——黄飞鸿

黄飞鸿父亲黄麒英乃晚清"广东十虎"之一，他6岁从父习武，13岁随父鬻技街衢，尽得家传功夫。后遇铁桥三（广东十虎之一）之爱徒林福成授其铁线拳、飞砣绝技，并在宋辉镗处学得无影脚，武艺日臻精进，后随父于广州乐善山房设馆授徒。黄麒英谢世，黄飞鸿子承父业成为一代宗师。

黄飞鸿一生中，曾先后被提督吴全美、黑旗军首领刘永福等聘为军中技击

图3-3 黄飞鸿

教练。相传其平生绝技有双飞砣、子母刀、罗汉袍、无影脚、铁线拳、单双虎爪、工字伏虎拳、罗汉金钱镖、四象标龙棍和瑶家大耙等。因其尤精虎形诸势，故在武林中享有"虎痴"之雅号。此外，黄飞鸿亦善于舞狮，有广州狮王之称。其徒弟莫桂兰在林世荣、邓秀琼的帮助下，偕黄飞鸿的两个儿子移居香港设馆授徒，传授黄飞鸿遗技。1924年在香港去世。

黄飞鸿纵横江湖数十年，凭着过人的勇敢、智慧和绝技，身经百战，显赫辉煌。他武艺高强且崇尚武德，推尚"习武德为先"，从不恃强凌弱。他主张摒除门派隔阂，能者为师，更力排重男轻女之见，是最先收授女弟子和组织女子狮队的武师之一。其众多弟子中，以男弟子梁宽和林世荣，女徒弟莫桂兰、邓秀琼等最负盛名。其余的门人亦颇有声誉，遍布中国港澳台以及东南亚各地。

### 4.武林高手——霍元甲

霍元甲（1868—1910年），字俊卿，祖籍河北省东光安乐屯（属沧州地区），汉族。世居天津静海小南河村（今属天津市西青区南河镇，自2009年1月18日起更名为精武镇）。光绪二十七年（1901年），有一俄国人来天津戏园卖艺，在报纸登广告自称世界第一大力士，打遍中国无敌手。霍元甲听说俄国人侮蔑中国人无能，极为气愤，当即邀怀庆会馆主人农劲荪和徒弟刘振声前往戏

园,一个箭步,气宇轩昂地跳上戏台,开门见山地说:"我是'东亚病夫'霍元甲,愿在这台上与你较量。"翻译将霍元甲生平来历告知俄国人。此俄国人闻知霍元甲威名,不敢怠慢,连忙将其让进后台,霍元甲当场质责俄国人:"为何辱我中华?"并提出三个条件:一是重登广告,必须去掉俄国人是"世界第一"的说法;二是要俄国人公开承认侮辱中国的错误,当众赔罪谢过;否则就是第三个条件:我霍某要与之决一雌雄,并命其当机立断。色厉内荏的俄国力士哪敢出场比武,只好答应了前两个条件,

图3-4 霍元甲

甘愿登报更正和公开承认藐视中国人的错误,灰溜溜地离开了天津。

宣统元年(1909年),英国大力士奥皮音在上海登广告,辱我"东亚病夫"。霍应友人邀赴上海约期比武。慑于霍元甲拳威,对方以万金作押要挟,霍元甲在友人支援下,愿出万金抵押。对方一再拖延,霍元甲在报上刊登广告,文曰:"世讥我国为病夫国,我即病夫国中一病夫,愿与天下健者一试。""并声言"专收外国大力士,虽铜筋铁骨,无所惴焉!霍公之声威使奥皮音未敢交手即破胆而逃,连公证人、操办者也逃之夭夭。1910年6月1日,霍元甲在农劲荪等武术界同仁协助下,在上海创办了"中国精武体操会"(后改名精武体育会)。孙中山先生赞扬霍元甲"欲使国强,非人人习武不可"之信念和将霍家拳公诸于世的高风亮节,亲笔书写"尚武精神"四个大字,惠赠精武体育会。1910年9月,日本柔道会会长率十余名技击高手与霍较艺,败在霍的手下。日本人奉以酒筵,席间见霍呛咳,荐日医为治,霍公一生坦直,不意中毒于9月14日身亡。终年42岁。

当时精武会弟子和上海武术界爱国人士为霍元甲举行了隆重葬礼,敬献"成仁取义"挽联并安葬于上海北郊。转年,由弟子刘振声扶柩归里,迁葬于小南河村南。上海精武会由元甲之弟元卿、次子东阁任教。各地分会相继分起,数十年后,海内外精武分会达43处,会员逾40万之众。

**5.武林高手——王子平**

王子平(1881—1973年),回族,生前任中国武术协会副主席,生于武术之乡河北沧洲的一个武术世家,从学于鲁人杨洪修,精查拳、八极拳、龙泉剑。王子平早岁行商关东,后投身军伍,以武术教练将士。

光绪二十六年(1900年)义和团失败,他亦因避嫌出走济南。初以行商为业,往来各地,每到一地,多着意寻访武术名家,求学各门技艺;后弃商从戎,

图3-5 王子平

投济南镇守使马良兴办的军事武术传习所学习，从执教该所的查拳大师杨鸿修精习查、滑、炮、洪等拳及弹腿诸艺技。1919年，号称"世界第一大力士"的俄国大力士康泰儿在北京中央公园献技，势甚嚣张，王子平激于义愤，当众挫败之。后又挫败西方力士马志尼、阿拉曼、柯芝麦、沙力文。在青岛时，曾遭日帝宪警围攻，王子平把他们一一掷至楼下。王子平后在陆军部马子贞部下任武术教练，在军中表演举石担、石蹬，以大力著称。王子平先后在北京、天津、济南、张家口、南京等地传播武术，还曾在西北军中教授武术，门徒众多。

民国十二年（1923年）创办中国武术社，在上海"全国武术运动大会"上，与武术名家何玉仙、刘百川、高振东等登台表演武技。民国十七年（1928年）任南京中央国术馆少林门长，后任副馆长。1949年中华人民共和国建立后，曾任全国政协委员，仍从事医业。王子平曾任第一届全国武术协会副主席，摔角协会委员，上海中医学会理事，伤科学会副主任委员，市人大、政协、民委委员，上海伊斯兰教协会副主任以及上海同济、静安区中心医院和体育医院等的伤科顾问。1958年9月，全国武术协会创立，王子平当选为武协副主席。1959年，王子平任第一届全运会武术表演赛总裁判长。1960年随国务院总理周恩来访问缅甸，任武术团总教练。历任中国武术协会副主席、中华全国体育总会委员、中国摔跤协会委员及上海市伤科学会副主任委员、上海中医学院伤科研究室主任等。

### 6.武林高手——杜心武

杜心武（1869—1953年），名慎魁，号儒侠，人称南北大侠，道号斗米观居士，是中国著名的武术家，被万籁声称为自然门的第二代宗师，也是清末时的革命党员，曾担任宋教仁、孙中山先生等人的保镖，因为他身材瘦削，被称为侠骨。在日本留学时，曾经飞腿打败相扑，又被称为神腿。

驰名中外的武术家杜心武，从小拜武林怪杰徐矮子为师，学得一身惊人的功夫，早年在四川、贵州、云南一带做保镖，威震四方，被誉为"南北大侠"。1900年赴日本留学，他在那里认

图3-6 杜心武

识了宋教仁，两人交识很厚。1905年，孙中山在日本组织同盟会，宋教仁是同盟会的骨干，经宋教仁介绍，杜心武也参加了同盟会，并做了孙中山的保镖。日本入侵华北后曾试图让他出面组织华北维持会，但被他拒绝。他离开日占区回到湖南，1937年开始在重庆任全国抗日群众运动委员会主任。1939年复出，在重庆任全国人民动员会主任，赴各地发展党、会组织，与日伪军特周旋，为全民抗战奔走呼吁。新中国成立后，曾任湖南省人民军政委员会顾问。1953年因旧伤复发，咯血而逝，终年84岁。

杜心武一生中，徐矮子对他的影响最大。后来杜心武功成名就，徐矮子回到老家四川，无论杜心武如何苦苦相留，终留不住。此后，徐矮子再无音讯。

### 7.武林高手——韩慕侠

韩慕侠，直隶人，刚满12岁的韩慕侠，随父进津卖柴巧遇张绵文家护院周镖师，收其为徒，习艺3年。后投师张占魁、李存义学得八卦掌、形意拳。20岁的韩慕侠技成犹不自满，去南方云游，遍访名师。先后拜李广亭、车毅斋、应文天等9位名师，尽得国术真谛回津。韩慕侠将形意、八卦糅在一起，南北两派八卦熔为一炉，融会贯通，自成一派。于民国二年（1913年）自办武术专馆（宙纬路宝兴里一套四合院内），免费授徒（《益世报》刊登义务授徒启事）。

图3-7　韩慕侠

当时慕名学艺的南开学校的学生有周恩来、于文志、梁镜尧、何树新和岳润东等；北洋女师学生有刘清扬，直隶女师学生有乔咏菊、乔咏荷姐妹等。韩慕侠武术馆培养了不少武术精英。但是韩慕侠忧国忧民的思想使他不满足办武术专馆，而想用武术训练军队，把"以武术治国"的希望寄托在军队身上。韩慕侠的抱负年近50岁时才得以施展。当时受张学良将军之邀，出任十六军千人"武术团"的教官，团部设在南关下头鸿源里一号。"武术团"即大刀队，集训于杨柳青达二年之久。

在武术团，韩慕侠用八卦刀和连环枪的套路即用八卦刀中的"缠头裹脑"等动作要领施行顺步砍、拗步砍、左右砍、连剁带劈；把形意的五行连环枪的劈、崩、钻、炮、横五枪，变化为步枪的刺、拔、挑、崩、劈五个刺杀动作训练士兵，简单易学，有很高的实战价值。正当韩慕侠在杨柳青全力训练大刀队时，一个无法解决的难题出现了，由于军饷层层克扣，大刀队领不到军饷，韩慕侠只好变卖家产给士兵12个铜板，韩慕侠家业已空，大刀队也随之停止了活动。

韩慕侠训练的大刀队在东北军易帜后，被编入宋哲元的二十九军。"七七"事变前夕，日本进攻华北，侵略整个中国的野心早被国人识破。二十九军军长宋哲元根据当时的武器装备情况，就决定利用韩慕侠训练出来的千名武将，在各师团组织训练大刀队（也称敢死队）以抵挡日军。大刀队的武器不光是大刀，俗称："二十九军三大件儿，长短枪，大刀片儿，鬼子见了腿打颤。"韩慕侠训练大刀队不仅重视武技训练，还十分重视对士兵的爱国教育和武德教育，所以大刀队队员的素质都是比较高的，打起仗来奋不顾身，骁勇无比。在马厂减河一带他们与日军奋力拼杀，虽有很多人为国捐躯，但日军也伤亡惨重，死人不计其数。据百姓讲，当时流的血把马厂减河的水都染红了。日军战亡的死尸不敢在白天运，只在每日夜间用橡皮船和其他船只沿赤龙河和卫津河北运。这是大芦北口一带村庄的老辈人亲眼得见的。

民国二十二年（1933年），3万日军抢占喜峰口。我方张自忠、赵登禹等部，将各部"武术团"受训成员临时组成大刀队，出其不意冲入日军阵地，将山头日军全部用大刀砍死。次日，日军又疯狂全线进攻喜峰口、古北口。大刀队则埋伏在峰峦隐蔽处，待日军一到，便蜂拥而出，奋勇拼杀，给日军以重创。紧接着，大刀队又袭击了日军炮兵阵地，毁其大炮多门，给不可一世的日本侵略者以致命打击。

### 8.武林高手——燕子李三

燕子李三，河北沧州人。清朝末年中国正处乱世，山河破碎，风雨飘摇，但这也为江湖好汉和武林高人纵横天下提供了一个时代的舞台。民间也流传着许多有关侠义英雄的传说。"燕子李三"，无疑是其中颇有名气的传奇飞贼。据史书文献资料记载，燕子李三是河北献县人，本名李云龙，乳名唤作"小龙儿"。因兄弟较多、排行第三，又有"燕子"的绰号，故称"燕子李三"。《献县志》《献县四十八村乡土教材》中都有关于"燕子李"的记载，其后人都还健在轻功亦有传人，第七代传人李二辉已将"燕子李三轻功"申请备注为非物质文化遗产，并发表《关于近代武林人物燕子李三的几个版本考》的学术论文，多次被媒体采访报道。李三一直在平津一带活动，曾在北平右安门外关厢居住。因身怀绝艺，再加上作案前周密细致地摸底，并配有特制的药水等，很少失手，作案无数。曾到临时执政段祺瑞的府邸行窃，还偷过国务总理潘复、执政秘书长梁鸿志、爱新觉罗瑞仲家等人的财物，轰动一时。每次作案后，为显示自己艺高胆大，燕子李三还故意戏耍权贵，仿效传奇小说中诸如花蝴蝶、白菊花等大盗的做法，把一只用白纸叠成的"燕子"插在作案的地方，显示自己明人不做暗事。据说"燕子李三"的绰号便由此传遍民间。

当时时局十分混乱，当权者即为国之巨蠹，为富者往往不仁。因此，老百姓对于专偷富豪的李三倒有一份亲切感，把他看作梁山好汉时迁一样的人物。李三有时候也将偷窃的部分财物分给百姓，受到百姓的称颂。有报纸就曾这样报道：燕子李三"得赃数千元之巨，初冬往游城隍庙，见附近居民以贫苦者太多，遂起怜悯之心，每人一元或二元，任意施舍，遂为侦缉队注意，跟踪逮捕"。

### 9. 武林高手——孙禄堂

孙禄堂，河北望都县人。孙禄堂天资聪颖，勤奋好学，9岁丧父，家中一贫如洗，由老母抚养成人。他喜爱武术，曾拜一位江湖拳师学习少林拳术，时间虽短，但他好学苦练，练得一身好功夫。11岁时背井离乡，去保定一家毛笔店做学徒。13岁时孙禄堂拜河北省名拳师李魁元为师，学习形意拳，同时文武兼学。两

图 3-8 孙禄堂

年后，孙的武艺出类拔萃，李魁元便把他推荐给自己的师傅郭云深继续深造。不久他便把形意拳的真功夫学到手。然而孙禄堂并不满足，还继续寻师学艺，到北京跟八卦掌名师程廷华学艺，由于孙禄堂本来功底深厚，又得程廷华竭力指教，苦练年余，尽得八卦掌的精髓。为使他经风雨见世面，广识神州武林各派之精华，追本求源，挣脱师法樊篱，日后自成一家，程廷华便诚恳地劝他离师门去四海访艺。

1886年春，孙禄堂只身徒步壮游南北11省，期间访少林，朝武当，上峨嵋，闻有艺者必访之，逢人较技未遇对手。1888年他返归故里，同年在家乡创办了蒲阳拳社，广收门徒。孙禄堂早年精研形意拳，师从李奎元，复从郭云深，共十一年，其间又得宋世荣、车毅斋、白西园诸前辈亲授，加之孙禄堂天资弥高、性情恬淡，故孙之形意拳功夫能超逸前代，功臻冲空化境。继而孙禄堂为了研究拳与《易》之关系，又从程廷华研习八卦拳数月，多有心得，技艺精深，但丝毫无自得之意。年余后，程廷华称赞道："吾授徒数百，从未有天资聪慧复能专心潜学如弟者。吾与弟意气相投，故将余技尽传之。弟生有宿慧始能达此。"1912年，孙禄堂在北京遇太极名家郝为真。郝将自己所习太极拳之心得传于孙禄堂。此时孙禄堂武德双绝，誉满京城。1918年，孙禄堂终于将三家合冶一炉，融会贯通，革故鼎新，创立了孙氏太极拳，卓然自成一家。同年徐世昌请孙

禄堂入总统府，任武宣官。1928年3月，南京中央国术馆成立，孙受聘为该馆武当门门长，7月，又被聘为江苏省国术馆副馆长兼教务长。

在外侮面前，孙大义凛然，年近半百时，曾信手击昏挑战的俄国格斗家彼得洛夫；年逾花甲时力挫日本天皇钦命武士板垣一雄；古稀之年又一举击败日本5名技术高手的联合挑战，故在武林中有"虎头少保，天下第一手"的美称。擅长武功：太极、形意、八卦各门拳法无一不精；战绩：年轻时好斗，踢馆无数从未落败，艺成后游历天下，无有敌手，为当时武术界领袖人物。形意、八卦名家张兆东晚年对友人曰："以余一生所识，武功堪称神明至圣登峰造极者，唯孙禄堂一人耳。"

### 10.武林高手——郭云深

郭云深（1820—1901年），直隶深县马庄人，家不富足，力食四方，兼访名师，闻刘晓兰先生名气，便访至易州西陵，也拜孙亭立先生为师练八极拳，与刘晓兰为八极拳门中的"谱兄弟"。孙亭立先生见郭云深学拳已成，便让他也去山西李老能那里学形意拳。郭云深到山西太谷以同乡关系拜见李老能先生，并将八极拳中的刚猛猴拳和梨花大枪演示给李老能先生看。李见郭云深所练手法灵速、气势严整而神气活妙，遂收为弟子。当时李老能以租种菜园为生计，郭云深帮助灌田、耕耘，一应事情非常勤快，深得老能先生的喜爱，便倾囊相授，郭十二年后艺成。

后来因铲除恶霸，犯了人命官司，被关进监牢，仍苦练功夫，由于项上有枷，脚上铁锗的缘故，练就了只能迈出半步的绝技——半步崩拳，所以，后来郭云深名扬大江南北，以"半步崩拳打遍天下"而著称。郭云深在当时武术界很有声望。他的练拳，静如泰山，动如飞鸟。如遇不测之事，只要耳闻目见，不管对方拳棒有多快，皆能避之。有一次郭云深想试试自己的功夫，让五个壮士各持一木棍，其一端顶住郭云深的腹部，郭云深一转腰，将五人打出一丈开外。对形意拳理论，进行过系统的研究和总结，遗著有《能说形意拳经》一书。郭云深在北方数省教授学生多人，晚年隐居乡间，七十余岁而终。

（资料来源：佚名.解密：晚清十大武林高手排名[JB/OL].华声在线，2014-10-24.）

**武声争鸣**

### 1.少林武术并非达摩所创

关于少林寺武术的起源问题，自明清以来，多种说法均与史实不符，尤以达摩创拳之谈影响危害甚烈，至今仍有人认为是印度僧人达摩创造了少林武术，许多拳派甚至就冠以达摩之名，如达摩剑、达摩杖、达摩十八手等不一而论。这对于我国武术的科学化和规范化是不利的，特别是对于正确认识少林武术的源流和发展是十分有害的。弄清我国武术史上的稠禅师与少林寺武术的关系，对于进一步论证少林武术的历史渊源和它的形成、演变具有重要意义，也为批驳达摩创造少林武术的论点提供了又一有力的佐证。

在武术史上，不但有达摩创少林武术的误传，更是将真正在少林寺武术史上有开创之功的少林寺二祖"拳捷晓武"的邺人稠禅师，传得扑朔迷离，难辨真伪。实际上稠禅师的武功既不是在少林寺成就，更非跋陀所传，这是极需要澄清的一个少林寺武术的历史源流问题。稠禅师本人的经历，说明一个极为重要而显见的事实，中华武术源远流长，少林寺武术的开创和形成不是孤立的，而是中国武术的继承和发展，是与武僧们进入少林寺前就学有武艺，怀有绝技分不开的。这些人在进入少林寺后，又将自己所学武技传授于寺院内不会武功或武功不精的其他僧人，在复杂的社会历史背景下和少林寺特殊的地理环境条件的影响下，根据护寺护法和自身生存的需要，外来佛教与中国传统文化相融合形成的中国佛教，才能产生少林寺僧众好武习拳的尚武风气和传统。

**2. 谈"道人"传说，话"三丰道人"**

在太极拳的发展过程中，武当的张三丰真人无疑是一个极为重要的人物，同时也是太极拳研究者无法回避的一个焦点。张三丰，据传为辽东人，《明史·张三丰传》曰："张三丰，辽东懿州人，名全一，一名君宝，三丰其号一也。以其不饰边幅，又号张邋遢，颀而伟，龟形鹤背，大耳圆目，须髯如戟，寒暑惟一衲一蓑。所啖升斗则尽，或数日一食，或数月不食。书经目不忘。游处无恒，或云能一日千里。善嬉谐，旁若无人，尝游武当诸岩壑，语人曰：'此山异日必大兴。'"他幼入道门，云游四海，后长期在武当山南岩宫、紫霄宫、遇真宫等处栖身修炼，非常注重内丹的修炼与丹道、导引养生之术。据说，在武当山长达数年的清修期间，张三丰在道教内丹理论的指导下，创立了划时代的武当太极拳。传说中，这位武当派的创始人通晓天文地理，医术高明，武功高强，料事如神，且高寿200多岁。因名声太盛，惊动了皇上朱棣，下诏要其进京入朝，但张三丰托词不去，以一首词赠与皇上，让其深受启示，下令大修宫观，前后动用30万军民工匠，历时14年，兴建武当宫殿，形成9宫8观、30庵堂、72岩庙、39座桥梁的巨大工程，留下了现今成为世界文化遗产的武当山古建筑群。

明宣德二年（1427年）的《张神仙祠堂记》记载，张三丰"自少臂力过人，善骑射"。明末大思想家王夫之写道："拳勇之技，少林为外家，武当张三丰为内家。"清初学者田雯《古观堂集》中亦有描述张三丰"熊经鸟伸决自秘""长生思假六禽戏"的相关内容。明朝初年,由于高尚的道德操守,高深的道教理论造诣以及创立武当内家拳的突出贡献,张三丰在社会上声名远播,影响愈大,甚至渐及神化。到武当山修道、习武的无不拜张三丰为宗师。张三丰兼收并蓄,主张儒释道"三教合一",使武当道教的发展达到鼎盛时期,成为同时期天下第一道场。

深谙中国传统文化的英国学者李约瑟博士曾经说过:"张三丰的名字,现在多与中国拳的一个派别——太极拳联系在一起。"事实确实如此,凡是追溯太极拳的起源者,没有不提及张三丰的。除武当太极拳外,张三丰还被认为创立了著名的武当内家拳,现在流传中国各地甚至远播异域,影响十分深远。台湾学者萧天石在认为:"三丰真人虽以太极拳著誉于世,人们尊为祖师,敬之如神明,然其真正极博大而又极高明之处,不在其太极拳,而在其丹鼎派中炼丹修行明道证道之崇高境界。"这段话,又从另一个侧面揭示了张三丰的广博和不同凡响。

当前,与张三丰有关的对于太极拳的源流争论始终比较热烈。正如一位网友所说:"其实太极拳内涵丰富,渊源流长,其传承疑点甚多,现在远不是为创拳者下定论或吵架争斗之时,这已违背了太极文化,如何传承发扬太极拳,才是目前之大事。"我们都生活在现实世界里,理论与现实之间永远存在着不可逾越的误差,就当代大环境而论,发展显然也是更多精力应该倾注的地方。这不是明哲保身也不是避重就轻,前辈们使得太极拳问世本身就是为了造福大众,随着时间推移,在众志成城的前进努力中,在发展的大旗下,一切自会水到渠成。

(本节内容主要参考并引用了申国卿《武当文化武当拳》一书的相关内容,该书及具体引用情况,不再一一表明。)

# 参考文献

[1] 申国卿.燕赵武术文化研究[D].上海体育学院,2008:5.

[2] 张选惠.谈谈武术流派问题[J].成都体育学院学报,1981(2):39-42.

[3] 刘万春.河北武术[M].北京:北京体育学院出版社,1990:128-133.

[4] 沧州武术志编纂委员.沧州武术志[M].石家庄:河北人民出版社,1991:31-33.

[5] 佚名.解密:晚清十大武林高手排名[JB/OL].华声在线,2014-10-24.

[6] 马爱民.论我国武术史上的稠禅师与篙山少林寺——兼析北朝时期邺下寺院的武术活动[J].北京体育大学学报,1999(1):90-94.

[7] 申国卿.武当文化武当拳——E话武当[M].北京:人民体育出版社,2009:12.

# 第四章
# 中国武术的地域特征

**【学习目标】**

学习中国武术的地域特征，认识武术地域特征的历史传统与武学内涵，了解地域武术所展现的地域文化状态以及武术由此而得以充实、丰富的文化特质。

**【学习任务】**

1.了解武术的传统地域特征以及不同地域武术的整体分布状态。

2.学习不同地域文化在其相应武术代表性拳种产生发展过程中的历史动因。

**【学习地图】**

地域文化概念➜中国武术的地域特征➜地域武术代表性拳种➜地域文化与地域武术➜地域武术文化的魅力

# 第一节　中国武术的地域性特征

　　随着19世纪末期地域文化研究的勃兴,中国武术的地域文化特征也日益引起学界的关注,以地域武术文化为主题的相关研究构成了21世纪武术文化领域的一个突出热点。中国武术文化的演变进程深受地域文化的影响,风格各异的地域武术文化现象从宏观上折射并反映了中国武术体系的地域性特点及其历史发展规律。

## 一、地域与武术的地域性特征

　　"地域"概念通常是古代沿袭或俗成的历史区域。在中国历史上,形成了一批有着重要影响的传统地域,如燕赵、齐鲁、陇右、荆楚、关东等,以此为根基,逐渐演化、衍生出了相应的地域文化。从概念上讲,地域文化是一门研究人类文化空间组合的地理人文学科,又称区域文化或地缘文化,是指因人类地理分布而形成的地域性群体文化,其研究主要指以文化地理学、历史地理学为中心而展开的文化探讨。地域文化史研究的活跃是学科建设的一大成效,起步较早的吴越、楚、巴蜀文化研究向纵深发展,后起的齐鲁、燕赵、湖湘、闽粤文化从点到面铺开,它伴随着文化史研究的复兴而成为20世纪末中国学术界最引人注目的现象之一。"近年来,随着'文化地理学''历史地理学'等新兴学科的出现以及21世纪文化学热潮的涌起,我国的地域文化学研究进入了一个快速发展的繁荣时期。"[1]在这个背景下,作为中华民族长期历史发展过程中不同地域间文化交流与民族融汇的产物,作为一种承载不同地域武术丰富内涵与发展归属的文化形态,中华武术具有的显著的地域性特征开始进入人们的视野,随着"文化旅游"现象的兴起与推动,不同地域的武术发展状况也愈加受到人们的关注,进入21世纪以来,武术工作者开始更加积极地进行了地域武术文化与地域文化发展关系的战略思考和探索。

## 二、地域武术文化特征的宏观解读[2]

　　追溯历史,中国文化地域的产生大约起自旧石器时代中晚期,历经新石器时代乃至夏、商、周的发展、演变,最终成熟于春秋战国时期。从削石为兵的原始萌芽一路走来,跨过上下数千年的漫漫时空,中国武术的历史进程也深深地烙上了地域文化的印记。伴着地域文化传统的熔铸、熏陶,中国武术一路走来,淋漓尽致地演绎着中华地域文化博大精深的独特魅力,同时也展现出与地域文化你中有我、我中有你般的水乳交融。武术属于中国地域传统的非物质文化,

1　陈振勇.巴蜀武术文化探骊[D].上海体育学院,2006: 9.

2　申国卿.中国地域武术文化的发展规律及其转型机制[J].中国体育科技,2011 (6):64-68.

目前，我国已经把包括武术在内的非物质文化遗产保护列入立法规划，虽然武术地域文化特征研究于20世纪末期方才起步，但披阅相关文献，审视武术史迹，我们还是能够从浩瀚的文化长河中感触到中国地域武术文化宏观发展规律的吉光片羽。

## （一）"陇上拳家存古意"——地理环境对地域武术文化特色的影响[1]

"地理环境是人类赖以生存和发展的物质基础，是创造武术文化的自然基础。"从文化发生的角度来看，特定的自然地理条件往往决定了一个独立文化体系的最根本性质和特征，即使在同一文化体系中，内部地理环境的差异也往往促成各具特色的地域文化的生成。"中华文化自发生起，即因环境的多样性而呈现丰富的多元状态"，不同类型的地理环境特点对于相应地域武术文化的风格形成同样产生了重要影响。中国武术中一贯盛行的"南拳北腿"之说，可谓恰到好处地概括了由于地理环境不同而形成的南北武术的地域性差异，北方地势平坦，自然环境相对恶劣，人的体质较为强壮，其燕赵、齐鲁等地域武术以刚为主，大开大合的腿法运用较多，南方气候温润，地形多样，故其荆楚、吴越等地域武术多以灵巧、柔化的拳法闻名，因此，正如前人所言："技击之有南北二派，实由于天时地理之关系，出诸天演之自然，非人力之所能为也。"

地处五岭之南、内涵粤港澳三地的岭南武术发展，可以说就是中国地域武术文化地理环境特点的一个例证。岭南地区是我国古代百越民族聚居之处，因位于五岭之南而得名，古称"化外之地"。五岭地区层峦叠嶂，奇峰幽谷连绵不断，犹如一道难以逾越的天堑屏障，在极大程度上影响了与北方中原地区的文化联系，从而形成了一个相对封闭的地理环境，在客观上也保障了传统岭南武术文化的原真性和整体性特质，时至今日，在中原等地域武术文化大多随着时代与环境的演进而剧烈变迁甚至濒临消亡的同时，岭南武术仍因较多地保存了古朴的传统面貌而倍显珍奇。另一方面，广东等地海洋环抱的地理环境特点则又赋予了岭南武术进取务实的发展特点，伴随着岭南人民越洋过海到世界各地通商谋生的脚步，南拳等岭南武术也开始在东南亚、美洲大陆等四方流传。"至今，海外练习的中国武术拳种中，广东南拳仅次于太极拳，每年都有大批海外习武者来广东'寻根问祖'。"岭南武术中的五祖拳、蔡李佛拳、咏春拳等也在国际武坛享有很高的知名度。在中国地域武术文化中，与岭南武术情况相同的还有陇右武术等。陇右原指陇山（六盘山）以西，黄河以东之地，包括今甘肃省和宁夏、青海、新疆等部分区域。陇右地处黄土高原、内蒙古高原和青藏高原的交汇地带，由于地理环境之限，尤其在宋代以后，海上丝绸之路的开通，使得陆上丝绸之路衰落，所以一向与外界交流甚少。"正是由于其独特的地理条件和历史原因，才使得陇右武术较完整地保留了古法击技的原有风貌，形成了其古朴的地域武术特色。至今有些民间拳术仍然是'躲在深闺人未识'。"而"陇上拳家存古意"，也正是陇右地理环境特点对于该地域武术文化特色影响的真实写照。

## （二）"荆楚长剑天下奇"——兵戈纷争对地域武术文化发展的推动

在漫长的发展史上，军阵杀伐中的兵戈纷争一直构成了中国武术的一个重要内容，历代军

---

1　张胜利.陇右武术文化研究[D].上海体育学院，2008：2.

事典籍中的一些武艺记载如戚继光《纪效新书》、俞大猷《剑经》等,也一贯被奉为传统武术的经典。毫无疑问,持续不断的军事战争对于中华地域武术文化的发展及其特征形成起到了积极推动作用。

以中州武术为例。古河南之地俗名中州,也称中原,是历代兵家必争之地。"得中原者得天下"之说与"逐鹿中原"等成语更证明了这一地域的军阵杀伐之久。据《中国历代战争史》记载,从公元前221年秦统一六国到1840年鸦片战争的2 061年间,华夏各地域共有重要战役721起,其中北方548起,占76%,而北方的战事中,发生在中州的有120起,位居榜首。一省战事占全国的六分之一。春秋战国时期,中州地域的兵戈纷争前后延续近600年;魏晋南北朝时期持续400多年的战乱动荡是中州历史上史无前例的民族劫难,中州大地"久经寇贼,父死兄亡,子弟沦陷,流离艰危","出门无所见,白骨蔽平原",频繁动乱之下,民众不得已习武图存,磨练出了尚武强悍的勇健之风,影响所至,发源于这片土地上的少林武术与陈氏太极拳驰名中外,成为中州武术中两张如雷贯耳的文化名片,其精湛的武功技法与深厚的文化内涵在世界各地脍炙人口。

类似的代表性地域武术还有陇右、荆楚等。频繁的战争促成了陇右的尚武传统,《汉书·地理志》《通典·州郡四》中都有陇右各地"修习战备,高尚气力,以射猎为先""多尚武节""名将多出焉"等文字记载;历代咏陇诗词如"寺寺院中无竹树,家家壁上有弓刀"等也充分反映出了战争对于陇右武风的影响。兵戈纷争对于作为南方地域重要代表的荆楚武术文化发展同样影响甚巨。严峻的军事形势迫使楚"在开国之时就重视武力,以求得国势的巩固和发展。周王朝的不断征伐,促使了荆楚武术的迅速成长。""由于战争的需要,青铜被大量用来制造武器","因此生产出脊部和刃部分铸的复合剑,既坚韧抗折又刀口刚劲锋利",从而使得楚国长剑独步群雄,"成为天下瞩目的利器"。近代大量的出土文物证明,春秋战国时期,"楚国长期使用青铜兵器,后期逐渐使用铁兵器,它的武库是最庞大而且最先进的","工艺之精,皆居列国之首"。而荆楚地域这种短剑加长的用法,不仅丰富了该时期的武艺体系,同时也为后世"短兵长用"的武术技法奠定了基础。持久的战争对于巴蜀武术的发展也产生了显著影响,大量出土的兵器文物显示,古代巴、蜀两国的兵器形制与中原兵器有明显差异,其技法也有所区别,特别是三国著名的"蜀刀",鲜明地显示了当时军事武艺的兴盛和格斗技术的沿革。明朝末年,由于吴越地域遭到倭寇的严重侵扰,以戚继光等为代表的一批优秀军事家先后被派赴吴越定倭,残酷的军战启发着这些武艺高强的军事将领,纷纷开始了对武术的研究以及针对性极强的军事武艺训练。因为抗倭涉及国家荣誉,国内其他地域一些著名的武术家也主动开展了围绕日本刀法的中日武技比较,以及在此基础上的武术技法总结、探讨。而平倭之战所引起的军队将领与民间高手的武技交流与《耕余剩技》《阵纪》等各种武术著作的大量涌现,以及少林武僧与倭寇铁棍对长刀的疆场搏杀等,则作为吴越武术史上的一道亮点至今仍使后人津津乐道。"对后世影响较大的一些有关武术论述,不仅在这个时期相继问世,而且数量之多,内容之丰富,是秦汉以来未曾有过的。"国家体委武术研究院编纂的《中国武术史》中收录和介绍明代兵家所撰的10部著述有8部出于吴越地域,这场战争对于吴越地域乃至中国武术发展所具有的重要意义,由此可见一斑。

## （三）"巴蜀武林移民多"——地域武术文化发展中的交汇融合现象

　　"人类历史的前进，离不开文化的交流与融合，对于任何一个民族文化而言，拥有文化输出与文化接受的健全机制，方能获得文化补偿，赢得空间上的拓宽和时间上的延展。"作为中华民族传统文化的一个重要子系统，中国地域武术文化绵延不绝的发展过程中，不仅充满着不同地域之间的武术文化交流与共融，而且也是长期以来各地域武术文化交汇、融合的必然结果。

　　中国地域武术文化发展的这一特征在巴蜀武术中得到了生动的体现。古巴蜀大致包括现在的四川和重庆地区，是一个典型的移民区域。历史上，秦汉大移民和湖广填四川，使巴蜀地区成为多种文化交流与融合的典型区域。"从古代到明清的移民活动是诸多文化圈的不断碰撞与融合，从而形成多层的文化层重叠和积淀。尤其是不同时期历史移民所造成的民族地理分布，对于巴蜀武术的拳种布局、地理分布、技法特点均产生了一定的影响。"在移民文化的长期涵化和浸染之下，巴蜀武术的拳种分布也呈出了明显的地域特点——"川西以成都为中心，其拳种风格接近南方拳种，以灵巧技法为主，代表拳种如火龙拳。川东则以重庆为代表，拳势大而重，进退奔驰，其风格趋向北方，代表拳种如余家拳。"外来的移民文化与巴蜀本土文化的水乳交融，犹如一阵清新的风，孕育出巴蜀武术瑰丽奇特而又风格迥异的文化体系，同时也突出地彰显了中国地域武术发展史上一脉相承的文化交融特征。

　　与巴蜀武术交相辉映的还有吴越、燕赵等地域。早在三国之前，经过秦皇汉武等延续200多年的大规模移民，吴越地域的居民构成已经发生了较大的转变；从东吴到南宋，著名的永嘉之乱、安史之乱、靖康之难又为吴越带来了三次空前的移民潮流；鸦片战争把吴越的上海推向了近代中国发展的前沿，从而又为吴越地域吸引了四面八方的外来人才。伴随着外来人口和异域文化的涌入，吴越武术发展自然而然地吸收百家武艺之长并潜移默化地勃发文化融合的动力。明末倭乱之际，戚继光等带来的中原各家武技在吴越大地开花结果；另一方面，以吴越为中枢的中外武术交流也产生了一定的影响，其主要的标志就是强悍的日本刀法的引入和武术"手搏"之技外传东瀛。"这一时期的吴越武术家充分显现了他们开放和敢于吸纳的精神，从而为日本刀法引入中国并融入中国武术体系之中做出了筚路蓝缕之功"，同时也对日本"柔术"的问世产生了关键的作用。位于北方的燕赵地域同样表现出了与巴蜀、吴越武术相似的文化交融特征。早在战国时期，燕赵大地上就有了以赵武灵王胡服骑射为代表的汉民族积极吸取游牧民族文化优点的先例。此后，北魏、辽、金、元、清等北方游牧文化对于燕赵主流农耕文化的冲击都是无比巨大的；明清时期，燕赵地域也曾经多次迁入过大规模的外来移民。通过民族的大融合，北方民族的刚健之风有力地促进了燕赵地域尚武精神的发展；燕赵武术中一些著名拳种如八卦掌、形意拳等也无不是融摄多家武艺的产物；即使名声相对稍逊的其他一些拳种如祁家通背拳等，同样能淋漓尽致地体现出互渗互融的武术发展特点——祁家通背拳始传于河北冀梁，经过与江南郊蛮子以枪换拳以及从河南马氏学习刀法等过程，在广泛吸收多家之长的基础上，最终形成了枪、刀、手为一理的祁家通背拳种，其老祁派展现了燕赵地域的剽悍民风，少祁派刚中寓柔的特点则又体现了燕赵武术的融会贯通的传统。

## （四）"齐鲁重德隆技击"——地域武术文化风格中的社会风尚作用

作为民族传统文化的一个组成部分，地域武术的整体风格不可避免地经受着不同历史时期社会风尚的宏观影响，这一特点在齐鲁等地域的武术发展中得到了展现。齐鲁武术不仅以擅长技击而闻名，同时也因其处于儒学创始人孔子的故乡而尤其盛行教化和德行之风。"齐人隆技击"的文化现象可以追溯到春秋时期管仲的练兵体制及国民政治教育思想。管仲利用每年春、秋两季练兵讲武，同时进行"人与人相保，家与家相爱"的强兵爱国思想教育，其后的孙武、孙膑、司马穰苴等军事家均把"不战而屈人之兵"的人本思想放在首位，与"以武止戈"的武德追求堪称珠联璧合。孔子的"仁学"理念追求与文武兼备的"六艺"教育思想更是影响深远，其倡导"揖让而升，下而饮"的射礼可谓中国武德文化的经典，"君子无所争，争也君子"的观念在华夏大地一直深入人心。源远流长的尚武重德传统造就了齐鲁地域数不胜数的侠义之士，著名的大侠荆轲、曹沫等一向享有武林盛誉，武功高强、替天行道的梁山好汉同样脍炙人口，而追求兼爱、非攻理想的墨家弟子则更是有口皆碑。风尚所至，齐鲁各武术拳种的技法拳理对于德义思想也均有体现，如著名的华拳就以儒家风范见长——《论语》曰"勇者无惧"，《华拳谱》讲"善搏者以勇为先"；孔子提倡"文质斌斌，然后君子"，华拳则强调形健质善；儒家倡导"中庸之道"，追求"知、仁、勇"三德功效；华拳恪守"无过而不及"，以"精、气、神三华贯一"为行拳要旨。

社会风尚对于吴越、岭南等南方地域的武术文化风格影响则又另具特色。有宋以来，中国武术的表演性和娱乐性功能一贯在吴越地域有着突出的展示。所以《中国武术史》对此评论道："偏安南方长江流域的汉族政权多享乐苟安，崇尚声色玩乐。在这种历史条件下，娱乐性武术得到了较大的促进。"两宋政权皆以崇文抑武而凋零，其浮华奢侈之风也以一贯之，吴越地域商业活动本就发达，南宋政府定都临安后骄奢浮靡之习益盛，流俗所至，曾经盛行于中州开封的瓦舍武术表演也在吴越之地重现高潮。岭南地域在历史上一贯远离中央王朝的政治中心，偏僻的地理环境也使其成为中原人口逃避兵荒马乱的主要场所。大规模的外来人口成分复杂，官府治安更是鞭长莫及，民众防匪防盗无所依靠，不得已以练拳习武以求自保，而家族之间的械斗则更助推了当地民气的强悍与武风的浓郁。岭南又是传统意义上的历代官宦贬谪流亡之地，东汉以来流落于此的达官士子不计其数，宋、明亡国之余响也皆以此地为舞台，凡此种种，对于岭南武术文化的影响非常深远。离乡之苦与亡国之痛的长期熏染，也使得当地忠义节烈之士代有才出，教门、会党义举风起云涌，同时也与武术发展产生了千丝万缕的联系，如岭南武术中著名的洪拳和蔡李佛拳等就与以"反清复明"为宗旨的天地会"洪门"有着密切的渊源，而广东南拳"勇猛剽悍、硬磕硬劈"的刚猛之风，也与岭南的地域文化心理有一定关系。

## （五）"燕赵武艺京师善"——地域武术文化发展中的都市传播效应

早在汉朝之际，历史上就有"四方之法各异，惟京师为善"的武技总结。回顾中国武术历史，各地域武术文化发展中都不同程度地体现出了明显的都市传播效应，位于不同地域的各大都市几乎皆毫无例外地成为所在地域的武术文化中心。近代以来，以北京和上海、广州等为代表的都市，由于在政治、经济、文化方面所具有的显著优势地位，武术传播的示范和导向作用就更为突出。

在燕赵武术的发展过程中，该地域所拥有的北京和天津就发挥了至关重要的作用。特别是北京地区，经过辽燕京、金中都、元大都、明北京和清代的京师等皇城沿革，一向是武林高手汇萃、南北流派云集。而宋代以来，特别是明清时期，又是中国武术发展的高度成熟和完善阶段，所以燕赵地域构成了名副其实的中国武术文化发展中心。在京、津魅力的吸引和感召之下，从各地而来的不同拳种流派的武术家们纷纷开始了拳学创新的实践和升华。在这里，董海川开拓出八卦掌名家辈出、弟子盈门的武术盛景；杨禄禅始创了太极拳艺传天下、福造八方的拳学辉煌；王芗斋创造性地提出了"拳本无法"的大成拳学；孙禄堂历史性地升华出"三拳合一"的孙氏太极；郭云深与杨禄禅、董海川惊心动魄的技艺切蹉和惺惺相惜的大家情怀也最终升华到太极、形意、八卦四海一家的和谐胜境。当今广传五湖四海的太极拳也是由杨禄禅率先在北京打开了局面，之后，其孙杨澄甫以及众多弟子等又纷纷南下上海、南京、杭州等地传艺，武式太极拳以及孙氏太极拳等也在各大城市得到了积极发展。显然，以北京为引领的上述都市的文化辐射作用，在地域武术文化的发展过程中产生了巨大的影响。

齐鲁武术文化发展中的都市传播效应同样通过螳螂拳的传播轨迹得到了展现。螳螂拳产生于清初莱阳一带，强调象形取意，风格以短打为主，重意于螳螂之勇而不拘泥于螳螂之型。其发展路线是从农村向城市繁衍，先由莱阳、海阳到烟台、青岛市区传播，再向济南、上海、南京等全国重要城市发展，最后经由这些城市流传到海外。事实上，巴蜀武术分别以成都和重庆为中心形成的川西、川东两大格局以及岭南武术以广州、港澳为中枢等，同样也是地域武术文化发展中都市传播效应的客观例证。

## （六）"吴越武风近代先"——文化转型中的地域武术文化发展特点

任何一种文化，"不管它具有什么样的'个性'，它的形成都和它所处的时代相联系，都是一定时代的产物"。近代以来，在西方文化的冲击之下，地域武术置身于中国传统文化的转型变迁之中，也不能不体现出本能的抗击与积极的适应，其中，前者以燕赵武术为典型，后者则以吴越武术为引领。

19世纪末期，兴起于直、鲁两省并最终在京津达到高潮的义和团反帝爱国运动极大地震撼了世界，同时也在燕赵武术史上写下了浓重的一笔。义和团运动的产生，显示了燕赵武术雄厚的群众基础和广大的运动规模，反映了帝国主义列强和西方天主教肆无忌惮地入侵中国的深刻历史背景，同时也折射出当时民众面对西方强势文化入侵的无奈、敌视和抗争。从地域文化的角度来说，燕赵大地不仅有着深厚的正统文化渊源，同时也有着浓郁的民间宗教活动等下层传统文化，因此，以基督教等为代表的西方外来文化与中国传统的这种文化纷争，与经济和政治上的民教冲突交织在一起，成为义和团反帝斗争的社会文化背景之一。在西方现代文化冲击所驱动的现代转型之际，中国武术文化所具有的精华与糟粕并存、先进与落后共生的传统特征，在此一览无余。从1898年10月3日梅花拳第五代传人、直隶威县人赵三多领导的反洋教起义到1902年义和团运动失败，在这四年时间里，面对装备着新式武器的帝国主义列强和清朝反动军队，成千上万名以传统武术拳械为武器的中华儿女献出了英勇不屈的宝贵生命。以燕赵地域为中心的义和团运动是中国武术在封建社会里的最后一次大规模实战实践，伴随着历史前行的车轮，中国武术的传统技击功能在近、现代武器的科技威力面前不可避免地显示出了巨大的反差，同时也启示着有识之士对于武术文化时代转型的忧虑与思索。

吴越是近代中华文化转型的先行地区，受上海的中国近代文化前沿地位与民国时期南京的特殊影响，使得吴越武术应时而动，成为中国地域武术文化近代转型的先行者。分别成立于上海与南京的精武体育会和中央国术馆，作为当时最具代表性的民间武术组织和政府武术机构，在推动近代武术的普及和发展方面都起到了引领风气的作用。在当时排斥西方文化的整体氛围中，精武体育在传统武术实践的基础上将两者有机地融为一体，本着"以体育居先，体育复以武术为主，参以时代各种运动"的精神开展了各项西方体育项目，并且引进了西方先进科技传播中国武术，因此，"成为符合时代潮流的新型社会团体代表"和"近代史上融合中西体育精神的领头羊"。成立于1913年的"精武体育会摄学部"，是中国第一个民间摄影组织，其推广武术教学的系列摄影图片于1916年开始在商务印书馆编辑的《学生杂志》专栏连载，随后拍摄的《谭腿》《达摩剑》等三个单行本及《谭腿十二路》挂图，也均由商务印书馆出版印行。精武体育会运用现代摄影技术定图成书，一举突破了武术著述旧、图简略以至仍以口传面授为主的学习形式，跳出了长期以来武术"因我而传，无一定轨"的传统局面，堪称中国武术近代发展史上的一大创举。中央国术馆于1928年和1933年举办的两届国术国考，结合了中国传统武科考试和西方竞技体育竞赛模式，对于武术现代化竞赛发展的影响极其深远；在1936年德国柏林第十一届奥运会上，中央国术馆组织的武术代表团向各国观众和运动员三万余人表演了中国武术拳械套路，技惊四座，在奥运舞台上为中国武术和中华体育赢得了空前的世界荣誉。此外，民国初年就已成为全国出版中心的上海，同时也是武术书籍的重要出版地。据谢建平统计，这一时期在上海成立的主要武术组织就多达45个，作为武术传播最为成功的太极拳书籍出版的分布地区计有上海、南京、苏州、长沙等8省10市，而上海则占领了半壁江山。吴越地域出版的大量武术书籍，推动了近代武术理论的研究和探讨，为改变武术界"知之者不能言，能言者不及知"的传统积弊以及促进武术文化的现代转型等作出了杰出贡献。

## 第二节 地域武术的内容与特质

从文化发生的角度而言，特定的自然生存条件往往决定了一个独立文化体系的最根本性质和特征，即使在同一文化体系中，内部地理因素的差异也往往促成各具特色的地域文化的生成。"中华文化自发生起，即因环境的多样性而呈现丰富的多元状态，到晚周，各具特色的区域文化已大体成形。"武术文化自一产生就同样不可避免地打上了地域特色的烙印。东临沧海、山海兼备的齐鲁武术文化大相歧异于处在"四塞之地"的秦武术文化;地居中原的三晋武术文化明显不同于位于南方的荆楚武术文化;同在一条长江之上,分处上、下游的巴蜀武术文化与吴越武术文化也各具特色。燕赵武术文化的豪放、陇右武术文化的苍凉与江南武术文化的精致形成了鲜明的对比。不同地域文化特色使得辽阔神州大地上的武术地域文化风格迥异而又五光十色,它们共同形成了一个光彩夺目的中华武术文化有机整体。流派纷呈,拳种繁多,是中华武术文化的一个显著特点。[1]

4.1 张三丰第十四代传人

地域武术文化的这一特点也在不同地域中的代表性拳种上有着鲜明的体现。这方面的典型例子便是燕赵地域文化与燕赵武术文化、中原地域与中原武术文化,以及武当山的道教传统与武当武术等,这三个地域的代表性拳种则分别为八极拳、少林拳、武当拳等。

# 一、燕赵文化与燕赵武术

"燕赵文化"这个命题之所以成立,是因为燕赵区域自古以来都存在的"慷慨悲歌、好气任侠"的精神传统,这是燕赵所独有,而为其他区域所不具备的。关于燕赵地域的主流界定认为"燕赵区域的主体是南至黄河,东临大海,西抵太行山,北以燕山山脉为界的一个四至范围"。指出"燕赵区域在文化上的特征就是慷慨悲歌、好气任侠。历史上,燕赵区域的人们擅长骑射,惯见刀兵,性情耿烈,尚武好勇,具有不同于中原、关陇,又不同于齐鲁、江南等的特点"。张京华在《燕赵文化》中追述了燕赵文化史上三次显著的"慷慨悲歌"出现标志:《史记·刺客列传》和古小说《燕丹子》中关于荆轲刺秦与燕太子丹易水送别,高渐离击筑,荆轲悲歌慷慨的悲壮场景描写是燕赵文化慷慨悲歌特征的第一次概括;汉末曹魏时,曹操等人以邺都为活动中心,诗风雄峻古朴,慷慨多气,钟嵘和唐代诗人元稹等关于曹氏父子"横槊赋诗"的"遒壮抑扬冤哀悲离之作"的评价是燕赵文化第二次被称作慷慨悲歌;唐后期藩镇割据,"河朔三镇"雄踞北方,韩愈作《送董邵南序》中有"燕赵古称多感慨悲歌之士"之感,这是燕赵文化第三次被人称为慷慨悲歌。书中还分析了燕赵悲歌的产生原因,指出"燕丹的精诚与荆轲的侠士志向契合在一起,就完成了燕地文化由苦寒、局促、卑弱而产生出的激变,就形成和升华了慷慨悲歌的文化风格"。[2]燕赵文化的发展史上,历来充盈着一种刚健有为、自强不息的阳刚之气。燕昭王为报国仇而矢志进取,历经二十八载终于战胜强齐,光复被掠国土并大幅度地开疆拓壤;燕太子丹和荆轲的谋刺秦王,也同样鲜明地表现了一种不畏强敌、勇往直前的刚健风范;赵武灵王胡服骑射则更是反映出中华民族发展史上著名的自强不息与发愤图强。

萌生、成长于这样一种文化氛围中的燕赵武术文化,毫无例外地充分汲取并积极发扬了这种优良传统,刚健有为、自强不息的阳刚之气在燕赵武术文化的演进轨迹上得到了同样充分的

1  申国卿.地域武术文化研究初探[J].武汉体育学院学报,2008 (4):65-68.
2  张京华.中国地域文化丛书·燕赵文化[M].沈阳:辽宁教育出版社,2011: 5.

图 4-1 "荆轲刺秦"与燕赵武术

诠释。从17世纪中叶以颜习斋、李塨为代表的颜李学派所提倡的"文通武备"和"经世致用"思想到20世纪初期许禹生提出的"武术进入学校"的口号及其武术教育思考；从张之江、霍元甲、李存义等发起的近代各种武术组织机构的创建到当今北京高校各种学生武术协会和武术文化讲座的兴盛；从孙禄堂、王芗斋、马凤图等武术思想的创立与传播到当前河北、京津等地风行的关于现代武技改革的探索；从以李连杰为代表的北京武术队在竞赛和影视方面的骄人成绩到沧州武术节引领的现代武术经济浪潮……在长期的历史发展中，燕赵武术文化正是靠着这种难能可贵的刚健有为和自强不息的阳刚之气，才能始终站在时代发展的前沿，自豪地引领着中华武术前进的潮流。历史上，河北省大部分地区恶劣的自然环境因素始终是当地人民无法摆脱水深火热生活的痛苦根源之一，但是，也正是这个充满着苦难和艰辛的恶劣生存环境对于以沧州等为代表的燕赵武术文化的历史发展反过来却起到了重要而积极的影响。无法生存的人们不得已走上了以武为生的轨道，在苦难深重的岁月里用自强不息拼出了燕赵武术"镖不喊沧"的尊严。一部中国的近代史，是一部中华民族受苦受难的血泪史，同时也是一部中华儿女不屈不挠的抗争和奋斗史。在那些远去的充满内忧外患的岁月里，以丁发祥、霍元甲、韩慕侠、王子平等为代表的燕赵武林人士用奋不顾身的英勇而辉煌的擂台表现，痛击了那些轻视中国的不可一世的"洋人武术家"的嚣张气焰，打出了中华民族不可撼动的荣光与尊严。以荆轲刺秦为肇始，义和团京、津反帝为展现，燕赵人民抗日爱国为标志，燕赵武术自强不息、刚健有为的优良传统所焕发出来的不畏强敌、英勇爱国的民族精神和华夏武威，在中华民族的近代发展史册上书写下了一页页光辉的武术华章。

## 二、中原文化与少林武术[1]

中原文化是在"百家争鸣"氛围中形成和积累起来的，从"孔孟显学"并行天下，到"儒道佛"三家并立，这些不仅表现了中原文化的先进性，同时也反映了中原文化兼容并蓄、博采众长的气派。中原武术文化生长在这样的文化氛围中汲取了中原文化的这一特点，表现出宽容开放、兼容并包的博大胸怀。

---

1 韩雪.中州武术文化研究 [D].上海体育学院，2005: 5.

图 4-2　萌生于中原大地的少林武术

从少林武术形成的文化因素中，我们清晰地看到，诞生于"禅宗祖庭"的少林武术，正是中国传统文化与外来佛教文化相互融合发展的产物。在中国古代寺院中，习练武术的现象非常普遍，但随着时代的发展逐渐都消失了。只有少林寺中武术历久不衰并以武名扬天下，这是它宽容开放的态度所使然。在少林武术发展过程中，一方面汲取了佛教文化的精华，融汇到自己的拳理和技法当中，形成了禅武一体，以武悟禅、以禅导拳的独特文化风格；另一方面，少林武术又不断融合和借鉴中国民间各家拳法之长来丰富和完善自己，创造了技术风格鲜明、特色突出的少林拳法。1985年，河南省传统武术挖掘整理汇编的《河南省武术拳械录》中，收集整理出多项拳械40种，单项拳械85种，共125种，套路5 181套。在这些拳种套路中，除了少林拳、陈式太极拳和苌家拳以外，传播于河南省的大部分拳种都来自于河南省外，并且，这些各类拳种套路都有自己独立的运动形式，拳种之间都存在着这样或那样的差异。但是，它们在中州武术文化环境下都能够历久弥新，各成体系，并形成了多种流派并存的局面，其奥秘正是中州武术文化的博大开放、兼容并蓄的文化特征所使然。

作为中州分支文化的中州武术文化，在广泛的文化交流中，既以恢宏的气度、开阔的胸怀，从四邻地区文化中汲取营养，博采众长，融会贯通，促进自身发展，同时，又不断地向四周辐射，对周边地区产生深远影响。中州武术代表之一的少林武术的向外辐射，与少林寺的兴衰、发展以及佛教的弘法活动密切联系，如少林寺曾在隋炀帝末年、清朝雍正、乾隆年间、民国军阀混战期间数度被禁被焚，少林寺僧四散流亡。然而，从浩劫中逃亡出来的寺僧却将少林拳广为传播开来。影响较大的南派少林武术就是在明代后期传入南方的少林武术，经过民间武术家的加工整理而形成的。另外，明代少林武僧经常奉命出征，足迹遍及大江南北，这不仅表现了少林寺僧靖世卫国的思想风范，同时也得以使少林武术向其他地域文化积极辐射。再者，少林僧人以游方僧身份奔波在各地，在弘扬佛法的同时，也将少林武术辐射至所到之处，这些少林武僧实际上担当了传播与交流少林武艺的媒介。到清代，少林武术向外辐射已形成规模，并成为社会上流传最广的武术流派。正如清康熙年间的褚人获《坚瓠集》中所言："今人谈武艺，辄曰：'从少林寺出来。'"其意即："天下功夫出少林。"这无不与它强大的文化辐射力有关。

## 三、武当文化与武当武术

众所周知，武当文化主要是以道家为特色的传统文化。作为一种在浓厚的道家文化氛围中孕育、成熟的武术文化形态，武当武术同样充满了浓郁浑厚的武当道家特色。武当武术在中

4.2　中华武术
武当武术

华武术中之所以享有传统特殊地位，其别具一格的道家拳械功法特色，应该说是其中一个非常重要的原因。脱胎于道教的武当武术，有着种类众多的拳种流派及器械功法，形成了一个广博而精深的独特武术体系。一般认为武当武术肇始于元、明时张三丰创拳并流传至今，武当武术经历代宗师不断充实和发展，派生出龙门派、紫霄派、犹龙派、恒山派、九宫派、七星派、功家南派、乾坤门、白锦门等众多的门派和种类，传有拳械包括武当太乙火龙掌、武当太乙五行拳、武当龙化拳、武当太和拳、武当擒拿小锦丝等，内容甚为丰富。具体到不同的武当武术门类来说，又繁衍出种类繁多的分支拳械，如"武当太极门"的无极功、太极养生功、太极拳、太极剑、太乙五行拳、太乙玄门剑、拂尘、方便铲等，"武当八仙门"的八仙剑、八仙棍、八仙拳等，"武当北派"和"武当功家南派"的龙华拳、龙华剑、玄功拳、玄功刀、玄真拳、三十六路弹腿等，此外还有养生功、内气功、硬气功、童子功、绝技及各种强身健体的气功功法等。近年来在国内有关专家、教授、民间拳师等社会各界的大力支持下，已整理出各种拳法、剑法、刀法、气功等功法套路150多种。[1]

**本章小结**　　　在中国武术的演进过程中，不同类型的地理环境特点对于相应地域武术文化风格的形成产生了重要影响，传统武术流行的"南拳北腿"之说形象地概括了由于地理环境因素而形成的南北武术差异。持续不断的军事战争对于中原、荆楚等地域武术发展起到了积极的推动作用。各个历史时期的大规模移民促进了地域武术之间的交汇、融合，同时也产生了巴蜀、岭南等地域武术文化的相应特征。不同历史时期的社会风尚和时代特征对于地域武术的整体风格影响同样显著，齐鲁武术因为处于儒学创始人孔子的故乡而深蕴教化和德行内涵，吴越作为近代中华文化发展先行地区的特点则使得吴越武术应时而动，成为中国地域武术文化近代转型的先行者。

　　不同地域文化特色使得辽阔神州大地上的地域武术文化风格迥异而又五光十色，它们共同形成了一个光彩夺目的中华武术文化有机整体。流派纷呈，拳种繁多，是中华武术文化的一个显著特点。这方面的典型例子有燕赵地域文化与燕赵武术文化、中原地域与中原武术文化，以及武当山的道教传统与武当武术等。

---

1　佚名.探究武当武术之谜 [J].晨报网，2007-08-19.

**回顾与练习**   1. 地域武术风格与地理环境因素有何关联？你对其如何认识？

2. 不同地域武术的代表性拳种是什么？试举例说明。

3. 结合自己家乡的传统武术拳种，思考其技理风格与当地文化的有机联系。

**画外武音**   **1. 武乡沧州与八极拳**

沧州市地处河北东南部，东临渤海，南接齐鲁，北倚京津，号称京津南大门，历史上是兵家必争之地、商贾云集之处、人犯流放之所，人们习练攻防格斗之术以求生存，强悍之武风，历年久远。沧州民间武术，兴于明，盛于清，至乾隆时，"武术之乡"已形成，至清末，则声扬海外。据统计，沧州仅在明清时期就出过武进士、武举人 1 800 名之多。乾隆年间已成为华北一带的武术重镇。1992 年，沧州被正式命名为全国首批"武术之乡"。2006 年，沧州武术又光荣入选首批国家级非物质文化遗产名单。沧州始建于北魏熙平二年（公元517 年），经历代沿革，地域隶属多变，新中国成立后曾一度划归天津，今沧州"武术之乡"，含河北沧州地区和沧州市所辖县、市。

4.3 沧州武术

历史上的沧州属于畿辅重地，为历代兵家必争之要，战事频仍，生灵涂炭，民众不得已纷纷习武技以自存，武风尤盛。民间武风，为封建王朝所畏。《汉书·龚遂传》载，龚遂出任渤海郡（沧州前身）太守时，曾告示乡民"卖刀买犊，卖剑买牛"。至隋唐时，此地匪劲之风愈强，"俗俭风浑，淫巧不生，朴毅坚强，果于耕战"。光绪二十二年（1896 年）和二十四年（1898 年），清政府支持英、法在沧州建起教堂，当地人民为反赃官、灭洋教，又兴起了声势浩大的义和团运动，设坛练武，广演武技，这一运动虽然后来遭到了失败，但是对于沧州武术的发展却起到了重要的作用。另一方面，沧州因地处"九河下梢"，土地瘠薄，旱、涝、虫灾不断，正常年景，许多人家糠菜半年粮；重灾之年，流浪乞讨、卖儿鬻女者不鲜；许多壮丁无奈以贩盐维生，而官府缉拿甚严，民求生不得，必然反抗，反抗则必习武事。所以，乾隆《沧州志》中也曾载有"沧邑俗劲武尚气力，轻生死，自古以气节著闻。承平之世，家给人足，趾高气扬，泱泱乎表海之雄风。一旦有事，披肝胆，出死力，以捍卫乡间，虽捐弃顶踵而不恤"。同时，古之沧州，沿渤海方圆百余里，均系芦荡荒滩，人烟稀少，是犯军发配之地，不少朝廷要犯皆借沧州民众强悍喜武之俗隐姓埋名，传艺维生，所以，沧州古有"远恶郡州"之称，明时又有"小梁山"之号。因为京杭大运河纵穿其境，明清以来沧州又曾是为官府巨富走镖要道，因此，当地镖行、旅店、装运等行业兴盛。各业相争，有高强武技者方可立足，清末传扬四方的"镖不喊沧"，便是当时沧州武术之盛的反映和写照。由于沧州武名远扬，历代军旅来此征兵者屡见不鲜。特别是近代以来，一些旧军阀更是争先恐后前来寻募武林高手，对于当地的浓郁武风同时也起到了推动作用。例如，民国七年（1918年），直隶督军曹锟为扩充其势力，在沧招募武士50多名到其武术营任武术兵；民国十四年（1925年），直隶督办李景林部在沧县举办武术表演，招选武术人才；民国二十年（1931年），东北军张学良部在沧县举行民间文艺武术大会，募集武功高手等。民国十七年（1928年），沧籍国民军陆军上将张之江任中央国术馆馆长，大力提倡强身御侮、强种救国，沧州武林人士入馆任教或深造者多达近百人，同时当地还有省、县建国术馆或民众教育馆等，纷纷倡练武术，"把式房"遍及沧境城乡，习武者甚众；民国二十五年（1936年），当时的河北省政府主席宋哲元也曾派员在盐山举办比赛，选拔武术教官等。

沧州武林人士一向豪爽好客，同时也比较注重内外交流，思想比较开放，善于吸纳各地武术精华。一般的武术之乡通常是某一个拳种比较突出，沧州呈现的则是多个拳种齐头并进的繁荣局面。以前，"挂棍""打擂"等武术交流与比试活动在沧州较为盛行，大大地促进了当地的武术发展。沧州人民重武、爱武，对于外来的武林同道也表示欢迎，凡来沧授艺者，往往热情款待，同时又有不少沧州籍人士周游祖国各地，或镖局走镖，或授徒民间，或传艺军旅，在广泛的寻师访友与擂台比武中，他们都表现出了突出的武术成就，其中，霍元甲、大刀王五的影视风采，丁发祥、李凤岗的武功传说，佟忠义、王子平的擂台扬威，马凤图、马英图的西北传艺，张占魁、吴秀峰等的授徒过万等，都使得沧州武术更加锦上添花，威名远扬。至今，沧州仍流传着许多关于当地著名武林人物的传奇故事，丰富多彩的武林传奇同时也给沧州武术的赫赫威名增添了一种更加动人的魅力。民国二十二年（1933年），民国《沧县志•人物卷》共收入沧县武林杰出人物25名，他们分别是：吴钟、李大中、张克明、张景星、黄四海、朱承泰、李树文、霍殿阁、韩会清、李昆、李冠铭、李云表、丁发祥、王正谊、周长春、郭大兴、佟存、杨清瑞、孙书春、陈鎏、陈玉山、魏义武、张殿奎、刘俊峰、邵长治。[1]

沧州地区的武术分布状况主要表现为两大类别：以沧州市区、郊区及沧州地区东南部为主要流传区域的武术拳械，主要有六合、八极、秘宗、功力、

---

1 郭玉培.沧州六项民艺成国家级非物质文化遗产[EB/OL].沧州新闻网，2006-06-06.

太祖、通臂、劈挂、唐拳、螳螂、昆仑、飞虎、太平、八盘掌、地躺、青萍剑、昆吾剑、闯王刀、疯魔棍、二郎、苗刀、燕青等；以沧州西部为主要分布区域的武术拳械，主要有形意、戳脚、翻子、少林、埋伏、花拳、勉张、短拳、阴手枪、杨家枪等。太极拳和八卦掌则流传广泛，遍布沧州各地。在沧州众多的武术拳种中，八极拳更是凭着独特的风格和勇武的性格而独树一帜，"文有太极安天下，武有八极定乾坤"的著名格言在武坛内外可谓长盛不衰。

八极拳又称开门八极拳，一般认为其初传于"癞"，名始于沧州武术家吴钟，近来有"岳山八极"之说，也有人进行了八极拳与"巴子拳""吕红八下"等的对比。"八极"原为古地理概念，源于汉《淮南子》"天地之间，九州八极"之说，近代根据该拳出手可达四面八方极远之处的特点，以"八极"二字定名。国家体育总局武术运动管理中心、武术研究院

4.4 八极拳六大开八大招

1999年10月组织编写的《八极拳规定套路》中的相应部分即采用了与此类似的描述。从技术特点上来看，"八极拳以六大开、八大招为主，动作简洁朴实，势险节短，猛起猛落，硬开硬打，多肘法，多直线往返。发力爆猛、刚烈，以气催力，并发哼、哈二声。"[1] 其招术以挨、崩、挤、靠、戳、撼、顶、抱、裹、挂、突、击为主。动如绷弓，发若炸雷，三盘连击，八节并用，势动神随，疾如闪电。其动作，取十大象形：龙、虎、熊、鸡、猿、鹏、鹤、鸵、蛇、鹿。发招进手，以气催力，声助拳威。其基本功之劲力为十大劲别：抖、缩、愣、含、惊、崩、撑、挺、竖、横。八极拳法还有独特的呼吸及练功之术，调气、行气、意力相通，由放松到发力以行丹田之真力。搂桩、跑板、悬囊乃其基础功。练功要求定式稳，变式快，刚柔相寓，劲力集中。[2] 另外，还有闯步、震脚、碾震、两仪马步蹲桩、磕桩、靠桩（背靠、肋胯靠、胸靠）、打桩、踢桩、七星桩、顶弓掌板、抽袋、跑砖等。八极拳步型以弓步、马步为主，步法以震脚闯步结合而成。腿法要求不宜过高，主要有弹、搓、扫、挂、崩、踢、咬、扇、截、蹬。拳械套路主要有：八极小架、六大开、八大招、四郎宽拳、六肘头、飞虎拳、春秋刀、提柳刀、六合大枪、行者棒等。拳械套路，可单练，亦可对练。其中，八极拳小架在八极拳门中被看成母系套路，即八极拳所有技术套路均由八极拳小架派生出来，而小架又必须以"六大开"理论为基础。所谓"六大开"，即顶、抱、单、提、胯、缠六种不同的发力形式。[3]

---

1　肖春明.八极拳功法[J].中华武术，2005 (1)：37.

2　刘瑞涛.吴氏开门八极拳综述[J].武魂，2000 (4)：31-32.

3　常玉刚.八极拳小架动作分析[J].中华武术，2000 (4):28.

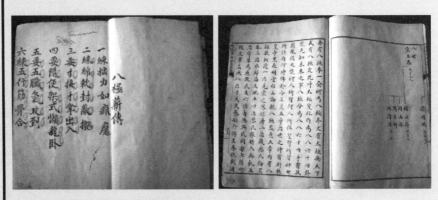

图 4-3　沧州孟村吴氏八极拳谱秘诀之"八极薪传""八极拳歌"

　　八极拳具有很强的实战价值，长期以来，也正是靠着超群的实战功夫，八极拳为自身赢得了在中国武术中的赫赫威名。八极拳历代名家辈出，武功事迹脍炙人口。相传，清雍正十三年（1735 年），著名八极拳大师吴钟（字弘升）曾只身三进南少林寺，机关暗器无一沾身，寺僧并镇寺钦差官奖其神枪，并赠锦镖一囊。清乾隆初年，康熙帝十四子、抚远大将军恂勤郡王爱新觉罗·胤禵招吴钟进京比试技艺，殳端涂白粉，刺中王眉，王未觉，疑是幻术，复涂面糊，又刺中王眉，王惊服，遂师事之。从此，吴钟名声大噪，时有"南京到北京，神枪数吴钟"之美称。[1] 吴钟之后，八极门中代有俊杰。沧县罗瞳村（今属孟村回族自治县）八极拳家李大中，以铁指享誉武林，其精妙绝伦的大枪技艺声震遐迩。据民国二十二年（1933 年）《沧县志》记载："他练指如铁殳，以触壮士皆颠仆数步之外。"沧县张旗屯村（今属南皮县）八极名手王中泉有"神棍"之称，宣统元年（1909 年），王年已花甲，在北京九门"挂棍"，屡战不败，威震京都。孟村自来屯村人强瑞清也是著名八极拳家，曾挟大胜匪徒之武威，在沧县、南皮、盐山、庆云等开设"把式房"七十二处，从其习练八极拳者达万人之多。沧南大地拳涛滚滚，盛极一时。据民国二十二年《沧县志》载，近代八极拳名家盐山南良村人李书文，能"蝇集于壁，以枪刺之，应手落地而壁不留痕。其与人较枪之时，恒以枪杆与之相搅，急掣枪柄，敌即前仆于地。又有单手托枪法，以一手插腰间，以一手托枪杆，枪柄亦插于腰际，而运枪如神，人莫能当；又以拱把铁椎，长三尺许捶之入壁，有力者拔之不能出，撼之不能动。书文以殳搅之，随搅而出若拔芥然"。故时人称之为"神枪李"。此外，

---

1　吴连枝. 吴氏开门八极拳 [J]. 中华武术，2003 (3):14-15.

还有曾入中央国术馆的八极高手孟村县罗疃村人韩化臣和孟村县杨石桥村人马英图等，皆为一时武林之冠。[1]

自吴钟传艺于其女吴荣之后，八极拳逐渐发展为两支传习：一支由孟村吴氏本家及其门生历代传衍，另一支则由罗疃张克明、李大中等一脉相承，八极拳的传人从民族构成上则主要分为回、汉两系，后来，随着李书（树）文的弟子霍殿阁把该拳传入东北，以及刘云樵、李元智等传拳台湾，八极拳已经走出沧州，经由大陆—中国台湾—世界的发展路线，广泛传播于世界各地。总体而言，目前的八极拳又可以划分为吴氏八极、霍氏八极、马氏八极、刘氏八极四个主要流派。随着时代发展和传承地域的变换，以上几个不同的流派也表现出了相应不同的技术风格，如吴氏八极内容丰富、注重节奏，霍氏八极步法稳重、手法精微，马氏八极奔放开展、注重掌法，刘氏八极架低步小、蓄发明显等，但是在同宗八极的前提下，以上的八极拳支系又都无一例外地体现出了八极拳的简洁朴实、近身发力、刚猛暴烈等共同特点。

（资料来源：沧州武术志编纂委员会. 沧州武术志 [M]. 石家庄：河北人民出版社，1991：3-15）

### 2. 刚柔相济的陈式太极拳法

河南温县是著名的"太极圣地"，发源于温县陈家沟的陈式太极拳以刚柔相济、螺旋缠绕的技术特点而知名。陈式太极拳是由陈王廷在戚继光《拳经三十二式》的起点上综合当时流行的各家武术之长而创，经过长期的演变发展，形成了自身独特的技术特点和成熟的武学体系。陈式太极拳将《拳经三十二式》中的二十九式融入自己的套路，其《拳谱》和《拳经总歌》的文辞也深受戚继光风格的影响，但其在此基础上又辩证地继承了戚继光的拳学遗产并开拓性地推陈出新，创造了一种全新的中华武术流派。从技术上来看，陈式太极拳专门练习皮肤触觉和体内感觉灵敏性的双人推手和双人粘枪之法，在陈王廷以前的戚继光、俞大猷、唐顺之、程冲斗等大家的拳术著作中均无记载。当时的中华武林其他各派拳术中也尚无此训练方法，它们与陈式稀有的缠丝劲等一起构成了陈式太极拳的技术特点，同时也彰显出陈式太极拳武学体系的高妙与精微。

4.5 陈式太极拳发劲

---

1　朱宝德,吕甫琴. 八极拳精英传奇 [J].中华武术, 2004(2)：44-47.

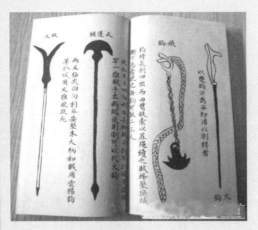

图4-4　抗倭名将戚继光兵法

总体而言，陈王廷创造的太极拳主要体现出了拳术和导引、吐纳相结合，结合经络学说的螺旋缠绕式圆弧运动，首创双人推手和粘枪的运动形式，发展了以太极为依据的拳法理论等以下几个特征：

（1）拳术和导引、吐纳相结合。我国古代的导引和吐纳，源远流长。在公元前几百年前的《老子》《孟子》《庄子》等著作中已出现过与导引、吐纳相关的论述，汉初淮南王刘安又编成了以导引养生为主题的"六禽戏"，后汉著名医学家华佗则在"六禽戏"的基础上创新为"五禽戏"，并成为后世气功导引与内功养生之术的先导，也是道家养生学的基石。陈王廷在参研《黄庭经》的过程中开创性地把武术中的手、眼、身、步法的协调动作与导引、吐纳有机地结合起来，从而使太极拳成为内外统一的内功拳运动。这对增强人们的体质，提高拳术技巧，丰富武术内涵而言，都堪称是一种创造性的发展。结合了导引、吐纳之术的陈式太极拳采取全身放松、用意不用力的锻炼原则，由松入柔，运柔成刚，刚复归柔，刚柔相济，这种独特的运动特点，也为提高武术技击水平提供了极有价值的锻炼方法。

（2）结合经络学说的螺旋缠绕式圆弧运动。经络是指布满人体内的气血通路。经络发源于脏腑，流布于肢体，经络顺则气血流畅强身延年，经络不通则机能反常而疾病作。陈王廷创造的陈式太极拳结合经络学说，要求"以意导气，以气运身"，"气宜鼓荡"，内气发源于丹田，以腰为轴，微微旋转使两肾左右抽换，通过旋腰转脊的缠绕运动而流布于周身，通任、督（任脉、督脉），练带、冲（带脉、冲脉），达于四梢，归于丹田。陈式太极拳螺旋缠丝式的缠绕运动，动作呈弧形，连贯而圆活，极符合经络学说的原则；而以经络学说为基础，也使陈式太极拳成为"内功拳"的典型标志。

（3）首创双人推手和粘枪的运动形式。推手，旧称打手，是中国传统武术中一种综合性的技击练习方法。武林自古以来就有踢、打、摔、拿、跌五种练法之说，但它们各具技术特色，也各有主要流行地域，武林中的"南拳北腿""长拳短打"之称，正是这一特点的反映。另一方面，由于踢、打、拿、跌四法在实践中有较大的伤害性，因此历来大都只作假想性或象征性的练习，这就为花法、假手等打开了方便之门，并且还导致前人苦心积累的宝贵实战经验由于实践不足而很难指导武林后学提高技击水平。正是从这一客观现状出发，陈王廷创造了别具一格的双人推手方法，以缠绕粘随为中心内容，综合了擒、拿、跌、掷、打等竞技技巧，有效地

图4-5 陈式太极拳双人推手

解决了技击练习时的场地、护具和特制服装等问题，成为随时随地可以搭手练习的双人竞技运动，同时也在中国武术传统的踢、打、摔、拿、跌技法体系中增添了一个新的内容——"推"。在以双人推手的基础上，陈王廷还根据推手的"听劲"等方法，进一步创造了太极双人粘枪技法，同样解决了不用护具也可以练习实战击刺的武术难题。练习太极拳粘枪时，遵循沾连粘随的原则，缠绕进退，封逼掷放，蓄发相变，往复循环，为传统刺枪之术开辟了一条简便易行、提高技法的全新途径。

（4）发展了以太极为依据的拳法理论。陈王廷并不满足于汲取戚继光等当时名家的拳法理论，而是在融会贯通的基础上，进行了一系列创造性的发挥，其开创性的理论成果，首先体现在《拳经总歌》的开头两句："纵放屈伸人莫知，诸靠缠绕我皆依。""诸靠"指的是推手八法，是两人手臂互靠，用推手八法粘连缠绕，以练习懂劲和放劲的技巧，是达到"人不知我，我独知人"高级推手技术水准的基础。这种推手的方法和懂劲的理论，是在传统武术的基础上发展而成的，从外形的技击术提高到"劲由内换""内气潜转"和"由着熟而渐悟懂劲，由懂劲而阶及神明"的高级境界，在我国武术史上具有划时代的象征意义，也为后来王宗岳、武禹襄、李亦畬、陈鑫等太极拳名家进一步发挥太极理论准备了充分的条件。

（资料来源：佚名.陈式太极拳的五大特点 [EB/OL]. 太极网，2010—04-07.）

**武声争鸣** ─ **咏春拳起源的传说**

咏春拳是中国著名的拳种之一，特别是其中的寸拳更是集合至简、至灵、至威、至猛的特点。咏春拳的创始人是谁？有些人认为叶问是咏春拳的创始人，其实咏春拳是广东福建的严咏春祖师所创建的，而严咏春的师父是五枚师太。

**4.6 咏春拳十二式入门之寸劲**

尽管关于咏春拳的起源有多个版本的传奇说法，但大都与严咏春相关，严咏春是传说中咏春拳的创始者之一。

据咏春拳一代名师叶问所述：清康熙年间，广东人严二因事被诬告，面临牢狱之灾。其时严妻已经亡故，遂携女严咏春远徙四川大凉山山底，以卖豆腐为生。咏春年十五时，有当地土豪垂涎其姿色，前来逼婚。然咏春自幼即许配福建盐商梁博俦，其父深以为忧。

附近大凉山白鹤观有河南嵩山少林寺武僧出身之五枚法师避居于此，得知此事后，乃携咏春返山，授之以武艺。咏春日夜苦练，技成后返家约土霸比武，将其击倒。其后五枚法师云游四方，临行前告诫咏春待婚后应发扬武术，同佐反清复明大业。咏春婚后乃将武艺传予夫婿梁博俦，并逐渐流传开来。

（资料来源：佚名．咏春拳创始人是谁[EB/OL]．新浪博客，2015-02-04.）

# 参考文献

[1] 陈振勇.巴蜀武术文化探骊[D].上海体育学院,2006:9.

[2] 申国卿.中国地域武术文化的发展规律及其转型机制[J].中国体育科技,2011(6):64-68.

[3] 张胜利.陇右武术文化研究[D].上海体育学院,2008:2.

[4] 申国卿.地域武术文化研究初探[J].武汉体育学院学报,2008(4):65-68.

[5] 张京华.中国地域文化丛书·燕赵文化[M].沈阳:辽宁教育出版社,2011:5.

[6] 韩雪.中州武术文化研究[D].上海体育学院,2005:5.

[7] 佚名.探究武当武术之谜[EB/OL].晨报网,2007-08-19.

[8] 沧州武术志编纂委员会.沧州武术志[M].石家庄:河北人民出版社,1991:3-15.

[9] 郭玉培.沧州六项民艺成国家级非物质文化遗产[EB/OL].沧州新闻网,2006-06-06.

[10] 肖春明.八极拳功法[J].中华武术,2005(1):37.

[11] 刘瑞涛.吴氏开门八极拳综述[J].武魂,2000(4):31-32.

[12] 常玉刚.八极拳小架动作分析[J].中华武术,2000(4):28.

[13] 吴连枝.吴氏开门八极拳[J].中华武术,2003(3):14-15.

[14] 朱宝德,吕甫琴.八极拳精英传奇[J].中华武术,2004(2):44-47.

[15] 佚名.陈式太极拳的五大特点[EB/OL].太极网,2010-04-07.

[16] 佚名.咏春拳创始人是谁[EB/OL].新浪博客,2015-02-04.

# 下篇

## 文化阐释

WENHUA CHANSHI

# 第五章
# 中国武术的功夫境界

**【学习目标】**

学习中国武术技术层次方面的相关内容，以技术为引线，逐渐认识武术技术之外的文化内涵及其所表述的相关武术修为水准，进而理解"以武悟道"的意义，明了武道的内涵、意义。

**【学习任务】**

1. 了解武术境界的相关内容。

2. 学习武术"以技入道""以武悟道"的特点及其相关内容。

**【学习地图】**

《人间词话》与武术的三种境界➡形意拳"三步功夫"➡王宗岳经典拳论➡"以技入道"与"以武悟道"➡武术功夫与人生境界

# 武术技法的不同境界

大部分武术爱好者在练习武术的过程中，自然而然地日益关注武术的学习阶段、功夫层次与修为进境。的确，学习中国武术，就不能不明了相应武术拳种的动作要领，理解武术技术的习练要点，在长期苦练技术的基础上，还应积极研讨武术的拳理和文化要义，对照经典拳论和名家论述，不断提高自己的功夫境界，完善个人的武术修为。

## 一、《人间词话》与武术的三种境界

从字面上看，境界是指人的思想觉悟和精神修养，即修为，人生感悟。对于境界来说，在各个不同的领域有着不同的看法和见解，多数是把境界看作主体在某件事物上所处的水平。涉及的"境界"，主要指人所能达到的修为或程度。清末民初著名的国学大师王国维在其作品《人间词话》里曾经谈道，"古之成大事业、大学问者，必经过三种之境界"。第一种境界："昨夜西风凋碧树。独上高楼，望尽天涯路。"第二种境界："衣带渐宽终不悔，为伊消得人憔悴。"第三种境界："众里寻他千百度，蓦然回首，那人却在，灯火阑珊处。"这个著名的论断对于武术的练习、探研，其实是同样适用的。一个学武之人，从理想的层面来看，首先要有对于武术执着的追求，对于自己所学习的武术拳种体系概貌有通盘的了解与认知，明确自己的目标与方向，这也可以视为武术学习的初级学问或者初级境界。武术技术的练习过程不是轻而易举、随便可得的，必须要坚定不移，经过一番刻苦的磨练，孜孜以求，才能获得一定的收获，达到一定的层次，这也可视为武术的第二种水准或者境界。要达到更高的境界，则必须专注精神，反复探究，下足功夫，最终达到豁然贯通、学有所成，逐渐从武术习练的必然王国进入武术修为的自由王国。以上所涉及的"境界"，主要指人通过武术技术练习所能达到的技法修为或程度，各个水准、层次之间显然是依次递进的关系。当然，从不同的角度来分析，另外还有多种相应的理解，如"有我""无我"等相关的阐述与注解。

5.1 武当轻功

## 二、传统武术功夫境界的相关描述

在传统武术领域，较为重视武术功夫的习练与养成。因此，武术功夫的相关描述在传统武术理论中较为多见，各武术门派通常也都有自己的功夫体认以及相应理论。例如，形意拳就有著名的明劲、暗劲、化劲"三步功夫"之说，这种设计使人们能够直观明了地练习形意拳的方法、步骤和功夫进境，从而使该拳具备了由初级到高级循序渐进的科学明了的锻炼依据。形意拳没有初级到高级的套路锻炼过程，只有从初级到高深功夫的锻炼方法，通过这种"动则变，变则化"的"三步功夫"体系，

5.2 功夫习练

图 5-1 《尚氏形意拳械抉微》

在始终如一、循环无穷的简单动作练习过程中，逐步将人们引导走向武术功夫高深层次的境界。[1]据李文彬、尚芝蓉《尚氏形意拳械抉微》中记述，形意拳大师尚云祥教练形意拳时"不务招法，但重内劲，严禁努气使拙力，要求从轻松、自然、和谐中去追求迅猛刚实的爆发劲……进而再求'不意而发'的'化劲'，这就是先生对'三步功夫'的不分阶段、不单趟去练的简而易得的特点"[2]。

太极拳界也有关于武术功夫层次的不同表述。以陈式太极拳为例，当代陈式太极拳各代表性人物都有自身的相关功夫体认，其中资深太极拳大师陈正雷先生在实践中把陈式太极拳系统化训练共分为循序渐进的六个阶段，即学架子、正架子、捏架子、顺架子、拆架子、定架子。通过这六个阶段的训练，练习者不仅可以较为系统地掌握正宗的陈式太极拳，而且在练习时还能弄清楚每个阶段需要掌握什么内容，需要纠正哪些问题，明白自己每个阶段要达到什么样的程度。[3]同样是当代陈式太极拳大师的陈小旺先生则把陈式太极拳的习练划分为五层功夫，其主要论点有三：从学习陈式太极拳的第一个动作开始，一直到成功，共分五层功夫；每层功夫标志着练拳者功夫的深浅程度和水平的高低；第五层功夫即是太极拳达到炉火纯青——成功的标准。[4]从陈鑫"一层深一层，层层意不同"的理念出发，当代陈式太极拳名家张志俊把陈式太极拳分为初级、渐悟、登堂入室和最高阶段四重境界——练习太极拳每到一阶段，自有一阶段之认识，排除幻想，从中找出其理论，才能少走弯路，早日登堂入室。所谓境界，以余练习几十年来之经验及教授学生之体会，有三个层次，"不思而得，不勉而中"当为太极拳最高境界之写照。反过来所谓最高境界也有"一层深一层，层层意不同"之用功。所谓高，高在稍节的运动越来越小，达到无圆的境地。在化劲上能"吞而代之"，使敌进不敢进，退不敢退。"仰之则弥高，俯之则弥深"发劲如雷霆电闪，心胆俱裂，一旦发动，有如长江大河，滔滔不绝，亦有轻描淡写一拍，人立惊跳，一走无不如意，以后则是道德功夫。[5]上述各种论述，基本上是从武术功夫的层面，以太极拳技术水准的习练与提高为出发点，描述了相关主体对于太极拳进阶或境界的相关认识，从技术的视角来看，实质上都没有脱离传统太极拳论"由着熟到懂劲至神明"的既有认识。王宗岳的经典拳论"由着熟而渐悟懂劲，由懂劲而渐及神明"指出了太极拳功夫欲达极致，须经由"着熟"到"懂劲"至"神明"三层阶梯逐步拾阶而上，的确是精妙之至。其中，"着熟"是基础阶段，是指习练太极拳架要按照拳理要求做到身正势圆，动作到位，虚实分清，转换顺随，松静自然，柔和顺畅。坚持长期持久的习练，熟之成法。拳谚

1　买正虎.形意拳搏击的理与法[M].北京：北京体育大学出版社，2004：4-5.

2　李文彬，尚芝蓉.尚氏形意拳械抉微[M].武汉：湖北科学技术出版社，1989：14.

3　张东武.陈式太极拳的系统化训练[EB/OL].陈瑜太极网，2011-06-02.

4　陈小旺.陈式太极拳的五层功夫论[EB/OL].陈家沟太极网，2010-11-21.

5　张志俊.太极拳之境界论[EB/OL].艺术中国，2011-06-01.

曰:"拳打万遍,拳法自现。"说明拳打多了是渐悟"懂劲"的主要体会过程。"懂劲"之后,则越练越精,数年纯功,渐及"神明"。王宗岳"一羽不能加,蝇虫不能落"的拳语,便形象地描绘了"神明"者功夫的高级程度。其周身处处皆太极,脱离了"心知",不以意识的支配,完全运用练就太极身的反应,"身知"的敏感,空松的虚灵劲,不受力,不驮劲,挨在何处何处击发,触之即被击出于一刹那。力点集中,动之至微,不见其形,发之至骤,不及合眸。达此出神入化"神明"功夫,自然也非一日所成。[1]

5.3 形意大成
连云港武术

# 功夫境界的辩证分析

如上所述,在对武术功夫境界的认知中,无论是形意拳"三步功夫"中的"化劲",还是太极拳论中的"神明",在不同程度上其实都已经涉及了某种有关"武道"的内涵。

## 一、"以技入道"和"以武悟道"[2]

事实上,在中国古代的一些理论著述中,"武"更多的是被阐释成一种技艺。近代一些武术大家,如孙禄堂、薛颠等人,则通常把武术称之为"武道",这种"武以载道"的观点显然是庄子"技以载道"思想的延续。"技进乎道"作为庄子技道观的核心思想,早已被历代武术大家奉为"由拳入道"的终极目标,而且对武术修炼的境界有着极为深远的影响。以此而论,武术的习练过程显然又可以被视为一个"以技入道"的过程,武术习练者也不过是在借助武术这种自己喜爱的方式而"以武悟道"而已。

一代宗师孙禄堂在《论拳术内外家之别》中对武术与道有这样的描述:"余敬聆之下,始知拳道即天道,天道即人道。又知拳之形势名称虽异,而理则一。"这是孙禄堂开悟后的心得,武术所追求的实质就是事物的内在普遍规律。在其《拳意述真》中,孙禄堂谈及练拳的经验时说道:"拳术至练虚合道,是将真意化到至虚至无之境。不动之时,内中寂然,无虚无一动其心。至于忽然有不测之事,虽不见不闻,而能觉而避之。《中庸》云:'至诚之道,可以前知。'是此意也。"在孙禄堂看来,得"道"的武术高人能在不见不闻的情景下,本能地作出预测和反应,将来袭者击败。真可谓出神入化,"微乎微乎,近于道矣"。形意巨擘薛颠不仅将武术修炼者分了类,而且还对一般的习武者和借武言道的习武者之间的区别作了详细描述:"盖夫武术一途,分内外两家,有武

1 陈树道.武式太极拳释义[EB/OL].太极网,2008-07-10.
2 林北生,周庆杰,卢兆民.庄子技道观与武道修炼的境界[J].西安体育学院学报,2009(5):558-561.

图5-2 吴殳《手臂录》之枪势

艺道艺之称。练武艺者,注意于姿势,而重劲力。习道艺者,注意养气而存神,以意动,以神发也。"[1]

想要实现"以技入道"与"以武悟道"之境界,显然必须要经历循序渐进的严格磨砺过程。明清之际的枪术大家吴殳在其《手臂录》中是这样描述枪法的修炼层次:"且传一法,练未熟,不教第二,第二法未熟,不教第三,半载中所学不多","下死功夫于根本者二年"。显然,这是要求练枪者要在基本功上下功夫,因为只有这样做才能"门路最正,功力最深,手臂最熟",并随着技术的提高,"枪道大备",以致得心应手之时"技进乎道"。戚继光在《记效新书》中对用枪如何能达到出神入化的境界如是说:"熟则心能忘手,手能忘枪,圆神而不滞,又莫贵于静也。静则心不妄动,而处之裕如,变化莫测,神化无穷,后世鲜有得其奥者。"可见,只有通过长期的训练,技术烂熟于心,才能做到"心能忘手,手能忘枪,圆神而不滞"[2]。而当技术达到了"得之于手而应之于心""心手相凑而相忘"的见机即动的水平,就可以说是练到家了,或是说得"道"了。

具有国际影响的一代功夫巨星李小龙对自己悟道的过程是这样说的:"在我学习武术之前,一拳对我来说就是一拳,一脚也是一脚;当我学习武术之后,一拳不再是一拳,一脚也不再是一脚;至今深悟后,一拳不过是一拳,一脚也不过是一脚罢了。"显然,李小龙在武术修炼方面历经了三个不同层次的境界。李小龙在经历了常人难以忍受的苦练之后,终于洒脱地感悟到了武学一道的真谛。李小龙的切身经历,也为"以技入道"与"以武悟道"的武术境界论提供了生动而真实的当代注解。

## 二、武术功夫与人生境界

武术功夫修为的层次与水准,在相当程度上决定了一个人的武学境界。但从人类文化大视角而言,武术功夫层面上的武学境界其实又是人生境界的一个组成部分。人生是一个包罗万象的综合体,武术无疑只是人生万花筒的其中一个元素。

日常生活中,人们在谈到人生境界时,经常会评论某人境界真高,某人境界很低等。这里所指的"境界",显然是主要聚焦于一个人的精神境界。"一个人的境界就是一个人的人生的意义和价值""每个人的境界不同,宇宙人生对于每个人的意义和价值也就不同。"[3] 一个人的生活和实践创造了一个人的"品格",构建了一个人的境界。换言之,一个人的一生只有做有益于社会的事情,才能充分地体现其人生价值,才能使自己的一生充满情趣,才能使自己在世上"诗意地栖居",而

---

1 蒋文君.庖丁解牛与神武[J].中华武术,2004 (9):19.

2 乔凤杰.语言遮蔽与武术的语言表述[J].上海体育学院学报,2000,24 (2):38-41.

3 叶朗.美在意象[M].北京:北京大学出版社,2010:471-472.

这一切的前提就需要一个高品位的人生境界。著名学者冯友兰谈到人生境界时曾经指出，"人与其他动物的不同，在于人做某事时，他了解他做什么，并且自觉地在做。正是这种觉解，使他正在做的对于他有了意义。他做各种事，有各种意义，各种意义合成一个整体，就构成他的人生境界"。冯友兰先生将做事、觉解、意义和境界统一起来，将人生境界划分为四个等级：自然境界、功利境界、道德境界和天地境界[1]。借助冯先生的觉解，有研究者认为，习武者修炼武术，不仅是在技能层面练武术，而且是自觉地修炼武术，知道自己修炼武术的内容，为什么修炼武术，怎么修炼武术，从而觉解武术修炼对自己做人的意义。习武者将在武术修炼中觉解到的各种做人意义整合为一体，就是武术境界。在武术修炼过程中，习武者觉解到各种武术修炼手段和方法的各种做人意义，然后将这种觉解的做人意义内化为自己的世界观、人生观和价值观，指导和评判自己的行为，创造自己的人生，这就是习武者的"武化人生"，即用武术修炼创造人生。以此为理论支撑，相关学者亦将武术修炼境界归纳为四个等级，即自在境界、功利境界、武德境界和天人合一境界，其中"天人合一"是武术修炼境界的最高层次，同时也是绝大多数武术练习者所追求的目标。[2]

关于武术境界，我们同样可以引用当代最为流行的武术文化"三层次说"来对其进行相应的理解或说明。1997 年版全国体育院校教材委员会审定的《武术理论基础》沿用了世界较为主流的"文化三因素说"，将武术文化划分为"物器技术""制度习俗""心理价值"三个层次，其中前者主要包括武术拳械技术层面的相关内容，次者泛指武术组织方式、礼仪规范、武德内容等，后者主要包括武术文化形态所反映和体现的民族性格、民族心理、民族情感等内涵，即为被世人称为"武道"的武术深层内核。[3]这里所指的"武道"的含义，显然已经非常接近上述"天人合一"的武术高级境界的思想内核，但是事实上，从"天人合一"的视域来审视与思索，武术所蕴含的"道"的含义或许并不局限于其反映和体现的中华民族性格、中华民族心理以及中华民族情感等特定的中华族群范围，武术所蕴含的"道"的实质应该是直指全人类心灵深层的一种普遍意义上的本元或存在。正是因为拥有着这种具有人类普遍意义的特质，中国武术可能与生俱来就承载着一种涵养民智、启迪民心、明心见性、以武证道的客观使命。由此，冥冥之中似乎也自有一番天意，以至于武术无论经历如何的磨难而总能艰难地前进，虽然时时面临走投无路之境，最终却还是峰回路转、浴火重生。

"天人合一"理论是中华民族优秀传统文化的精髓，同时也是世界大同的境界象征。从全球化的角度而言，"天人合一"中的"天"显然是全人类共同置身于其中的"天"；从武术文化的视域而论，"天人合一"中的"人"无疑应该是肩负弘扬道责任与义务的与中国武术息息相关的各方人群。在习武修炼的过程中，人的武术技能不断地提高，其身心内外的修养也与日俱增，当"天人合一"的境界逐渐临近之时，他不仅明白了武术拳理技法的内涵与实象，而且已经深刻地体认了"武道如一"的内核与特质，在漫长而又短暂的人生旅途上，正在彰显并释放着"以身证道"的生命光华。

5.4　随缘太极

———————————

1　冯友兰.中国哲学简史[M]. 北京: 北京大学出版社, 1985: 389

2　李龙, 李伟.武术修炼四境界[J].上海体育学院学报, 2014 (4) : 85-88.

3　申国卿.燕赵武术文化研究[M].北京: 人民体育出版社, 2009: 6.

武术功夫境界通常可以理解为武术的学习阶段、功夫层次与修为进境。传统武术的各拳种流派大多都有关于功夫层次、修炼进境的相应内容，其中尤以形意拳"三步功夫"、太极拳"着熟"到"懂劲""神明"三层阶梯较为突出。它们在不同程度上都涉及了与"武道"有关的某种内涵，也是中国传统"技进乎道"思想的彰显。近代不少武术大家通常把武术称之为"武道"，武术习练由此也被视为是一个"以技入道"和"以武悟道"的过程。

武术是人生内容的一部分，武术功夫与人生境界异曲同工。"天人合一"是武术修炼境界的最高层次，也是绝大多数武术练习者所追求的目标，它不仅蕴含着人类普遍意义的特质，同时也启示着武术习练者在"武道如一"的境界追求中释放出"以身证道"的生命光华。

**回顾与练习**

1. 形意拳"三步功夫"指哪些内容？

2. 太极拳"着熟""懂劲""神明"的理论的提出者是谁？

3. 中国传统"技进乎道"思想来自诸子百家中的哪一个学派？

**画外武音**

**太极之象的八种功夫境界**

在中国传统武林里，一直流传有一首著名的古歌诀——《授秘歌》。《授秘歌》是由唐人李道子传留下来的，其文字非常古朴简练，短短八言32字，内涵却极为丰富。不少太极拳大家都认为《授秘歌》恰到好处地反映了太极拳功夫的八种不同进境，修炼太极拳也应以此歌诀的要义来揣摩太极道、太极术（内功）、主极拳架融为一体的真谛，如此，方能以道驭拳、以功化身、以身修真，从而实现《秘授歌》所提出的八种功夫境界。

1. 《授秘歌》原文

无形无象，全身透空。

应物自然，西山悬磬。

虎吼猿鸣，泉清河静。

翻江播海，尽性立命。

2. 《授秘歌》简析

(1) "无形无象，全身透空。"

太极老拳谱上讲："以心行意，以意导气，以气运身。"所以，修炼太极拳的关键就是锤炼平常人看不见、摸不着的太极阴面的东西，即神之虚灵、意之专一（专注一方）、气之内外（内气和外气）混化，积攒出功夫。"无形无象"就是这种功夫境界的一种描述。这种境界如何达到？没有其他的途径，就是贯穿在太极拳每招每式中的内功心法和专门的太极功（内功修炼法）、太极松腰法、太极球等松散之功、意气之功的修炼之中；其目的就是使周身内外上下，整个皮肉筋脉骨被意气滋润，没有了形体存在的感觉。此为"无形无象"。有的人形容，演练太极拳时，身体只剩下"一道气圈"和一条"身中垂直线"。更进一步去体验，甚至连"三道气圈"和"身中垂直线"也不存在了，因为已"全身透空"，周身内外浑然一体。

"全身透空"指无形无相的内外之气，沁润于躯体内外，畅通无阻，进入了"其大无外，其小无内"的境界。这个时候，"三道气圈"和"身中垂直线"的区别没有了，神意一动，则举手投足之间都有虚空之象，意之所动的周围区域，形成了一团圆圆的大皮囊，这个皮囊如果要形容它，就是一团充满透明空气样的混元气。这团混元气不在身体内，不在身体外。在哪儿？在神意的周围，在空空荡荡的虚空中，这时无论神意怎么动，身体内外都会首尾呼应、相互接应，就如充满了水的皮囊，无处不在，相互支持。这就是"混元一体"的整体功夫之象。

张三丰讲："大修行人将神气打成一片，于此之动，是太极之动，神与气两不相离也，于此而静，是太极之静，神与气自成一致也。"这是从道的境界来描述的。如果从太极揉手来描述，则汪永泉在《杨氏太极拳述真》中说道："无形无象、全身透空指的就是功夫高超者在推手胜人的外形看不出有多大动作，招式越化越小，以至给人的外形动作消失之感，而其自身则感到轻灵通畅即进入化境境界。"进入"无形无象，全身透空"这种揉手境界，既不是平送腰胯，也不是蹬腿蹬足；既不是肩手抖动，更不是以腰发力。其实自身就是一个混元气团，所以，对方一碰，就"如球碰壁回"；你的神意一动，"棚捋挤按皆非是"，对方就会"一揪就起"，"一碰就出"。

魏树人老师曾说："什么时候把形体忘了，你就懂得了太极拳。"当然，这个境界不是教出来的，而是理法一如地"默识揣摩"出来的。

（2）"应物自然，西山悬磬。"

应物自然是对有功夫之人的一种描述。内功修炼有素的人，神意清净虚灵，无所挂碍，从不分辨，无私无欲，但又清澈明了，什么都知晓。如此之人，自己练太极拳时，既能知晓自身之神意气和大自然之花草树的互动信息，又能感觉内外混元时，自身所形成的鼓荡和裹携状态；揉手时，对方神意刚刚萌生，形体还未及起动，则自身已随感而应，随机而动，恰到好处、不早不晚。这就是魏师所说的"奥妙尽在时机中"。延伸到人生境界，则进入了孔子所说的"随心所欲不逾矩"的境界，更能如《吕祖百字碑》中所说的:"真常须应物,应物要不迷,不迷性自住,性住气自回。"这里描述了有功夫的人洒脱应对的境界,也就是对万事万物都能做到不贪、不执、不欲,只有这样,才能应事接物不迷凡、不动心,情绪不起伏,于此,自己的心性不仅能清静无为,而且能凝神聚气并使自己的身心得到滋养。

"西山悬磬",西山可喻清静世界、神意发轫之所在。西山即西方,在头为元神祖窍所处的位置,山者即脊背也,太极拳所说的劲源。西山是一种形容之说,形容神之体与意之发轫点。悬即空悬;磬,古代乐器,用石或玉雕成,悬挂于架上,击之而鸣。悬磬可喻清静之音,也可喻钟鼎。这四个字指功夫到了深湛境界,就能做到如《列子•仲尼》中所记载的:"我体合于心,心合于气,气合于神,神合于无,其有介然之有,唯然之音,随远在八荒之外,近在眉睫之内,来干我者,我必知之。"此时,身体通透得宛如透明了一般;沉稳充沛得好像钟鼎置身;空寂灵敏得仿佛庙之磬,一碰就响。此时,体内空而不空,细胞活跃,内气鼓荡,生机无限,这种气机荡漾的声音悦耳动听,上与天籁合,下与地籁通。"宁静以致远"到此时就不是一个形容性的语句,而是真实不虚的功夫状态了。入此境界,则"听劲"能入特别细微的地步,此时,听自己就是听别人,听别人就是听自己,内外已经没有区别了。

(3)"虎吼猿鸣,泉清河静。"

"虎"在道家指的是金虎,有虎必有龙。因此,黄元吉在《乐育堂语录•卷四》中说:"虎者,猛物也,坎中空阳之气,此气纯阳,阳则易动,有如虎之难防。此气最刚,刚则性烈,有如虎之难制,唯有龙之下降可以伏虎也。"

"猿"者,心也,神也,意也。我们通常所说的"心猿意马",其实指的就是此意。《悟真篇》讲:"心猿方寸机,三千功夫与天齐,自然有鼎烹龙虎。"由此可见,心猿可以支配、统帅龙虎之气。猿鸣指心意灵动、活跃,使得生命之气息激荡流布。

"虎吼猿鸣"是静极生动、内气腾然景象的比附。而"泉清河静"则是"静中触动动犹静"之功夫状态的描述。"泉"指人的生命之泉水,人体重的70%由水组成,人只要一缺水,就会出现生命危险,因此《太乙北极真经》上说:"水乃有母。"水是人的生命之源泉。这句话总的意思就是,通过太极拳的修炼,人体生命之泉源源不断、无休无止地滋生。那么,生命之泉是什么呢?泛指津、唾、血、汗、涕、精等人体之水。《张三丰注吕祖百字碑》中说得清楚:"太极动而生阴,化成神水甘露,内有黍米之珠,落在黄庭之中……""香甜美味,降下重楼,无休无息,名曰甘露洒须弥。"陈撄宁在诠释《黄庭经》其文时说:"口中之津液,譬如山中之泉水,水性本就下，而泉上能至水顶者，何也？地下之水气循土脉透'玉液金丹'。"进行传统太极拳的锻炼，体内就会出现这些"玉液金丹"，此为阴中之精华也；阴之精华还体现在气血在体内流行不滞，这是生命力旺盛的证明。经常锻炼阴精，生命之泉就会净寂、清澈、透明、中和，正如《周易参同契发微》中所说："当其寂然不动，万虑俱泯之时，河海静默，山岳藏烟，日月停景，璇玑不行，八脉归源，呼吸俱无，既深入窈冥之中……"所以太极动而生静，静则虚灵，虚灵则神明，神明则无为，无为则流行，流行则生生不已，智慧无碍，生机无限。

（4）"翻江搏海，尽性立命。"

"翻江搏海"说的是内外之气混元一体的状态，什么状态？"有物混成，先天地生，寂兮寥兮，独立而不改，周行而不殆，可以为天下母。"这个"母"就是自身已成一团混元气，这团混元气周流不息，回荡不已，随心所欲而不逾矩；开合相寓，有升有降；出入自如，聚散天成；不在体内，不在体外；其大无外，其小无内。可以有随意变化，孕育出阴阳来。自身如何才能成为一团混元气呢？行拳走架意为先，得意忘形混天地。两种事物混而为一为混元。传统太极拳为修炼混元状态提供了途径，如"茫点"虽然用肉眼遍寻空中而不见，但却空而不空，有功夫者"心为领，意为帅，气为纛"次第而出，刹那间凝聚，这种神意统帅内外之气凝聚于眼前某一空旷之处的目标点，就是混而为一之具体方法体现。"翻江搏海"，是人体内外已成为虚空混元气的特殊景象。此时，动也是静，静也是动，动静一如，阴阳互孕，出神入化，隐显自在；动静之机，松散氤氲，宛如江水翻腾，海水激荡，源源不断，取之不尽，用之不竭，一派气机流行，内外一如风光。

"尽性立命"是修炼太极拳的终极目的和根本归宿，是太极之象的智慧根源。太极拳来源于中华道统文化，必然回归于道统文化。不管太极如何变化，都不会脱离这个圆。牟宗三认为，道统文化是中华文化的生命体现（心灵表现之方向），因此，在中华道统文化的经典中，必然对这个根源有过深刻表述。《周易·说卦传》说："穷理尽性以至于命。"穷理是追究、深研、体悟天地间万事外有之规律，尽性是完善自我，修真养性，使人性与天道相契。穷理是知其理，悟其真；尽性是行其德，传其道。"与天地合其德，与日月合其明"，实现"天人合一"。此时，"先天而天不违，后天而奉天时"，"我命由己而不由天"也就是自然而然的事情了。

侠之大者，为国为民。太极之象，尽性立命。性乃人之本性、本真、本来之心，神意之元体；命乃人生的命运、使命、生命之形体，神意之运用。性命相依相助，正如桓谭在《新论·形神》中所说的："形与神犹如薪与火之关系，神居体，犹火之燃烛矣。"本性是天性，是人生方向，属阴；命是构成人体的皮肉筋脉骨、四肢百骸等生命物质，属阳。也就是说，对于一个真正的太极拳修炼者来说，如果心不清、性不明，则不过一介武夫而已；如果生命之体不修，则如《乐育堂语录》所云"此命之不存，性之焉立"。

基于这样的认识，我们必须把太极拳架、太极术（内功心法）、太极道（心性修为）融为一体去修炼。这样，才是真正的性命双修，才是真正的复归太极。这个"尽性立命"的太极之象，乃真正的大境界、大智慧、大自在，是由太极而超凡入圣的形象表述。

（资料来源：佚名. 太极之象的八种功夫境界 [EB/OL]. 中国太极拳网，2011-03-09.）

**武声争鸣** — **李连杰：太极的生命意义启迪**

[导读]"1975 年至 1979 年连续五年获得全国武术全能冠军，1982 年主演电影《少林寺》，1991 年后主演了《黄飞鸿》系列电影，塑造出了方世玉、张三丰、霍元甲、陈真、令狐冲等诸多经典角色。1997 年后到美国好莱坞主演了《致命罗密欧》《龙之吻》《敢死队》系列等多部电影。"享誉国际的功夫明星——李连杰，从武术家再到慈善家，他一直低调认真。从正义爱国的陈真到侠义的黄飞鸿，都是我们这一辈人少年时的银幕经典形象。

我见过身边的很多人，他们很有钱，有的很有名，也很有权，但他们依然不快乐、不幸福。

我见过很多国王、总统，见过很多有钱有势的人，见过黑社会，有过死里逃生坎坷的人生经验，到今天才说，我愿意，在我 40 岁以后把爱回馈于社会。我从 11 岁开始，不完全相信大人讲的话。16 岁，我觉得大人说的既然不全对，我就自己选择自己的人生，电影改变了我的人生，从 17 岁开始拍《少林寺》，20 世纪 80 年代整体来讲，是自我中心、自我膨胀、自我痛苦的一个很长的阶段，为自己的名、利、物质奋斗的过程，到了 90 年代以后，我开始思考。

太极一直就告诉我有阴和阳两方面的东西，站在阴和阳两个不同的角度看同一个问题的时候，答案是不一样的。我也从这个角度里开始了解生活、了解生命，以至于我后来在香港的发展，去美国工作了几年，后来去欧洲工作了几年，一直到现在，已经改变了我人生的一个基本观点，我不习惯站在某一个角度来看问题，而是从事物的两方面着眼。

其实1997年的时候我想退休，因为我发现，物质不能满足我心灵上的要求。我要去寻找生命的意义到底是什么。真的，我觉得物质，在某一个阶段是相当重要，但是跨过那个阶段以后，就是本质不变，量在变了。钱和物质并不能使每一个人开心，但是欲望又是无止境的，物质不能解决心灵的痛苦。所以我开始运用太极这种新的观念重新来看宇宙，看生命，看物质结构是什么，心灵结构是什么，从这当中找到很多快乐。我

5.5 李连杰武极人生

觉得人类共同的追求目标就是幸福、快乐。

人是生活在人群里，人群里就需要关心、爱和付出。我作为一个动作演员，在最近几年我经常在强调，"暴力不是解决问题的唯一办法"，我不停地希望我的作品里能带动这种思想。其实《霍元甲》有一个蛮重要的信息就是告诉大家："武力可能是一个解决问题的方法，但一定不是唯一的方法，暴力能够征服别人的肉体，但永远征服不了别人的心，只有爱。"真的，只有爱的力量，才可以征服整个人类的心灵。

（资料来源：佚名.李连杰53岁生日又　见五台山 [EB/OL].腾讯网，2016-04-27.）

# 参考文献

[1] 买正虎 . 形意拳搏击的理与法 [M]. 北京：北京体育大学出版社，2004：4-5.

[2] 李文彬，尚芝蓉 . 尚氏形意拳械抉微 [M]. 武汉：湖北科学技术出版社，1989：14.

[3] 张东武 . 陈式太极拳的系统化训练 [EB/OL]. 陈瑜太极网，2011-06-02.

[4] 陈小旺 . 陈式太极拳的五层功夫论 [EB/OL]. 陈家沟太极网，2010-11-21.

[5] 张志俊 . 太极拳之境界论 [EB/OL]. 艺术中国，2011-06-01.

[6] 陈树道 . 武式太极拳释义 [EB/OL]. 太极网，2008-07-10.

[7] 林北生，周庆杰，卢兆民 . 庄子技道观与武道修炼的境界 [ J ]. 西安体育学院学报，2009（5）：558-561.

[8] 蒋文君 . 庖丁解牛与神武 [J]. 中华武术，2004（9）：19.

[9] 乔凤杰 . 语言遮蔽与武术的语言表述 [J]. 上海体育学院学报，2000，24（2）：38-41.

[10] 叶朗 . 美在意象 [M]. 北京：北京大学出版社，2010：471-472.

[11] 冯友兰 . 中国哲学简史 [M]. 北京：北京大学出版社，1985：389

[12] 李龙，李伟 . 武术修炼四境界 [J]. 上海体育学院学报，2014（4）：85-88.

[13] 申国卿 . 燕赵武术文化研究 [M]. 北京：人民体育出版社，2009：6.

[14] 佚名 . 太极之象的八种功夫境界 [EB/OL]. 中国太极拳网，2011-03-09.

# 第六章
# 中国武术的文化精神

**【学习目标】**

学习中国武术文化精神方面的相关内容，以技术为载体，阐释武术技术之外的文化精神尤其是爱国主义精神特质，进而理解"尚武自强"的意义，明了历史上武术在民族自强方面的突出作用。

**【学习任务】**

1. 了解武术文化精神的相关内涵。

2. 学习武术"内外兼修，讲究和谐的人文精神""刚柔相济，阴阳相生的包容精神""自强不息，厚德载物的进取精神"与"刚健有为，精忠报国的爱国精神"等相关内容。

**【学习地图】**

文化精神➡中国文化的基本精神➡武术精神的基本元素➡武术文化的核心精神➡武术文化的刚健有为、尚武自强特质

# 武术精神的基本元素

源远流长的中国文化孕育了中华民族有别于世界其他民族的价值观念、理想境界、道德尺度和人生态度，它们共同构成了独具特色的中国文化精神。武术在这个土壤中诞生、成熟，无形中浸染和秉承了中国文化精神的基本元素，并且呈现出自身别具一格的特色。

## 一、中国文化的基本精神

关于"精神"，《辞海》中有以下定义："人的意识、思维活动和一般心理状态，是物质的最高产物和内容实质。""文化精神"则是指"一个民族所特有的并由民族文化所凸显出来的稳定的内在品格，它贯穿渗透于民族的思想观念、心理结构、行为模式、思维模式之中，体现着一个民族的精神面貌和特性。"[1] 正如张岱年先生《文化传统与民族精神》文中所言："在一个民族的精神发展中，总有一些思想观念，受到人们的尊崇，成为生活行动的最高指导原则。这种最高指导原则是多数人民所信奉的，能够激励人心，在民族的精神发展中起着主导的作用。"[2] 中国文化丰富多彩，中国思想博大精深，因而中国文化的基本思想也是一个包括众多要素的综合体系，其核心元素主要可视为四个方面：刚健有力，和与中，崇德利用，天人协调。上述四者以刚健有为思想为纲，形成中国文化基本思想的体系。[3]

## 二、武术精神的基本元素

传统文化对于武术的不断充实，使得武术具备了中华民族文化精神的优秀传统元素。在中华文化精神的熏陶与涵养之下，武术不仅体现出防身自卫、锻炼健身、表演娱乐等多种不同的价值功能，而且拥有了中华民族文化生生不息的精神活力，这也构成了武术始终能够历久弥新的动力基础。从中华文化基本精神的视角而论，一般而言，武术精神可以认为主要包含以下几个方面的相关内容：内外兼修，讲究和谐的人文精神；刚柔相济，阴阳相生的包容精神；自强不息，厚德载物的进取精神；刚健有为，精忠报国的爱国精神，等等。另外，如果进一步具体细分，则又可涉及天人合一、道法自然、礼敬守法、重诺诚信等诸多相关内容。

---

1　肖贵清，赵同良.试论当代中国的文化精神[J].社会主义研究，2001(3)：20-23.

2　张岱年.文化传统与民族精神[J].学术月刊，1986 (12):1-3.

3　全国体育院校教材委员会.武术理论基础[M].北京：人民体育出版社，1997: 181.

# 武术文化的核心精神

张岱年先生曾经指出："民族精神必须具备两个条件：一是有比较广泛的影响，二是能激励人们前进，有促进社会发展的作用。"以此为依据，结合上文所述武术精神的基本元素，我们认为"内外兼修，讲究和谐的人文精神""刚柔相济，阴阳相生的包容精神""自强不息，厚德载物的进取精神"与"刚健有为，精忠报国的爱国精神"等共同构成了中国武术文化的核心精神。

## 一、内外兼修，讲究和谐的人文精神[1]

和谐是中国武术最为核心的文化精神。以和谐为价值取向的观念贯穿于武术文化的思维模式与实践规范之中。武术文化独特的价值取向是和谐，全面实现武术文化的技击、养生、修性等多方面功能的方法是和谐，衡量这诸多功能的价值尺度是和谐，武术文化所追求的终极目标，仍是和谐。武术文化视人体身心和谐为真，人际和谐为善，天人和谐为美，和谐构成了武术文化发展的根基，同时也成就了武术文化特殊的美。

图 6-1　习练中国武术，传承民族精神

### （一）内外合一、形神兼修，培养身心和谐、全面发展的人

个体身心和谐是武术文化最根本的特征，这一特征在传统的武术碰撞论中有着较为普遍的体现。"心者神之主，身者心之躯"，武术文化视人体生命为一大系统，将人作为一个整体而追求心身交益的整体和谐；"心身交益须修身"，武术是人体的运动，外练以养形为先，以其外而达于内，促使人体内精气流通，气血旺盛；"欲修其身，先正其心"，武术文化非常重视心、神、意的主导作用，突出精、气、神，强调形神兼修；以心统一、形神兼修为练功原则，长拳以"手

---

1　申国卿，胡伟华.和谐社会的构建与武术文化的发展[J].搏击·武术科学，2006(5)：1-3.

眼身法步精神气力功"为练功八法，形意拳视"易筋、易骨、易髓"为三步功夫，南拳讲究"以形为拳，以意为神"，太极拳强调"心静体松，身心合修"等。透过技术的种种外在表现形式，武术文化更为明显地表现出一种心灵哲学的内蕴，通过身心和修，达到心灵的觉悟，完成身心和谐，实现人的全面发展。

## （二）物我合一、师法自然，强调人与万物的和谐相通

武术文化以师法自然为法则，主张师万物，法天地，从大自然的生化衍变中获得灵感和启迪。武术文化取各种飞禽走兽的形象、动作、攻防意蕴，融入拳术的技势之中，在丰富拳技的同时，也表现出对自然万物的欣赏和崇拜。东汉时华佗模仿虎、鹿、熊、猿、鸟五种动物特长创编的五禽戏，少林拳的龙、虎、豹、蛇、鹤五拳，形意拳的燕、蛇、鹰、熊等十二形以及螳螂拳、猴拳等，这些融自然物我为一体的拳术，是物我合一、师法自然最形象的身体表征，是人对自然美的形态模仿。表现生命，表现自然，实际上是崇尚生命，崇尚自然，是追求自然万物与人类的共鸣、统一与和谐，这种和谐追求，至今仍有积极意义。

## （三）追道求理、德艺双修，规范、引导和谐人生

武术虽变化万端而理惟一贯。武术之道体现于技艺的最高境界，表现为通过习武练拳而获得的一种超越性人生价值追求，以及对天道自然、宇宙万物生化之理的感悟和体验。在道的追求过程中，武术与拳技不再是好勇斗狠的手段，也不仅是一种健身、自卫和观赏的生存性活动，而成为一种自我超越、自我实现的"求道"的方式和手段。在长期的习练过程中，习练者对武道的体认不断加深，同时对自身的磨砺和完善也日益精进，从而引导其更加自觉地投入人生的完善。武术文化还非常重视对武德的提倡和规范，尚武崇德、德艺双修历来是武林人士的追求目标和价值标准。传统武德中的尊师重道、济贫助弱、重义轻利、公平竞赛等内容，在当前社会主义和谐社会的建构热潮中，无疑仍具有明显的适用价值。

## 二、刚柔相济，阴阳相生的包容精神

刚柔相济、动静相宜、阴阳相生等，是武术拳理技法的核心思想，也是武术文化精神的重心所在。在这种包容性极强的文化体系中，充分体现了中国武术兼容并蓄的精神厚度和包容天下的文化襟怀。这种特点不仅体现在武术各家拳法风格都不走纯刚或者至柔的极端路线，注重动静的协调配合以及阴阳的相互转换等技术方面，也体现在传统武林人士在待人接物上不卑不亢、有礼有节等现实生活之中。一般情况下，武林中人都格外讲究礼仪之道，对社会各界人士都谦让礼敬有加，江湖行走的镖师尤其注重言行举止。走江湖靠的是和气生财，镖局人员对官府、绿林、民间各方人士都要格外客气，对他们而言"带三分笑，让三分理，饮三分酒"的节制、隐忍是基本修养。[1]而一旦遇到可能失镖或其他关键时刻，他们则又往往置个人安危于不顾，用武功和精神去英勇践行"人在镖在"的职业格言。这种状态，在某种

---

1  佚名.传承百年的镖局精神[J].国学，2008（11）：18-23.

程度上也可以说是中国人民传统性格的一种典型象征。在阴阳相生等思想观念的指导之下，武术传统的包容精神也使其展现和践行了"海纳百川，有容乃大"的中华文化格言，坚守着博大精深的历史积淀，面对着时代的飞速变化与各种异质文化的奔腾峥嵘而兼收并蓄地开放发展。

## 三、自强不息，厚德载物的进取精神

"自强不息""厚德载物"是各界公认的中华民族精神核心要义。"天行健，君子以自强不息"和"地势坤，君子以厚德载物"这两句《周易》名言也同样成为中国武术文化基本精神的重要象征。

6.1 天行健，君子以自强不息

历史上，以技击为特征的中国武术在"天行健，君子以自强不息"精神的影响下，一直保持着极为"刚健"的文化特色。早在春秋战国时期，"尚武之风""武侠之风"盛行以及各地普遍出现"隆技击"局面正是这种刚健有为文化精神的具体表现，在数千年发展过程中，这种自强风尚始终与武术文化浑然一体。无数武术有志之士，致力于武学研修之道，亦莫不尽心竭力，昼夜不懈。"冬练三九，夏练三伏""披星戴月，挥汗如雨"等便是武林人士这种客观状态的真实写照。

在文化发展的熏陶与影响之下，对于武德的提倡也逐渐呈现在武术的历史轨迹之上。以孔子提出的"勇而无礼则乱""射者仁之道"等为反映，"厚德载物"的精神日渐充满着传统武术的文化内涵。两宋时期，大多数武术拳种在追求技术上发展完善的同时，在社会实践方面几乎都有相应的武德条目，"德艺双修"已经成为武术文化极其鲜明的标志。明清时期的

图6-2 尚武自强，厚德载物

武术发展更恰如其分地体现了中华民族"自强不息，厚德载物"的精神，真正发展成为中华民族精神的载体。[1] 崇尚武德是武术精神的缩影，"仁"是武德精神的核心，它是一种发自内心的纯正的爱。《峨嵋枪法》中说："不知者不与言，不仁者不与传。"少林秘典《短打十戒》强调"强横不义者不传，强横则为乱，无义则负恩"，表明武德的基本思想是以仁慈、忠厚和善良来待人接物，处理关系的。高尚的武德是习武之人追求的至高境界，"仁者必有勇"，故"仁者无敌"，这种仁爱之风也从身心内外感染熏陶着习武者的思想行为。作为武打技术，武术首先可以培养人们敢拼敢打、勇于拼搏的精神，从而有助于人们"自强"精神的形成；作为"德艺双修"的技术，武术不仅教人"如何打"，其宗旨更是让人理解"如何才能不打"，揭示了和谐相处的意义，无疑对于培养人们的品行具有最直接的意义。时至今日，"未曾学艺先学礼""未曾习武先习德"

---

1　杨建营, 邱丕相.武术精神的历史演变及21世纪发展的新趋势[J].体育学刊, 2008(10)：92-95.

的武术谚语已经成为脍炙人口的格言。"技高德劭""德技双馨"等也成为评价武林人士不容置疑的首要标准。综合而言，"自强不息、厚德载物"的进取精神不仅对于武术历史发展起到了积极的推动作用，今天，同样激励着广大武术习练者以及武术工作者继往开来、奋发前行。

## 四、刚健有为，精忠报国的爱国精神

图6-3 岳母刺字，精忠报国

武术文化是自强不息的文化，同时也具有刚健有为的特征。传统武术文化始终强调生命不息、奋斗不止的思想，便是这种刚健有为精神的集中概括和客观例证。历史上，武术的刚健有为精神不仅体现在武林人士不畏艰险、知难而上的自身生活场景中，还经常与保家卫民的爱国思想密切结合，从而形成了一种"刚健有为，精忠报国"的爱国主义精神传统。

中国历史上有许多武林志士精忠报国的经典事例，其中，在武术的传说故事中，"岳母刺字"最广为人知和生动感人。另外，明代抗倭英雄戚继光《望阙台》中诗句"繁霜尽是心头血，洒向千峰秋叶丹"抒发的也正是这种忠诚爱国的情结。事实上，不仅血气方刚的好男儿崇尚这种精神，不让须眉的女子好妇亦是如此。这方面的典范不仅有三朝平乱维护统一的岭南巾帼英雄冼夫人和北宋抗辽捐躯满门忠烈的杨门女将，还有明代率领白杆兵拒战清军沙场扶危的秦良玉以及晚清抗击八国联军侵略保卫谢庄百姓的冯婉贞等。三元里的抗英斗争波澜壮阔、可泣可歌，有诗为证："妇女齐心亦健儿，犁锄在手皆兵器"，包括妇女在内的习武群众漫山遍野投入战斗，谱写了一曲尚武报国的时代壮剧。[1]在充满爱国主义的中华历史长卷上，有"带弓而锄，佩剑而樵"[2]同仇敌忾的北宋普通百姓，有棍击倭寇壮烈殉国的明代少林武僧，有廊坊阻击保卫京津的义和团，有迎战西洋大力士继而创建精武体操学校的霍元甲，有出身少林投奔革命的许世友将军，有扬威第十一届柏林奥运会的国术健儿，有击败外国拳手雪耻"东亚病夫"的诸多武术家等光辉形象……刚健有为与尚武爱国构成了我们中华民族永恒的灵魂，武术的爱国主义精神不仅是民族不断进步的强大动力，也是中华民族历经千年风吹雨打，虽遭受各种屈辱仍屹立于世界民族之林的最重要原因。

---

1　郭志禹.武术民族精神内涵研究[J].邯郸学院学报，2009（3）：5-13.

2　脱脱.宋史·卷一百九十·兵志[M].北京：中华书局，1977：4726.

**本章小结**　　从"文化精神"的概念阐释出发，以中国传统文化的基本精神为依据，描述了武术文化精神的基本元素，指出"内外兼修，讲究和谐的人文精神""刚柔相济，阴阳相生的包容精神""自强不息，厚德载物的进取精神"与"刚健有为，精忠报国的爱国精神"等构成了武术文化精神的核心内容。通过对于上述武术文化核心精神的论述，揭示武术文化"尚武自强"爱国主义特质的积极历史意义与突出时代价值。

**回顾与练习**　　1.武术文化精神主要包括哪些基本元素？

　　2.武术文化精神的核心内容是什么？

　　3.对于武术文化的刚健有为、尚武自强特质，你是如何理解的？

**画外武音**　　**"卢沟晓月"，"大刀风流"**

"燕京八景"是金中都传留下来的重要文化遗产，"卢沟晓月"无疑是其中美丽动人的一处宝贵名胜。在卢沟桥上悠然地盘桓，自得地欣赏着卢沟晓月或夕阳落照的美景，静静地注视着桥柱上那些雄姿英发、雕刻精湛的石狮以及桥面上那凹凸斑驳

图6-4　抗日战场上的二十九军大刀队雄姿

而又苍劲沉稳的巨石，透过远去的历史烟云，对于祖国的往昔有着清醒认识的人们必将会情不自禁地回想起70多年前，这里曾经发生的那场永载史册的血火交加的往事。美丽的"卢沟晓月"，不仅是中国悠久文化的直观展现，同时也是中华儿女奋勇杀敌的爱国主义见证。在中华民族生死存亡的关键时刻，执劣势装备的中华将士们，充分发挥了中国武术的传统技击功能，以大刀等为近战武器，奋不顾身地与强大的侵略者进行了殊死的搏斗，用精湛的武术技艺，英勇地捍卫了中华民族的尊严。

1933年3月4日，日本侵略军向长城重要关口——喜峰口发起了进攻。在赵登禹将军指挥下，西北军二十九军大刀队浴血长城，歼敌5 000余人，取得了震惊世界的喜峰口大捷，这也是"九一八"以来中国军队抗击日本侵略者的第一次胜利。大刀队因此名声大震，其威名随着一曲激昂雄壮的

6.2 《大刀进行曲》

《大刀进行曲》迅速风靡全军、全国，成为中华民族抗暴御侮的光辉典范。[1]之后不久，"七七事变"前夕，即1937年端午节之际，二十九军大刀队又一次震慑了倭寇。当时驻华北日军邀请二十九军团以上军官在北京怀仁堂"联欢"，实际上是一场炫耀武士道精神的现代鸿门宴。"气焰骄横的日军军官酒中起舞，态度轻狂，恣意挑衅。二十九军38师114旅旅长董升堂和独立26旅旅长李致远都是长城抗战中令日寇胆寒的名将。二人不甘示弱，先后起身打拳助兴。日军中佐松岛竟拔刀起舞，表演刀法，群倭正襟危坐，凄声沉吟，局面顿时紧张起来。此时，曾在喜峰口大战中率大刀队夜袭日军，杀出大刀队威名的董升堂旅长立刻找来一柄刀刃还带着缺口的大刀，挺刀与松岛对舞。董旅长双手执刀柄，锋刃直指松岛，缓步逼近。松岛气沮，只好收刀躬身退场。接着李致远旅长又练了一趟西北军'破锋八刀'，他刀法精熟，左砍右劈，虎虎生风，又有全场中国军官击节助威。日军虽一个个怒目相向，终不敢轻举妄动。'联欢'最后在日军无奈的嬉戏中收场。"[2]

1937年7月8日，就在日寇挑起"七七事变"，发动全面侵华战争的第二天，二十九军的大刀队又英勇机智地向卢沟桥畔的侵略军发动了夜袭，"战士们用大刀、手榴弹，与敌人展开肉搏战，终于夺回了回龙庙与铁路桥"。1937年7月12日的《世界日报》即以《二十九军大刀队杀日贼》的大标题记载了这一令国人无比振奋的事件："十一日，日军二百余名进攻大王庙，被宋部大刀队迎头痛击……昨日围攻南苑，大刀队急向日军冲锋，相与肉搏。白刃下处日军头颅落地，遂获大胜。"[3]"就连当时的日本舆论界也惊呼：皇军60年来胜利攻取之声威，被二十九军'大刀片'剥削净尽！据董升堂先生回忆说，此前，日本兵夜间都是脱衣大睡，疏忽警戒，轻视我军。自遭此打击后，鬼子兵不但头戴钢盔，颈项上还要戴上铁转脖，以防大刀队砍掉他们的头。"[4]

二十九军的大刀队之所以能杀敌扬威，一方面与其一贯的尚武传统有关，另一方面也与以张之江、马凤图等为首的众多燕赵武林人士的努力密不可分。冯玉祥部的河北沧州人士张之江、马凤图等皆为武林高手。早在1910年，冯玉祥和张之江等人就曾组织反清秘密组织"武学研究会"；1925年，马

1  陈宝强，郭乃辉.西北军"破锋八刀"考[J].军事体育进修学院学报，2006 (2) : 35-38.
2  文思.我所知道的冯玉祥[M].北京：中国文史出版社，2003: 186.
3  莫朝迈.奋勇杀敌显神威——二十九军大刀队抗日纪实[J].中华武术，1993 (2):16-17.
4  郭景生.西北军的大刀片[J].武魂，1996 (3) : 22.

凤图受张之江将军之命，在张家口创立白刃战术研究室，并依托该室，成立了"新武术研究会"，任室主任兼会长，并聘请了马英图、王子平、洪立厚、刘鸿庆、王桂林等一批沧州籍武术名家，他们集思广益，致力于将武术中搏杀效果突出的格斗技术用于军事训练，共同创编了统一的劈刺教材，极大地提高了西北军的格斗水平。[1] 另外，据莫朝迈的《奋勇杀敌显神威——二十九军大刀队抗日纪实》记载，当时的燕赵武术名家尚云祥、韩慕侠和李尧臣等也分别在二十九军中传授了形意拳的"五行刀"和三皇炮捶拳的"无极刀"等大刀技术。在抗日战场上扬威的二十九军大刀队的"破锋八刀"等，同样是这一背景下众多爱国武术家共同心血的结晶。曾获得民国时期国术大赛第一名的河北形意名家朱国福也在二十九军大刀队传授过武术，新中国成立后，他还曾应贺龙元帅的邀请，为军队培养武术人才，并为军队训练编写了刺枪、劈刺等行之有效的军事教材。[2]

事实上，在卢沟桥上响起了反抗日本帝国主义侵略的枪声后，举国上下同仇敌忾，以武术等为武器抗击日伪反动势力的爱国事迹远不止于二十九军大刀队这一范例。在当时敌强我弱、实力悬殊之下，面对拥有飞机、坦克等先进武器装备的日本侵略者，广大中华儿女不得已才利用武术原始的技击功能同敌人进行英勇不屈的斗争。在以现代化武器为主导的抗日战争中，古老的中国武术仍然能够在各种战场上发挥出积极的杀敌作用，应该说已是相当难能可贵了，而成千上万的中华儿女以古老的大刀等武术器械为武器，义无反顾地投身于抗日战争的枪林弹雨之中，这本身更是一曲伟大的满怀爱国主义精神的时代壮歌。

（资料来源：申国卿．燕赵武术文化研究 [J]．体育科学，2010（4）：81-96.）

**武声争鸣** — 中国抗战大砍刀上为何都有两道凹槽

一般人的理解，刀上的血槽是为了放血而留，指由于刀剑刺入人体或猎物体内后，拔刀时会由于血液的黏度和张力在刀的接触面产生负压，或因为被肌肉收缩而夹住刀刃，形成一种真空状态，使刀不易拔出来，开了血槽则血便会从此流出体外，可以让外部空气进入，从而破坏此一真空状

---

1  马明达.说剑从稿[M].兰州：兰州大学出版社，2000：344.
2  朱泽富.先师朱国福行述[J].武魂，2005（9）：42-44.

态，减少负压的产生，便于拔刀。然而问题是从未有证据显示此一真空状态会发生，许多猎人及屠夫表示，不论使用有或无血槽的刀子，在拔出动物身体时，其难易程度并无差别。从多种证据看来不管有没有血槽，只要刺得进，就拔得出。

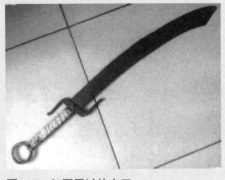

图6-5　红军用过的大刀

　　既然血槽无所谓破坏真空状态的作用，于是有人便说血槽只是纯粹装饰用。这得看刀子的体积，如果刀长在24"以下，那么血槽可能止是装饰用，如果超过，那么血槽则是不可或缺的强化机制。在刀身上打上血槽使得刀子不止拥有一个刀脊，从纵切面来看，血槽形成有如铁轨般的工字形结构，此一构造在弯刀上的刀剑而言是非常重要的强化结构。中国古代名篇《千字文》有言"并皆佳妙"，说明凹槽的妙处所在，在早期使用锤打制刀时代，于刀面打上血槽可减少制刀所需之材料，因当打上血槽时刀面便会变宽，与没血槽的形式相比节省更多的材料，且减轻重量。现代制刀是从钢板上挖除以制成血槽，虽未能减少材料，但减轻重量的功能相同。一把经适当热处理且有血槽之长刀剑，比没有血槽者轻上 20%~35%。

　　（资料来源：佚名. 抗战大砍刀上为何都有两道凹槽，放血用的？[EB/OL]. 腾讯网，2016-03-24.）

# 参考文献

[1] 肖贵清, 赵同良.试论当代中国的文化精神[J].社会主义研究, 2001（3）：20–23.

[2] 张岱年.文化传统与民族精神[ J ].学术月刊, 1986（12）：1–3.

[3] 全国体育院校教材委员会.武术理论基础[M].北京：人民体育出版社, 1997：181.

[4] 申国卿, 胡伟华. 和谐社会的构建与武术文化的发展[J].搏击·武术科学, 2006（5）：1–3.

[5] 佚名.传承百年的镖局精神[ J ].国学, 2008（11）：18–23.

[6] 杨建营, 邱丕相. 武术精神的历史演变及 21世纪发展的新趋势[ J ].体育学刊, 2008（10）：92–95.

[7] 郭志禹.武术民族精神内涵研究[ J ].邯郸学院学报, 2009（3）：5–13.

[8] 元.脱脱.宋史·卷一百九十·兵志[M].北京：中华书局, 1977：4726.

[9] 申国卿.燕赵武术文化研究[ J ].体育科学, 2010（4）：81–96.

[10] 陈宝强, 郭乃辉.西北军"破锋八刀"考[ J ].军事体育进修学院学报, 2006（2）：35–38.

[11] 文思.我所知道的冯玉祥[M].北京：中国文史出版社, 2003：186.

[12] 莫朝迈.奋勇杀敌显神威——二十九军大刀队抗日纪实[J].中华武术, 1993（2）：16–17.

[13] 郭景生.西北军的大刀片[J].武魂, 1996（3）：22.

[14] 马明达.说剑从稿[M].兰州：兰州大学出版社, 2000：344.

[15] 朱泽富.先师朱国福行述[J].武魂, 2005（9）：42–44.

[16] 佚名.抗战大砍刀上为何都有两道凹槽, 放血用的? [JB/OL].腾讯网, 2016–03–24.

# 第七章
# 中国武术的美学视野

**【学习目标】**

学习中国武术美学的基本概念，认识武术套路技术蕴含的美学元素以及武术美学的基本形式特征，了解以"天人合一"学说等为代表的中华传统哲学理念对于武术文化的美学熏陶与综合影响。

**【学习任务】**

1. 了解武术运动的审美特征。

2. 学习"姿势、劲力、节奏、传神、结构、造型"等武术要素所显示的武术美学形式特征。

3. 认识武术基于"天人合一"学说而体现的德艺互补、形神兼备、刚柔相济、和谐统一等美学观念。

**【学习地图】**

武术套路运动与审美➡武术美学的形式特征➡武术形式美与技击美的和谐➡武术文化的美学阐释

# 武术运动的审美特征[1]

中国武术发展至今天之所以仍然经久不衰，不仅是因为它具有健身自卫的传统实用价值，而且还因为它是一种独特的表演艺术，能给人以美的享受，使人赏心悦目并激发人类审美情操。整体而言，武术的全部内容几乎都倾注着中华民族的传统气质、民族心理、民族美感和民族精神，体现着文化审美的意义与特征。在武术理论与实践中，武术运动的审美特征在武术套路中尤其得到了直观而鲜明的展现。

## 一、武术套路运动与审美

武术套路是以各种踢、打、摔、拿、击、刺、劈、挂等技击动作为素材，按照攻守进退，动静疾徐，刚柔虚实等矛盾相互变化的规律，并有起势与收势而串编成的各种徒手、器械以及假设性攻防对练的练习形式。它是人们经过思维，从现实生活中采集素材，经过主观创造的一种艺术成果，武术套路的形成与完善同社会的进步、发展有着直接的联系，社会的不断发展，使人类有机会从生存搏斗的本能活动中解放出来适度休闲娱乐，那些有效的制敌手段在成为他们模仿对象和训练内容的过程中也在不断地改进和完善，逐渐发展成为一种集技击防卫、健身养生、艺术表演等为一体的民族传统体育运动。所以，武术套路运动的艺术美，一方面来自表演者对动作攻防含义的理解、身体姿态的高度配合以及节奏的处理、艺术表现手法等，另一方面则来自武术套路蕴含的浑厚、雄壮的气势和身体运动的特殊态势。[2]

武术套路动作的美学特征，主要表现为内外合一，形神兼备；威武勇猛，节奏鲜明；起伏转折，快速敏捷，连贯协调，舒展大方，尤其讲究身体点、线、面的对比均衡和动作美的多样化统一。一个好的套路，除了结构布局好，有一定的难度动作外，还要做到手、眼、身、步的协调配合，这是衡量运动技术水平的一个重要标志。动则手、眼、身、步一起动，配合得当，协调自然；停则手到、眼到、步到、身到，做到完整统一，正如拳谚中讲："拳如流星眼似电，腰似蛇行步赛粘。"因为拳学风格的不同，每种武术项目一般也各有自身相应的美学特点。长拳姿势舒展，轻快潇洒；南拳步稳势猛，刚劲有力；少林拳古拙紧凑，矫捷刚健；八卦掌身灵步活，姿态连绵；通臂拳发力透达，放长击远；形意拳简练质朴，短促有力；还有太极拳种的舒缓柔和，轻灵圆滑，连绵不绝似行云流水，紧而不僵，松而不懈，鹰、猴、螳螂等象形拳种对动物形态的摹拟，形神统一，栩栩如生；对练中的默契配合，韵律明快，惊险多变，以及表现一定情节内容的燕青拳、醉拳、脱铐拳和追求一定意境的形意拳、绵掌和八极拳等，都有较高的艺术鉴赏

---

1　刘静珠.武术形式美初探[J].体育科学，1996（6）：21-23.

2　张茂于.武术运动中的美学探讨[J].成都体育学院学报，1988（1）：39-42.

价值。尤其是场面开阔的集体表演项目，因图案多变，威武雄壮，加上节奏清晰的民族音乐和古香古色的服饰陪衬，更能给人以优雅舒畅的审美享受。

## 二、武术美学的形式特征

武术美学除了遵循形式美的一般法则外，还用姿势、劲力、节奏、传神、结构、造型等特有要素来显示自己独立的美学特征。

### （一）姿势美

**图 7-1　武林高手优美的剑姿**

姿势美指姿态、架势之美。武术项目非常讲究姿势的美感，如长拳是一种姿势舒展、动作灵活、快速有力、节奏鲜明并包括蹿蹦跳跃、闪展腾挪、起伏转折等动作和技术的拳法。长拳动作除了要体现攻防技术的含意外，还要讲究骨法和动作规格，强调姿势优美。拳谱中讲"五体匀称"，就是说四肢与躯干五条线要充满骨力，就像写字一样，结构追求匀称、工整，撑拔、舒张，无一处松软，从而呈现出一副健美势态。又如，太极拳讲"五弓"，动作处处呈圆弧，技法要求虚灵顶劲、气沉丹田，含胸拔背、沉肩坠肘，舒指坐腕、松腰敛臀，圆裆松胯、尾闾中正，动静有常，姿势均匀，势势相连，绵绵不断，别有一种娴静柔和之美。

### （二）劲力美

劲力美是指武术的劲法和力度。武术中的劲力均从"发动"和招式着眼。例如，长拳讲"劲力顺达"，富有"寸劲"，要求"起于腿，发于腰，顺于肩，摧于肘，达于手"，协调顺畅，力点清晰。南拳特点是步稳势猛，多短拳，擅标手，上肢功夫尤为突出，动作刚劲有力，很能表现运动员的力量素质，富有一种阳刚之美。太极推手则又别有一番情趣。这种柔中寓刚、绵里藏针的太极双人对练，

**图 7-2　武术表演动作设计透露的美感**

被人称为"画圈子"，运动员双方通过运用掤、捋、挤、按、采、挒、肘、靠等方法，沾连粘随，不丢不顶，通过肌肉的感觉来判断对方的用劲，并择机借劲发力将对方推出，使对方失去平衡或倒地，依此决定胜负。美学家朱光潜先生认为，美学中的"移情作用"，常常不仅令人忘我，

而且产生一种"筋肉感"。武林高手所表现的劲力便常常使人们产生这种美感，即使朴实无华的拳式，其表现出的整齐简练而又充实的劲力，也会使人心潮澎湃，筋肉随之铿锵而动，从而寓美于劲健之中。

## （三）节奏美

节奏美指武术运动中通过动静结合、变化而呈现出的有规律的节奏美感。武术动作节奏鲜明多变，气韵生动，近代自选套路在节奏变化上的表现尤其突出。如1982年在杭州举行的全国武术表演赛上，浙江队表演的"集体少林功法"，一开场就在古刹钟声配乐下，展示了少林寺僧练功的场景。运动员古朴的拳法，节奏鲜明，时而单练，时而对练，内容编排不落俗套，紧紧地抓住了观众的心弦。

## （四）传神美

传神美指能生动传达神情意态之美。武术运动一贯重视精气神作用，讲求神形兼备，心动形随，意发神传。武术单练动作所表现出的气势、神采，彰显出一种坚韧不拔、机智勇敢的精神之美。传神也是武术艺术美中一条重要美学规律。

7.1 宫二武姿

## （五）结构美

结构美指武术技术、战术的有机协调之美。武术套路很讲结构，结构的艺术性和编排意图则常常孕育着审美理想。中华民族的武林精英在长期实践和表演中，不断地从自然界和社会生活中吸取素材，经过高度概括和集中，创造了各式各样的套路，以不同的方式和风格体现着武术的结构之美。套路结构之美，首先是完整性，即如何起势，如何表现高潮，如何收势，都要精心构思，反复推敲，犹如一首完整的乐曲，起伏跌宕。其次要符合技击规律，注重虚实、高低、轻重、开合等综合变化，布局上的往返穿插，迂回转折，都要符合攻防原理。以象形武术中的猴拳为例，它把猴的出洞、窥望、攀登、藏桃、惊窜、入洞等一系列典型动作联系起来，层次分明，井然有序，衔接非常巧妙。蛇拳则是以蛇的"曲仰自如之态，左顾右盼之意"等动态特点创编而成。从青蛇惊醒、出洞、游行、觅食到"神蛇练月""风蛇绕树""玄蛇盘石""腾蛇起雾""白蛇吐信"等数十个动作一气呵成，再加上蛇拳的手法、拳法与各种步型、掌型配合以及富有表达力的眼神等姿态演绎，整套动作结构十分精彩动人。

## （六）造型美

造型美指武术的动作姿势定型之美。武术造型艺术可分为动态造型和静态造型。通过动、静造型在空间、时间的运动形成连续不断画面，从而产生一种独到的武术美感。就其整体来看，动静造型相互联系，相互转化，不可分割，每一个动造型的起势和收势都可以看作是静态造型。如"金鸡独立""白鹤亮翅""推窗望月""朝天一柱香"等，这些都是在伴随动态收势而成的静态造型。又如"燕子抄水""燕子钻云""玉女穿梭""鲤鱼打挺"等，也都充满动静相间的造型美感。

## （七）名称美

名称美指武术技术动作命名之美。武术的名称独具特色，不仅概括力强、生动形象，而且富有诗意，能使人浮想联翩，唤起种种相应的美感。如武术中上举这个动作，名之为"举火烧天"，向前踢的动作称为"春雷惊笋"，原地跳跃则冠为"旱地拔葱"。这些名称既文雅形象，又能反映动作的本质。武术招势中的白猿出洞、犀牛望月、青狮托球、雄鹰探山、仙鹤腾云等富有美感的动作名称可谓琳琅满目，美不胜收，哪吒探海、武松脱铐、玉女穿梭、大鹏展翅、怀中抱月、叶底藏花等经典武术拳招，质朴、典雅的名称充满了令人向往的美感。

# 三、武术形式美与技击美的和谐

武术是一种以技击为本质功能的传统体育运动，武术的美感无一例外地以技击为核心，各种外在或内蕴的武术之美也都首先统一于技击本质的宏观指针。一旦离开技击的本质特征，武术套路运动的各种美感和意韵便失去了和谐的根基。

## （一）健与美的统一

以技击为本质的武术之美首先指武术运动员矫健的体型与古朴的武术服装相结合而显示出的一种含蓄而刚劲的力量之美。其次，武术每一个动作的运动造型，也都表现着运动者内在情感与外部形象因为技击追求而有机统一的美感。

## （二）刚与柔的相济

7.2 八卦步实战风采

刚与柔的相济指武术动作在力量和速度上的变化所产生的美感。武术的刚柔相济，贯穿于全部套路之中，形成了特有的虚实相间、动静相合、紧凑连绵、起伏跌宕的风格。如拳术中翻子拳的动作勇猛激烈、密集灵活，其势如暴风骤雨、风卷残云，给人以雄浑、劲促、刚健的感觉。而八卦掌的步法灵活、身姿轻盈，其势有如流水浮云、清风徐来，使人无形中产生一种舒展、轻灵、奇巧、柔美之感。

图7-3　武术虚与实的统一之美

## （三）虚与实的变化

虚与实的变化指由于虚实转换而呈现出的武术美感。虚实是相辅相成的矛盾统一体，武术中的虚实变化，不仅表现在外部动作形态的变化，更主要地表现在意念和情感的变化方面。在以技击为意想的各种情景中，这种虚实莫测、真假难辨、声东击西的错综变化，构成了武术动作的特色，蕴藏着一种只可意会不可言传的审美意象。

## （四）动与静的相间

在技击技术的追求之下,武术必然是一个动中有静、静中有动的变化过程,因此"动迅静定"也构成了武术运动非常突出的美学特点。尽管武术流派众多,各种套路千姿百态,但对动静都有具体形象的要求。像查拳强调"行如风,站如鼎";华拳讲究"动如奔獭,静如潜鱼";形意拳要求"动静相间,节奏分明";八卦掌注重"掌如穿梭,动静圆撑";即使全套一气呵成的翻子拳,也有"行如风雷动似雨,坐似泰岳静如山"之说;其他如劈挂拳等也皆是"以静入动则有法,以动入静则有形"。武术中的动,可表现为激烈的勇猛形式;也可表现为舒缓的柔慢形式。激烈勇猛犹如蛟龙入海,掀起连天波浪,舒缓柔慢则如莺飞燕舞,流水潺潺,从而呈现出动迅静定、动静相间的独特运动之美。

## 第二节　武术文化的美学阐释 [1]

绵延数千年的历史文化传统,从不同的侧面影响并塑造了武术的运动形式和文化内涵。从美学的视野来看,无论是神形兼备、内外兼修的功法特征还是动迅静定、刚柔相济的形式之美,武术由内至外都体现着中华传统文化所特有的意象之美。武术美感的表现形式和内在意蕴既承载着中华民族一脉相续的传统文化渊源,也表现了中华传统美学思想的传统观念与哲理认知。[2]

## 一、德艺互补观

在长期的发展过程中,武术与艺术一直就有千丝万缕的联系,如武舞、武戏、杂技及传统的古典武侠文学,相互影响,互相渗透。说到武术的美学思想,实际上是讲武术所具有的使拳练艺者和观赏者能借以获得一定心理和情感上的娱乐,以达到调理性格抒发感情的作用。这必然又要求与一定的社会审美价值观联系在一起;必然涉及一定社会的美学标准问题。在我国传统的道德社会中,美和善一直纠缠在一起。这一观点是由孔子建立,并被整个社会所尊崇,强调从人的心灵深处体现道德。艺术的表现即以美为标准,而美又必须服从于统治者及其阶级所掌握的道德尺度,这才称得上"善"。西周出现的《大武》,其主题是表现武王统一中国功绩的武舞,这种舞蹈一方面歌颂了参战战士的英勇,同时也通过《大武》以达到娱乐的目的。而在儒家眼中,这样的武舞,以体现搏斗和拼杀技能为主要形式,尽管也有美,但不能作为一种合乎道德标准的艺术加以提倡。所以孔子说:"谓武。尽美矣,未尽善也。"儒家中庸之道反对使

---

1　张志勇.论中国武术美学思想的内涵与特征[J].成都体育学院学报,1998 (1):11-15.

2　赵铃.民族文化是武术美学思想的沃土[J].西南民族学院学报:哲学社会科学版,2002 (5):296-298.

用"杀"的暴力来治理天下——"善人为邦百年，亦可从胜残云杀矣。""子为政，焉用杀？子欲善而民善矣。君子之德风，小人之德草。草上之风，必偃。"儒家认为"杀"是小人的行为，无论如何也难以称得上"善"，艺术的美，只有符合道德意义上的"善"，才能实现审美价值的善美统一。但他也决非反对提倡"威武"之精神，而要"君子正其衣冠，尊其瞻视，俨然人望而生畏之，斯不亦威而不猛乎"。君子只有仪态庄严，威而不猛，才能为人尊敬，美善一体。

武术套路本身的结构和形式已经表现出具有朴素文明的特征，即威而不猛且又含蓄的运动形式。其动作中注重定势，即亮势的美学效果，器械的演练，充斥着较多的舞花和身法动作，以及刚柔、动静、高低、疾缓等节奏的变化，着实使人感悟到一种情感上的跌宕，难怪历史上有杜甫《观公孙大娘舞剑器》的千古佳句和名目繁多的武术套路技艺的拳种流派的形成。因为它符合我国人民崇武尚勇，而又含蓄、尊德的传统习惯，这是一种历史文化的沉淀。可以看出，武术有其不容忽视的传统艺术思想特征，这种技术的表现形式又清楚地受到诸多的文化伦理和哲学思想的限制，以致今天人们常常以武术所具有美妙的欣赏和自娱功能而大加称颂。先德而后艺，以艺显德相互补充构成武术美学思想的一个主要特征。

## 二、形神兼备观

"形"和"神"是传统哲学中的一对范畴，指人的形体和精神之间的相互关系。从形神关系上看传统的美学特征及其对武术的影响，可以发现这些人体文化的传统审美标准有极为相似的共性特征。葛洪《抱朴子·内篇》说："区别臧否，瞻形得神，存乎与人，不可力为。"较为具体地说明人的形与神的关系，即从人的外形去察内神。实际上神是指人的性情、个性、才能、智慧、品质等。这很自然涉及对古代美学思想形神观的问题。武术、舞蹈一样通过形体的动作，体现内在的精神、情趣、意向等的心理活动。

武术非常重视形神的关系。这可以从几个方面看：一是传统的哲学思想被历代武术家们所借鉴引入武术理论中，他们追求武术的外部动作体现含蓄，即威而不猛，合乎统治者和政治思想家所要求的那种人文格调和伦理要求。武术的技战实用性被节制减弱，而与舞蹈艺术、传统医学等欣赏自娱和养身修性等作用紧密联系起来。二是传统文化的历史习俗左右了武术广泛的精神追求，如英雄崇拜、动物崇拜、宗教信仰和尚勇习惯等，以人物而定名岳家拳、杨家枪、戚家棍等，以动物定名龙、虎、鹰、熊拳等，以渗透宗教色彩定名达摩棍、武当拳等。不仅在动作的表现上着意模仿其尊崇的人物和动物的形似，而且从眼神、情态上也力图去刻画所达到的一种威武、刚猛、含蓄、深沉甚至更为玄而不可测的神似，从而给练习者和观赏者以通过心理体验去悟能及义。

传统艺术上的所谓"应目会心"就是不经过逻辑思维、从对形的感观到对神的把握，即"由形入神""由物会心"。在形与神之间要通过一定的思维桥梁"悟"。王阳明说："闲观物态皆生意，静悟天机入窅冥。"悟就是对"应目会心""由物会心"说法的概括。它是人的思维从感性到理性的认识过程。武术的形体动作不外乎蹦跳、跳跃、起伏转折和结合攻防意义上的攻守进退等技法以及各类器械的多变之法。而要通过这些技法的表现去展现古代对自然生物、人物、哲学宗教等丰富的思想内涵，则恐怕世界上没有能跟武术相比的美学形式了。

武术具有的刚阳之美或阴柔之美本身皆是对武术美学价值的客观评价。武术的形貌要能符合于技击法则的一般特点，即攻守进退、刚柔疾缓的变化。武术的神则是以气韵变化来反映其内在气质和刚中寓柔、静中含动以及"见之似好妇，夺之似惧虎"的神色和心态。《易经》上说："神也者，妙万物而为言也。""妙"就是美，万物之美即在于神。武术各流派对形与神关系的要求方面，也各有区别。一般看来，以少林拳、南拳等外家拳种注重形神的直朴、刚健、快猛，整体动作风格以勇猛慓悍为主。其方法多变于外显，神气韵随之而动之以容；而似形意、八卦、太极拳等拳种则以柔缓、沉稳的技术风格来体现含蓄深沉的气韵变化，显示出藏而不露、沉着稳健、不卑不亢的气度。武术各拳种流派都遵循虚实结合、虚实相应的理法原则，这一特点反映在审美视域中即为武术的风格和技击元素在"神""气""韵"的联系表现方面往往以不即不离、若有若无为理想的美，致力于虚实结合、实中求虚的美学特征。

7.3 孙禄堂武功影像

# 三、刚柔相济观

刚是武术本质属性——技击的直接表现方式，突出攻防进退中"势"的变化和"力"的体现。所谓柔是指武术形体动作的势势连贯、流畅、柔和洒脱的美学效果，气势宏大，气质宽厚，意趣沉稳的神色和心态。"柔"与"刚"的结合构成武术所具备的表现特征"韵"，"韵"的基本思想内核则是儒家所推崇的"仁义、礼制约束的威而不猛"的艺术标准，它强调人的行为举止应该表现出"和善"。

儒家"中和"思想的美学原则反映到传统审美习俗中，在"治艺"方面，武术、武舞、武戏都是在这种思想教化、约束下的成果。武术所表现的技击攻防特色的一种"韵"即是这种刚、柔之"和"。不论是外家拳种，还是内家拳种，其攻防特性应该是本身所必须具有实质内核，但在表现这种特性时，各拳种流派则通过不同的形态动作处理而以不同的风格表现出来。长拳的动作快速灵活、节奏鲜明是一种韵味，太极拳的动作柔缓均匀、舒松沉稳则又是一种意韵。武术动作在表现技术攻防含意时是以一种较为含蓄的表达方式，威武而不野蛮，委婉而不失刚健，柔和而不显松懈，给人一种含蓄而又生动的武术技艺之美感，也就是刚柔相济的审美体验。武术技法特有的韵味和传统艺术一样，在表达其含蓄时，反映的是"韵外之致"和"味外之有"，从而提供给人们一种只能感悟却不可言传的弦外之音。

# 四、和谐统一观

和谐，其词义是联系、匀称，是指事物和现象各个方面的配合和协调，多样化中的特殊的统一。反映到武术中则是指运动的形式与内容，身体的内与外等矛盾诸多方面的对立统一，相互对称、协调。互为依仗的审美效果，如动静、虚实、刚柔、进退、疾缓、高低、起落、俯仰、屈伸等动作的时间和空间变化效果。传统武术中追求和谐的美学思想特征的根源，与我国古代哲学思想中的"天人合一"的哲学范畴密不可分，其相关内容主要体现在以下两个方面。

7.4 太极对八卦

第一，武术美学的思想"和谐统一观"是建立在辩证法思想的基础之上，武术理论中，常将动静、刚柔、快慢、疾缓、攻守、虚实、开合、俯仰、屈伸、高低等，看作武术形体变化中的基本美学思想范畴，而这些对称的特征，正是追求一种既对立而又统一于一体，既相互依仗又相互排斥的运动中的身体动作，并由此形成中国武术独具东方文化及审美要求的美学形式。

第二，武术美学思想"和谐统一观"是建立在本身技术特征与传统"自然观照"，即"天人合一"观点概念之上。武术形式美、内容美统一来源于人对自然精神和生命力的崇拜与尊重。从猴拳、龙形八卦、虎鹤双形等武术象形取意拳种及动作名称中即可感受到武术追求自然美的传统文化气息。武术作为一种朴实的民族文化形式，在其技术方法中，以模仿动物的生活习性和防卫方法，大量注入武术的技法，增加了武术的欣赏性。武术理论在解释动作节奏变化及特征时表述的"动如涛、静如岳、起如猿、落如鹊、站如松、坐如钟、转如轮、折如弓、轻如叶、重如铁、缓如鹰、快如风"等概念，也是以自然界景物为参照对象，借以渲染武术动姿、静态的生动变化。大千世界为武术的发展提供了丰富的素材，吸取自然界的精华，本身也是古代武术家的一种智慧，一种创造。这一典型的文化特征正好说明了武术追求自然美，并与自然密不可分的传统文化特色，表明了武术与自然世界相和谐而统一的自然观思想，即"天人合一"的整体美学思想风貌。

**本章小结** ——　　在长期的发展过程中，武术以技击功能为核心，逐渐衍生出美学方面的相关形式与内涵。武术技击动作所彰显的质朴美感，在中华传统文化的熏染和涵化之下，又不断被充实和赋予新的美学内容与美感象征。武术之美在套路运动中尤其得到了鲜明而全面的体现。无论是"姿势、劲力、节奏、传神、结构、造型"等动作要素所显示的武术美学形式特征，还是基于"天人合一"学说而体现的德艺互补、形神兼备、刚柔相济、和谐统一等武术美学观念，在中华美学文化的大观园中，都展现出了武术文化丰富多彩而又精致独特的综合美感。

**回顾与练习** ——　　1. 武术美学形式特征的构成要素是什么？

2. "天人合一"学说等为代表的中华传统哲学理念对于武术文化的美学熏陶与综合影响主要体现在哪些方面？

3. 对于中国武术美学的基本概念及其相关内涵，你是如何认识的？

### 简论中华武术美学思想

武术美学思想是以中国古典哲学为主线，派生出来的一种全新的思想体系。这种思想的萌芽、形成、发展和完善均植根于中国大文化系统之中，不同程度地渗透着民族风俗、习惯、心理、情感、艺术、文学等因素，同时也受到了儒、道、佛家等思想的滋补，是一种多学科相互作用的综合产物。

以"仁义"为基础："练武德为先"，武德的伦理思想是在儒家"仁义"思想的基础上，又融会了禅宗佛学的慈悲胸怀，实质上是综合了道德标准和精神价值而产生出来的美学观念，正是由于这种观念的存在，使中华武术长久不衰。以"乐"为形式：古人多认咏诗、轻歌、书画、武舞等表现美感和追求欢乐的途径。其中"武舞"要算较早的具有表演艺术性的活动，通过"武舞"，使人们"耳目聪明、血气和平"。以"圆"为核心：圆具有均衡、和谐、完善等许多美的特征。圆弧是圆的部分，美的曲线即由圆弧构成，而人体便是曲线美的极致。武术运动正是通过人体不断的变化来体现多种美学素材的。"象天法地、圆空法生"，完全符合宇宙实无始终、时空无限不绝的变化规律。以和谐为本质："美在于和谐，和谐在于对立统一。"武术美学思想中正是人的生命的和谐，即动静结合、神形兼备、内修外练、刚柔相济、阴阳互补，意、气、体三者达到统一，反映的美具有全面、典型、生动和具体的特点。

（资料来源：蔡宝忠，张秋. 简论中华武术美学思想 [J]. 体育科学，1990（2）：41.）

### 真正的中国武术：外御强敌强体魄　内养生命精气神

中国武术讲究"外练筋骨皮，内练精气神"。可以看出，外练和内修所产生的美只是过程和方法，这种美还是停留在练的过程，因此这种美不是稳定的。武术之真正之美在于跨越形、神、德，通过习武而达到"道"的境界（以术求道），只有这种美才是永恒不变的。当人们对武术之美有了深刻的感悟时，所有的形美、神美、德美都会被这种美所取代，"得其意而忘其形"，使人们重新回归到人与自然高度和谐的状态，最后达到真（形与神）、善（德）、美（道）的高度统一与升华，这种统一和升华才是武术美学境界的真正体现。

一、形美：外练筋骨皮

武术之"形美"是武术运动美的外在表现形式，是通过视觉形式唤起人们的美感，其表现形式可分为"技击美"和"健力美"。

二、神美：内练精气神

"神"在汉字中有精神和神灵等意思，"神美"就是习武者通过对形的把握，以及对形的完美追求，凝化为一种内在的精神气质。

三、德美：尚武崇德，以德服人

德美，是指通过习武修身，以及对于形和神的深刻把握，内化为习武者高尚的道德风范和人格魅力。武以德立，武术从一开始就将自己与道德紧密地联系在一起，正因如此，在武术蔚为大观的同时，武德也自成系统。武德不仅是约束习武者的规范，更是武者对社会的承诺。基于此，武术始终在其技击的身影背后有着一副儒雅的面孔。这也使得武德之美超越了武术自身，而成为武术的灵魂。

四、道美：以术求道，天人合一

"道"是指宇宙的本源和规律。"道美"是习武者在武术修炼过程中，通过对形美、神美、德美深刻理解基础上，感悟和认识宇宙的本源和规律，从而达到"天人合一"的审美境界。当人们对美的认识达到一定意境时，其他的形就都可以被忽视，即所谓"得其意而忘其形"，意境是通过感悟而获得，是悟道的结果。

图7-4 "形美感目，意美感心"

武术之"道美"与中国古代道家思想一脉相承，即"天人合一"的人生感悟。对于武术来讲，"天人合一"之境界才是最美，武术意境美正是这种美的体现。老子说："道可道，非常道。"同样，武术的"道美"同样不可以用语言来描绘，只有当习武者修炼到这一境界时，武术之美才得到升华。道美是人们在对美的追求和塑造过程中形成的一种美的体悟，这样的感悟最真实，而又无法用语言来描述。

中国美学理论有言："形美感目，意美感心。"其中，"意"在这里即指"意境"。中华传统文化中的意境美是含蓄的，需要人们在习练、实践中感悟，而感悟则是忘我的体验，也是一个难以直接解释的概念。感悟同样被认为是武术的最高境界之一，是在"道"的召唤下呈现的一种追求"天人合一"自然之美，是人们内心对于美的一种追求，在武术实践中往往很难用语言予以表述。只有当人们对于武术美的追求达到了一种"无为"的境界，武术的美才可能被真正认识到。对于武术美的理解也只有达到一种忘我、无为的"天人合一"的境界下，通过"无形""无神"的修养而悟出武术最高境界美的真谛。与道家思想中所推崇的"无为"状态相一致，习武者的习武过程实质是一种以"术"求"道"的升华过程，因此，武术之"最高境界美"一定会出现那种"无为"的状态，回归自然。

武术是一个动态的存在，正是感悟，使众多武者对武术产生新的见解，从而使之取得新的突破；也正是在这感悟之间，武术才会成就今天的辉煌。感悟之美在吸引一代代的习练者投身其中而欣然自乐的同时，又成为武术发展的终极内核。

道是意境，是感悟，武术意境美在于对中国几千年传统文化的感悟，是传统美学的核心内容，意境美不仅来源于运动本身，来源于自然规律，更为重要的是来源于人们自身精神的感悟。对于武术来讲，达到"天人合一"的境界才能感悟到武术之真美，武术意境美正是这种美的体现。对于武术意境美的审视，目前还没有一个衡量的范围，因为不同的人对于武术有不同的感悟，在他们内心感悟出的武术美必然有所不同，对于武术境界美的审视也只能是意会，而不可言传了。

综上所述，武术的修炼是由"形"之外练——"神"的内修——"德"之培育——"道"之升华，前三者都是为了感悟武术最高境界美而做的前期准备工作，是实现武术最高境界美的方法和手段。习武者通过外练、内修来体悟武术那种"天人合一""道"的境界美。武术美的内涵在于人们对武术美的追求和感悟，武术美的根源存在于习武者"悟道"过程中对生命之美的境界感悟，感悟是无止境的，而这种无止境的感悟，也许才是传统武学"美"的所在，才是寻求传统武学美的必然途径。

（资料来源：崔怀猛，刘晓青，吴光远．武术美学的"四重境界"[J]．体育文化导刊，2007（1）：63-65．）

# 参考文献

[1] 刘静珠.武术形式美初探[J].体育科学, 1996(6): 21-23.

[2] 张茂于.武术运动中的美学探讨[J].成都体育学院学报, 1988(1): 39-42.

[3] 张志勇.论中国武术美学思想的内涵与特征[J].成都体育学院学报, 1998(1): 11-15.

[4] 赵铃.民族文化是武术美学思想的沃土[J].西南民族学院学报: 哲学社会科学版, 2002(5): 296-298.

[5] 蔡宝忠, 张秋.简论中华武术美学思想[J].体育科学, 1990(2): 41.

[6] 崔怀猛, 刘晓青, 吴光远.武术美学的"四重境界"[J].体育文化导刊, 2007(1): 63-65.

# 第八章
# 中国武术与武侠江湖

**【学习目标】**

　　学习中国武术与武侠江湖的基本关联，认识传统江湖与武侠文艺中的相关武术文化内涵，感受中国武术源远流长、多姿多彩的传统文化特质及其对于民族心理与国民气质的综合影响。

**【学习任务】**

　　1. 了解"江湖"一词的来源及其在历代相关文献、作品中的体现。

　　2. 学习"镖行江湖"所展现的传统武术生存状态，体会旧时武林人士行走江湖的艰辛与以武谋生的荣光。

　　3. 认识武侠文艺的发展概况，了解晚清至民国时期武侠小说鼎盛的相关内容。

**【学习地图】**

　　"江湖" ➡ "镖行江湖" ➡ "游侠" ➡ "千秋侠客梦" ➡ 晚清与民国时期武侠文艺的鼎盛

<table>...</table>

| 第一节 | 中国武术与传统江湖 |

在中国文化中，"江湖"称得上是个具有特殊内涵的词汇，漫漫历史长河，江湖也始终与武林有着一种特殊的关系，这种说不清、道不明，说不断、理还乱的关系反映到传统文艺中，又往往与武侠的概念相互交融，衍生出丰富多彩的中国武术文化传奇。江湖儿女，快意恩仇，扬鞭策马，叱咤风云，

图8-1　江湖已远，传统犹存

所过之处，留下一片武侠的江湖。江湖的影响，同样激荡在文人墨客的心中，即便是手无缚鸡之力的孱弱书生，满腔热血依然也会在笔下的字里行间飞舞，驰骋江湖的渴望同样会在梦中萦绕。因此，学界便有了"千古文人侠客梦"之慨叹，有学者更直言不讳地指出："中国人历来热爱武侠，每个人心中也许都有过一个关于江湖和武侠的梦想。谁不向往鹤飞冲天、铁骑奔腾的侠骨英姿？谁不羡慕双剑合璧、闯荡江湖的风云儿女？"[1] 如今，传统江湖虽已远去，但笑傲江湖的情结仍一直深入无数炎黄子孙的骨髓，成为中国武术文化的一道突出印记。

## 一、"江湖"一词的出处

在传统文化的视野中，"江湖"通常与武术特别是武侠联系在一起。一种较为流行的观点认为，"中国文人理想的人生境界可以用以下公式表示：少年游侠——中年游宦——老年游仙"，但是，相对而言，"'山林'主要属于隐士，'绿林'主要属于强盗，真正属于侠客的，只能是'江湖'"。当代武侠评论家陈平原先生也认为："谈武侠小说，无论如何都绕不开'江湖'……'江湖'属于'侠客'；或者反过来说，'侠客'只能生活在'江湖'之中。"[2]

8.1　最后的江湖

关于"江湖"，一般认为，这一词语是迟至唐代豪侠小说才正式出现，原指长江与洞庭湖，也泛指三江五湖。但是，据学者专门考证，"江湖"一词最先的出处应该是著名的道家元典《庄子》。相关研究指出，"江湖"一词既不是"江""湖"两个专名分开解释后的简单相加，也与"三江""五湖"的共名无关。"江湖"这一专名的特殊意义，决非从唐代豪侠小说到当代武侠小说

---

1　钟世华.文人的江湖侠客梦[J].出版广角，2010 (4)：77.

2　陈平原.千古文人侠客梦[M].北京：新世界出版社，2002: 136-139.

对此词的事后追加，而是先秦时代早就有的：民间社会的江湖文化与专制朝廷的庙堂政治相对。因此并非先有"侠客"，后有"江湖"，而是先有意义特殊的"江湖"，后有纵横笑傲的"侠客"。这是因为，此词的真正词源出自始终不被儒家中国承认为正式经典的中国文化第一元典《庄子》。在《十三经》和所有先秦典籍中，都没有出现过"江湖"一词，《庄子》是汉语中最早出现"江湖"的文献，全书使用"江湖"一词共有七处，其中就有著名的"泉涸，鱼相与处于陆，相响以湿，相濡以沫，不如相忘于江湖"和"鱼相忘乎江湖，人相忘乎道术"等。春秋战国时期，庄子与韩非是针锋相对、不共戴天的两个先秦思想家，尽管庄子死后数年韩非才出生。但他们两个人的巨大天才，造成了中国两千年历史中最大的两种力量：庄子左右了江湖文化，韩非主宰了庙堂政治。所以江湖中国的通天教主庄子，无可争议地拥有"江湖"一词的知识产权，并且无可争议地拥有"江湖"一词的最终解释权。而"天子不得臣，诸侯不得友""独与天地精神往来，而不傲倪于万物"等，乃至整部《庄子》的要旨，正是"江湖"一词的真正文化意义。正是在这一意义上，"江湖"成了对抗"庙堂""以武犯禁"（韩非语）的侠客的唯一舞台。[1]据《史记·货殖列传》记述，越国名士范蠡归隐后"乃乘扁舟浮于江湖"而莫知其所终。唐朝诗人也曾经屡次提及"江湖"。高适"天地庄生马，江湖范蠡舟"，杜甫"欲寄江湖客，提携日月长"，杜牧"落魄江湖载酒行，楚腰纤细掌中轻"，其中的"江湖"，就隐然有与朝廷相对之意，即指隐士与平民所处之"人世间"。"居庙堂之高，则忧其民；处江湖之远，则忧其君"，"江湖"的这一文化意义，或许在范仲淹这句名句中已经表现得最为清楚。

## ▌二、镖行江湖：中国武术的另类解读

镖局是中国传统社会一个历史悠远的武术行当，也是近代武术史上一种独特而显著的社会现象。从明朝中叶的萌芽肇始到民国初期的曲终人散，绵延500年左右的镖局轨迹生动地演绎了民间草根四海奔波、以武谋生的旧时社会场景，同时也直观地展现出武林人士闯荡天下、率性而为的传统草根本色。以武行镖，惊险的职业生涯饱含着传统江湖的古老法则和生存之道；镖行江湖，多彩的侠义传奇则又透露出中国武术的文化特色与发展信息。

图 8-2　平遥古城里的"华北第一镖局"

镖局通达四海，接触对象三教九流，涉及人物形形色色，需要明了社会存在多年的传统法则与各门规矩；镖师行走八方，经历场景林林总总，面临考验五花八门，必须通晓江湖流传已久的春典隐语和绿林行话。客观而言，江湖在一定程度上已经成为旧时镖局业务开展的宏观环

---

1　张远山."江湖"的词源——从陈平原《千古文人侠客梦》谈到江湖文化第一元典《庄子》[J].书屋，2004（5）：75-78.

境和武林人士安身立命的舞台背景，因此，镖局的世界，"也是江湖的世界"。[1] 世道悠久，江湖险恶，500年的镖局发展历程淋漓尽致地体现着旧时社会的传统法则以及武林人士的生存之道。

## （一）镖吃一线，三位一体

中国是个传统的人情社会，讲究"出门靠朋友"和"礼尚往来"。作为一种"以镖师的武术和江湖经验为商品的经营实体"，[2] 镖局业务连通各地，自身又非大规模武装押运的官方经济活动背景，因此，四通八达的社会人脉就非常关键，不仅要有武功、胆量皆为出众的人手，而且还须依赖镖师的社会声望、武林经验和江湖网络，这一特点也决定了镖局在旧时的江湖语境中，走出了一条依靠武林人脉的运营之路。镖师走镖，主要是防盗贼、强盗，一方面，没有绿林中人的江湖义气与礼让支持，就意味着寸步难行；另一方面，离开绿林，以安保押运为生的镖局也将失去存在的基石。因此镖局与黑道、绿林的关系就至为关键。旧时闯江湖叫"吃饭"，绿林吃的是"一大片"，镖局吃的是"一条线"，[3] 因此，镖师尤其注重谦让结交绿林豪客，非无奈不以武相搏，平时更是兄弟相称，热情相待，为的即是交好江湖朋友，编织社会网络，经营四方人脉，最终换取一方镖路的平坦。正因如此，镖局的业务一般都有自己的专属线路，具体"取决于'镖头'和主要镖师对沿路情况的熟悉程度以及与当地的豪强和绿林中人交谊默契所形成的网络范围"，如陕西镖局主行豫、鄂、湘西线，山西镖局能走闽、浙、湘险路，北京的北源镖局经营承德、多伦一线，源顺镖局因为大刀王五路熟朋友多而专保冀、豫、陕、甘之镖。除了平日注重行镖路线人脉关系的建设，镖局还在行镖过程中格外注意对于绿林朋友的尊敬和谦让。镖车的行途喊镖本便是向江湖各界致友好问候，即使不幸遇劫失镖，镖局首先考虑的也是尽可能地动用自身的江湖人脉和社会资源谈判交涉，万般无奈交手之际，也尽量控制分寸，为日后打交道留下余地，类似种种举措，都无一例外地彰显了传统江湖语境中镖行奉行人脉建设的鲜明文化特征。绿林之外，镖局少不得还要和官府上下打点，搞好关系。镖局一般都有相应的官府后台背景，如著名的会友镖局，其所以位居北京"八大镖局"之首并成为当时全国规模最大的镖局，除了自身三皇炮捶门的武艺基础与江湖影响等因素，与大后台李鸿章的综合资源保障显然也密不可分。可见，各大镖局能够在东西南北畅行无阻，首先有官府的支持作后台，其次是各水陆码头的帮会组织以及沿途绿林豪客的一路绿灯，也难怪民间把"官府中的硬后台，江湖上的硬关系，自身必备的硬功夫"视为旧时镖局立足于社会的三大条件，[4] 而镖局开业之际的"亮镖"仪式实质也正是通过自身功夫、后台、关系的现场展示渲染声威，向各界表明自己的综合实力并借此招揽生意。由此可以看出，以会友为典型，旧时的镖局"上通官府，下结绿林，形成三位一体的有机组织"，[5] 镖局、官府、绿林之间纵横交错、互相勾联，融会出一幅传统社会背景下武林人士行走江湖的独特生存状态。

---

1　孙文泱.品江湖——中国古典小说里的黑白世界[M].北京：东方出版社，2006：1.

2　李刚，郑中伟.明清镖局初探[J].华夏文化，1999 (4)：36-38.

3　刘平，赵良宇.江湖侠义[M].济南：齐鲁书社，2011：241.

4　贾云峰.古代镖师的六大戒律[J].文史博览，2009 (12)：63-64.

5　张廷兴.江湖交际[M].济南：齐鲁书社，2011：16, 203.

## （二）镖行春典与江湖隐语

因为与绿林的密切关系，镖局之人在精通武艺外又须兼习江湖上的行规、隐语。为了走镖方便和安全，镖行通常还有一套特殊的自身行业称呼，即所谓"三寸舌胜过千百万兵"的镖行"春典"。镖局走镖过程中全凭春典作联络暗号，所以，春典也被视为镖行机密，绝不外传。[1]镖行春典通常需要镖局的名师传授，旧时曾有"学会春典，吃饭不难"[2]"宁给十吊钱，不把艺来传；宁赠一锭金，不舍一句春"等说法。春典也称"寸点、唇点"，在江湖上俗称黑话或"行话、切口"[3]，这种语言构成独特，多采用形象比喻、谐音双关、典故借用等形式，隐秘、委婉地表达特定的含意，它内涵丰富，保密性强，用之既能探明对方的身份，又可含蓄地表达观点、交流思想，因而长期在民间流传并不断得以改进和补充。镖行春典的内容非常广泛，从人体部位、武术拳械名称到各行各业称谓，从生活中的衣食住行到社会上的礼节交往等，几乎无所不包，堪称一套完备的专业语言系统。在镖行与江湖帮会、绿林豪客荣辱与共的传统关系作用下，其春典也与江湖隐语彼此交叉，相辅相成。例如，练武人与镖师在旧社会被通称为"金、皮、彩、挂、平、团、调、柳"中的"挂行"，其中又有"支""拉""戳""点""尖""腥"，分别代指护院、镖师、教头、艺人、高手、末流等。镖行常用的武术器械也有专门称呼，如"单刀"称"片子"，"双刀——双青子"，"大枪——海条子"，"长枪"则为"苗子"。此外，"暗青子"专指暗器，事先打探情况称"踩盘子"，喊镖开道者叫"趟子手"，见面自报师门则称为"递门槛"等。对于江湖上的帮会人员、绿林盗贼等，镖行之人一概喊"朋友"，"朋友"见面，必须用"行话"对谈，此即为镖行春典与江湖隐语的交流。行镖之人会江湖隐语、懂江湖规矩、明江湖道义，就会被称为"海清"，拥有了被江湖人接纳的"朋友"身份，反之则会被称为"空子"，即一窍不通的门外汉，其江湖境遇不难想象。春典不仅是充满传奇色彩的镖行特色元素，也是旧时中国武林和江湖语系的一种特殊现象，独到的魅力从一个侧面诠释了武术博大精深的文化内涵与多姿多彩的民间特色。各家镖局对于春典都分外看重，以三皇炮捶起家而闻名全国的京都会友镖局所传拳谱，在武功练法的记述之外，就有不少关于江湖礼仪与镖行春典方面的内容。这些都是非常值得后人研究、发掘的传统武术文化内涵，然而，就当前的武术文献资料来看，相关内容仍没有引起研究者的充分重视。

## （三）"镖不喊沧"及"过沧喊镖"

高度的职业风险和复杂的江湖背景决定着镖局生存之道的独特性，镖师的功夫技能和古老的文化传统则又赋予了镖业行规浓郁的武术特色，如著名的"镖不喊沧"之说便极富武林传奇色彩。镖局行镖，要打出自家旗帜并高喊名号以亮威，但南来北往的镖车，凡途经沧州便须落下镖旗，不准喊号，这一规矩已成为业内共识。沧州是传统武术之乡，历代武风鼎盛，清朝之际更是镖局遍布，镖师纷出。据《沧县志》载："吾沧技击之风，宿著大河之北，而白山

---

1  杨绍虞.镖行唇典浅说（中）[J].中华武术，1989（2）：34-35.

2  刘延武.中国江湖隐语词典[M].北京：中国社会科学出版社，2003：3-7.

3  居山剑圣.镖行春典选[J].武魂，1994（11）：44.

黑水间尤为吾沧镖客肩摩之地。"[1] 曾有一外地镖局通过沧州时扬旗喊镖，被当地六合拳师李冠铭骑马追上，"冠铭手攀坊梁以股夹马起，马跳嘶，不能少动，镖客大骇，逊谢哀之，冠铭大笑，驰去"。李冠铭曾在沧州南门外创立有名的成兴镖局，"武德高尚，足迹遍及南七北六十三省。三项地所产供习武徒众及南来北往武友所需，使'成兴'镖局和沧州武术之名威播至远"。其侄李凤岗、李庆临均为清代镖业中声名卓著者，三人皆以侠义武德显扬。著名的北京源顺镖局总镖头大刀王五是李冠铭再传弟子，据梁启超《饮冰室诗话》记述："王五为幽燕大侠，以保镖为业……生平以除强扶弱为事。浏阳（指谭嗣同）少年，尝从之受剑术，以道义相期许。"谭嗣同因戊戌变法遇难之时，"人无敢问者。侠客伏尸大哭，涤其血殓之。道路目者，皆曰'此参政剑师王五公也'"。[2] 王五因抗击八国联军而牺牲，其侠风武德备受景仰。与"镖不喊沧"相应的还有另一则"过沧喊镖"的武林往事。据传一次山西广盛镖局的新手不慎喊镖过沧，总镖头戴二闾无奈接受沧州武师挑战，以一招卓绝的形意拳法既显示了武功境界又巧妙地给足了对方面子，最后双方反倒互成知己，由此成就了一段江湖和谐佳话。经营广盛镖局的祁县戴家是山西最著名的武术家族和镖行龙头，早在清初之际就以武为媒广结天下之士，戴二闾义交沧州武师的经历便是其家族武德传统的继承与展现。初看起来，"镖不喊沧"及"过沧喊镖"表现的是江湖流传已久的武功传奇，细细品味，我们又不难领略上述诸位镖师内在的侠义风尚。由此可见，镖师行镖，非武功出众不能立足江湖，和武功同等重要甚至更为关键的却是个人的德行修养。世上没有常胜将军，武林也不存在无敌高手，虽然镖行长伴风险，但江湖侠义之道仍在绝大部分镖师心中深存。如果说"镖不喊沧"象征的是武林中人对于武乡沧州的敬佩之情，那么，"过沧喊镖"则反映出中国武术源远流长的和合文化内涵。"合吾一声镖车走，半年江湖平安回。"[3] 据说，旧时镖车上路喊的镖号中，"合吾"即"黑五"的谐音，它既是出于对镖局开山师爷张黑五的礼敬，又表示着对各路江湖朋友的真诚认同，同时也体现了"以和为贵"的中华民族传统思维与核心价值观。——是的，江湖行走不易，大家何苦为难？武林之士，你好我好大家好；人在江湖，得让人处且让人。

图 8-3　江湖行镖，艰辛与荣光并存

## （四）镖行江湖的艰辛与荣光

"江湖多风波，舟楫恐失坠。"[4] 镖行江湖，时刻都可能与危险相伴，高风险的职业特点，决定了

1　安世华.沧州镖局的兴衰[J].中华武术，1990 (6)：38-39.

2　质如.大刀王五和源顺镖局[J].北京档案，2014 (3)：54-55.

3　赵跃飞.镖局，冷兵器时代的晋商护符[J].档案春秋，2013 (6)：44-47.

4　王学泰．水浒·江湖：理解中国社会的另一条线索 [M].西安：陕西人民出版社，2011：11.

旧时镖师以武谋生的艰辛与不易。基于生存考虑，镖局对于镖师的武技要求极为严格，习武者在成为镖师前通常要先经过拜师、习艺的艰苦历程，进入镖局后更须刻苦练武，不能松懈。各镖局都师法严谨且有专门的练功场所，镖师空闲之时便相聚习武，提高技能。据记载，会友镖局的镖师们便经常在练武厅"冬练三九，夏练三伏"，大刀王五也规定其镖师"凡在家者，每日早功必练无疑"，其源顺镖局"早晨必须点卯"，而且还"定期查试武艺"。[1]镖师除了精通长拳短打、刀枪剑棍、诸般暗器等武技，还须兼习夜战、水战、马战，懂得江湖行规、绿林隐语等，其平日付出的精力与辛劳可想而知。镖师最大的风险来自江湖上不合作的绿林悍匪，其手段阴险且不乏武技精熟之徒，一旦刀兵相见，着实生死难料，倘若不幸失镖，后果则更不堪想象。据《明清社会文化生态》记述，明清时社会治安恶化，"加以镖局龙蛇杂处，失镖'情事'时有所闻"[2]，当时镖师的生存状态可见一斑。但另一方面，镖局这种"刀头上舐血的"高风险行当也必然为从业的镖师们带来相应的经济回报。相关资料显示，虽然镖局在走镖时所抽取的佣金并不高，但是，由于镖局在当时同行业内的近乎垄断地位，频繁的批量生意往来仍能够产生不菲的利润，特别是一些较大的镖局，如山西同兴公镖局，因为位于著名的晋商所在地而生意兴隆，其镖师"一趟下来，可以赚得六七两银子"，再加上客商不时的小费赏赠，收入已经"可与当时的七品知县的薪俸相媲美。"[3]对于出身田畴、辛苦谋生的普通镖师而言，这种薪水足以保障其提升家人生活质量甚至光宗耀祖，也必定引起乡里的钦慕艳羡，从而在某种程度上奠定了镖师于同时代的社会地位。据称，旧时有的地方甚至尊称镖师为"达官爷"，可见民众对镖师职业的尊敬与向往之情。上述信息，既可视为以往武林人士生存状态的体现，也象征着传统武林中人江湖谋生的生动客观图景和传统武术的历史荣光。

<br>

**第二节　中国武术与武侠文艺**

中国是源远流长的传统武术大国，同时也是一个盛产武侠文艺而闻名世界的东方古国。在漫长的中华民族文化演进过程中，以武侠小说为代表的各种武侠文艺也一直与武术如影随形，对于武术的传播发展、形象建构等方面发挥了无可替代的作用。在武侠文艺作品虚拟而又现实、充满想象而又深入人心的特有世界里，中国武术也平添了难以用语言表述的各种有形无形的风采与魅力。鉴于武侠文艺在武术文化中的历史影响与独特地位，如果说离开了武侠文艺当今的武术文化就将大打折扣的话，相信在大多数人看来这种观点应该并不夸张。

---

1　小可.源顺镖局[G].北京体育文史第五辑，北京：北京体育文史工作委员会，1990：132.

2　王尔敏.明清社会文化生态[M].台湾：台湾商务印书馆，1997：447.

3　吉灿忠，邱丕相.对华北"同兴公"镖局的历史评价[J].中州体育·少林与太极，2009 (10)：1-4，8.

# 一、先秦"游侠"引发的千秋"侠客梦"

图8-4　传统意义上的武侠总不免让人联想到天涯与寂寞

历史上，脍炙人口的武侠原型主要是来自先秦时期的"游侠"群体。汉朝之际，传统的"游侠"群体已经在现实中不复存在，但是，这一特殊的武术人群却在丰富的文艺作品中展现出历久弥新的风采，在远离现实世界的文艺作品中，武林侠客的形象不仅没有褪色，反而得到持续的强化，他们的拳械功夫与时俱进，在充满虚拟的文艺语境中越来越高深莫测。伴随着唐朝时期中国武侠文艺的空前鼎盛，在伟大诗人李白的《侠客行》等著名诗篇中，武功高强、神秘莫测的武侠形象也开始出现在唐代传奇等各式小说作品中，

从此开始，武侠小说的风格也在唐代传奇突出艺术虚构的行文特点上进入相似的发展轨道。唐代传奇的一些代表性作品如《聂隐娘》《虬髯客传》《昆仑奴》等对后世作品产生了深刻影响。今天，侠客已诺必诚、惩恶扬善的侠义行为和超然物外、重义轻生的行侠精神，已经成为了千百年来世人竞相歌咏的对象和审美期待。上自先秦，下至民国，有关侠客及侠义行为的史料记载代不绝书，侠义精神也辗转流传于街头巷尾、民间闾里，活跃在文人墨客的文辞歌赋、诗词章句中，[1] 成为一处充满大众气息的中华传统文化景观。在晚清与民国的这段历史时期，武侠文艺的兴盛及其作用，尤其引人关注。晚清与民国时期特殊的中国社会转型语境、这一时期特有的民族生存危机以及其中涌现出的众多武林高手等，共同奠定了武侠文艺繁荣的土壤，在这种土壤中生根发芽的武侠文艺以各式武侠小说为引领，构成了近代百余年武术发展过程中一种独特而又极具内涵的文化现象。

# 二、晚清与民国时期武侠文艺的鼎盛

晚清时期出现的第一部真正意义上的武侠小说应该是现在大多数人仍然耳熟能详的《三侠五义》。根据台湾学者何洪生等人的相关研究，以《三侠五义》《七侠五义》为引领的晚清时期出现的各种武侠文艺作品中，持续了唐代传奇擅长艺术虚构的写作特点，经过各路作者想象力深度加工后的大量武术元素如轻功、内力、点穴、暗器、机关等也被大量地融入了当时的武侠文艺作品之中，[2] 并且对接下来民国时期的武侠文艺作品发展产生了深刻的影响。与晚清乃至以前历代时期相比，民国武侠文艺发展则表现出了远远超出以往水准的鼎盛，其状况犹如晚清时期传统武术发展高峰。在民国时期，出现了一大批以武侠小说成名的作家，其中一些杰出人物如平江不肖生、还珠楼主、宫白羽、王度庐、赵焕亭、顾明道等，共同构成了民国武侠小说界的中坚力量，他们的辛勤耕耘，也化作一篇篇深受人们喜爱的武侠作品，共同装点和烘托出民

---

1　安汝杰，刘晓燕.中国侠义精神论释[J].广东技术师范学院学报：社会科学版，2014 (8)：69-74.

2　乐陶."武侠文艺大国"的实战水平如何？[EB/OL].时代周报（第115期），2011-01-27.

国武侠文艺的黄金时代。

在民国时期的各位武侠小说名家中，绰号"平江不肖生"的湖南籍作家向恺然无疑是民国前期作品数量众多、成果最为丰硕、社会影响最大的当之无愧的武侠文艺佼佼者。向恺然，本名向逵，1890 年出生于湖南平江，其笔名平江不肖生由此而来。向恺然能够成为以武侠小说引领民国时期武侠文艺发展的翘楚，与其自幼酷爱武术并且在武术上下了极大功夫有密切联系。他 6 岁即开始跟随私塾先生习文练武，武术方面则专攻湖南有名的地方特色拳种巫家拳，后来在日本留学时又跟随同为湖南籍旅日学生的长沙老乡王志群习练拳法，并与日本剑道、柔道名家等广泛交流武技，从而于文学、武术两道皆有较为深厚的积淀。他不仅精通拳法，而且博晓历代

平江不肖生遗影

图 8-5　民国时期武侠文艺大家向恺然

武林典故，对于中国武术的各家流派历史了如指掌。向恺然曾经先后两次到日本留学，撰写了长篇小说《留东外史》等，其开始武侠小说创作则为 1922 年，当年因受书局所邀而开始创作的个人首部武侠小说名为《江湖奇侠传》，该小说从 1923 年 1 月起由当时的《红杂志》以连载形式刊发，没想到竟然受到了民众的广泛喜爱，从此一发而不可收拾，接连推出了《近代侠义英雄传》《江湖大侠传》《江湖异人传》等系列武侠小说精品，在当时的文艺界产生了极大的影响。向恺然沿用平江不肖生的笔名总共创作有 12 部武侠小说作品，除了以《江湖奇侠传》《近代侠义英雄传》最为知名之外，还有《烟花女侠》《江湖小侠传》《现代奇人传》等，均为民国时期影响较大的武侠小说作品。难能可贵的是，除武侠小说外，向恺然亦曾于 1911 年至 1913 年期间写作了《拳术》等武术专著，后来随同程潜将军一道起义并在新中国成立后于湖南省文史馆及政协任职，在其于 1957 年准备撰写《中国武术史话》时不幸因病去世。[1]

在民国时期的武侠小说领域，曾广泛流传有"南向北赵"之说。所谓"南向"者，即上文所述之向恺然，"北赵"则指 1877 年出生于河北玉田的赵焕亭。赵焕亭原名赵绂章，字焕亭，年轻时期曾在多地担任官职并四处游学，收集了许多民间奇侠轶闻，著有《今夕斋丛谈》等描述官场、文坛掌故的作品以及历史小说《明末痛史》等。他本人虽无武术功底，但平时非常注意观察武林中人的习武练拳及相关活动，特别对于江湖卖艺之武术人非常用心揣摩。经过由衷爱好与长期积累，赵焕亭于 1923 年开始创作自己的第一部武侠小说作品《奇侠精忠传》。《奇侠精忠传》一经问世便出乎意料地饱受好评，取得了与向恺然《江湖奇侠传》相提并论的发行业绩与社会知名度，一举奠定了其在民国时期武侠小说领域与向恺然并称的地位。赵焕亭一生共创作有各类武侠小说作品 19 部之多，除《奇侠精忠传》最为著名之外，其他如《双剑奇侠传》《蓝田女侠》《说剑谈奇录》《昆仑侠隐记》等也同样在当时产生了较大影响，受到了不同阶层民众的喜爱与好评。

_____

1　佚名.平江不肖生[EB/OL].向恺然官方网站，2015-08-12.

图 8-6　民国武侠作家、武林高手姜容樵

江苏常熟人姚民哀是"南向北赵"之外的另一位武侠小说作家，著有《山东响马传》《江湖豪侠传》等，与之齐名的则是另外一位出现于 20 世纪 30 年代的江苏苏州人顾明道，作品有《荒江女侠》等。20 世纪 40 年代崛起的还珠楼主、宫白羽、王度庐则同样影响广泛。还珠楼主原名李寿民，1902 年生于四川长寿县，博览群书，通晓释道儒诸家学问，而且精研武术，气功，一生武侠著作最为多产，有武侠小说 36 部留世，《蜀山剑侠传》《青城十九侠》等皆为当时影响非常广泛的名作，其中，他于 1932 年在天津推出的连载本小说《蜀山剑侠传》，分正传、外传、别传、前传、后传等不同种类，文字竟然有五百万之多！这几位名家以外，同时期的武侠小说代表人物及其作品还有宫白羽的《十二金钱镖》《偷拳》，王度庐的《卧虎藏龙》《鹤惊昆仑》，郑证因的《鹰爪王》《七剑下辽东》，姜容樵的《武侠奇人传》，顾明道《血雨琼葩》《荒江女侠》《侠骨恩仇记》等。在此，需要特别强调的是姜容樵。姜容樵，字光武，1891 年生于河北沧县的一个武术世家，家族中拥有多位武林高手，曾祖父姜廷举为当地的秘宗拳名家，叔父姜德泰为武进士，姑丈陈玉山也享誉沧州武术界，武林人称其为"铁腿"。姜容樵自小跟随各位高人习练拳脚器械乃至暗器功夫等诸般武技，并在叔父带领下行走江湖，又拜天津武术家张占魁习练形意拳、八卦掌，与民族英雄韩慕侠为同门师兄弟，青年时代即以武功远近闻名，后来曾担任中央国术馆编审处处长和新中国全国民族形式体育表演及竞赛大会武术总裁判长等要职，一生编写整理了 22 部武术著作，被誉为武术理论大师。[1] 姜容樵的大部分武术著作，如《写真秘宗拳》《太极拳术讲义》《形意母拳》《昆吾剑》《少林棍法》等皆为近代以来武术理论领域的重要专著，其中，1963 年出版的《八卦掌》一书曾先后多次再版，发行量高达百万册之多，在武林产生了积极影响。其他如《写真青萍剑》等书也在国外广泛发行。姜容樵一生桃李满门，当代著名武术家张文广、沙国政等即为其入室弟子。因为有着上述武术综合根基，姜容樵的武侠小说一方面不仅较为贴近民国时期的现实武林生活，另一方面也收录和记载了不少当时的真实武林重要事件，其中的一些人物情节，由于其自身独特的身份和阅历，蕴含并彰显着极为珍贵的武术史料价值。例如，对于当时形意拳和八卦掌两大门派主要传人之间的"七侠结义"以及中央国术馆和精武体育会等武林事迹以及武术史实，姜容樵在 20 世纪 30 年代出版的《武侠奇人传》中即有详细描写。这也是姜容樵武侠小说与同时代其他作家作品相比所具有的一个突出特点。

　　上述各位武侠小说名家及其相关作品，在民国时期的社会各界产生了广泛的影响。平江不肖生《江湖奇侠传》在取得了巨大社会反响之后曾于 1928 年被上海明星电影公司改编为电影

---

1　刘万春.河北武术[M].北京：北京体育学院出版社，1990：226-229.

《火烧红莲寺》，前后共拍摄电影 18 集，根据文学巨匠茅盾在其作品里对此的相关描述，当时"影院内外挤满了人，电影院充满了喝彩、叫好的声音"，[1] 该电影当时演出的受欢迎状态实在非现在人们所能够想象。后世影评家对《火烧红莲寺》则更不吝赞美之词，称其"敲开了侠影戏的大门……"在《火烧红莲寺》的带动示范作用之下，其他一些武侠小说如《红羊豪侠传》《七侠五义》《施公案》《粉妆楼》等也先后被拍摄成电影，并且对于后来香港武侠电影发展产生了积极的推动。据后人不完全统计，仅仅民国时期的 1928—1931 三年，在上海所有电影作品中武侠题材的内容竟然占据了将近三分之二的份额，武侠文艺在民国时期的社会传播盛况由此可见一斑！

平江不肖生的《江湖奇侠传》之外，还珠楼主李寿民的《蜀山剑侠传》也对于武侠小说的发展产生了极大的影响，该部作品被近代以来的武侠小说研究者们认为是"20 世纪最著名的武侠小说"。另外，宫白羽的《十二金钱镖》在民国时期也几乎是妇孺皆知，以至于曾有"家家谈钱镖"之美誉，以杨式太极拳创始人杨禄禅求学陈式太极拳故事为核心的《偷拳》至今仍在四方流传并且被不少当代武林中人深信不疑。顾明道则创造性地把武侠、言情与爱国有机融合为一体，体现了当时武侠文艺作品的时代性，形成了武侠小说创作的一个"新的模式"。[2]至于王度庐的《卧虎藏龙》，即由台湾李安执导，由周润发、杨紫琼、章子怡联合主演首次获得世界奥斯卡大奖的华语电影原作，其成功之处，更无须多言。

图 8-7　民国武侠作家王度庐《卧虎藏龙》的当代电影版

图 8-8　还珠楼主的作品至今仍广为流传

民国时期的武侠作品，对于现代的武侠小说创作亦产生了深远的影响，当代著名的武侠三大家"梁羽生、金庸、古龙"以及温瑞安等都曾深受民国时期武侠小说的影响，甚至于不少现代网络游戏也都从民国时期的武侠小说中获得了不少灵感！金庸就曾经坦白地说自己的作品受到了民国时期武侠小说的重要影响与启示，其《神雕侠侣》即借鉴了平江不肖生《近代侠义英雄传》的相关情节以及姜容樵《武侠奇人传》中的相关描写，《天龙八部》的不少内容则来自还珠楼主《云海争奇记》《青城十九侠》

1　孔庆东.民国武侠经典序[EB/OL].新浪博客，2012-04-18.
2　李洪波.金庸小说揭秘：很多母题来源于民国武侠小说[EB/OL].山西晚报，2013-12-18.

的素材及笔法，《书剑恩仇录》书名与顾明道《侠骨恩仇记》非常相似，著名的《倚天屠龙记》也与还珠楼主的《北海屠龙记》惟妙惟肖。梁羽生成名作《七剑下天山》《龙虎斗京华》与郑证因的《七剑下辽东》《龙虎斗三湘》有异曲同工之处，古龙《边城浪子》《七种武器》等同样与民国时期武侠名作《边城侠侣》《七杀碑》等曲径通幽！在以平江不肖生、还珠楼主、赵焕亭、宫白羽、王度庐、郑证因等的共同推进之下，民国时期的武侠小说不仅在当时的小说出版物中占据了大多数量的比重，而且也创造出了许多种与民国之前明显不同的写作风格以及大批虚拟的武林秘笈、绝技等，显著地丰富了武侠小说的题材内涵。由于武侠小说与中国武术长期以来的密切联系，所以，上述民国时期武侠小说的发展与创新从一定程度上积极地充实与丰富了中国武术文化的相应内容。但是，正如相关研究者所指出的那样："由于历史的原因，学界对于盛极一时的民国武侠小说，研究远远不够"，今天，我们从当代中华文化复兴的视角对民国时期武侠小说发展进行深度研究与全面审视，无论是对于当代武侠小说发展还是武术文化探索，都具有积极理论意义与显著现实价值。

**本章小结**　　1. 梳理了"江湖"一词的文献来源及其在相关历史文献、文艺作品中的体现，概要展示了"江湖"与"武侠"的传统关联。

　　2. 以"江湖"与"武侠"为引线，以镖局和武侠小说为例证，分析了中国武术与传统江湖的相互历史关联，描述了武侠文艺中的相关武术文化内涵，揭示了中国武术蕴含的生动而丰富的传统文化特质及其对于民族心理与国民气质的综合影响。

**回顾与练习**　　1. "江湖"一词的最初文献来源是什么？

　　2. 对于"镖行江湖"的传统武术生存状态，你如何理解？

　　3. 如何辩证看待传统文化发展中的"千秋侠客梦"？

　　4. 晚清与民国时期武侠文艺的代表作家及其作品主要有哪些？

**画外武音**　　**1. 金庸开启的当代武侠梦**

　　1955 年，查良镛化名金庸，开始在香港媒体上连载武侠小说《书剑恩仇录》，60 年来，无数人迷醉在他笔下的武林世界中，做着一场不知疲倦的武侠梦。

　　1955 年 2 月 8 日的香港，《书剑恩仇录》在《新晚报》的"天方夜谭"版开始连载，署名"金庸"，从此开启了新派武侠时代。20 世纪 50 年代的香港，正处于剧烈的社会和文化变迁中，金庸的新派武侠一出现就大受欢迎。

20世纪80年代初，武侠小说热在内地逐渐升温，金庸的武侠小说也陆续被大陆的出版社出版，期间，根据其作品改编的连环画也陆续问世。

图8-9　1955年，查良镛化名金庸

1973年3月，恢复工作的邓小平曾托人从境外买过一套金庸小说，当时金庸小说在内地还在禁书之列。两人的会面被公开报道后，金庸的书在内地解禁并迅速成为畅销书。

20世纪60年代，李小龙在海外掀起了中华武术热潮，在香港，武侠题材的影视作品也借由金庸小说契合了这种热潮。在香港电视广播有限公司出品的剧集中，《神雕侠侣》是典型的代表，这部剧集具备了一切吸引观众的要素，它的成功也标志着金庸武侠剧又一个热潮的开始。右图为1995年版《神雕侠侣》剧照。

图8-10　1995年版《神雕侠侣》剧照

随着金庸热潮在内地的持续升温，武侠文化逐渐渗透到现实生活中，在新兴行业中尤为突出。

金庸在内地的影响力也不断扩大，越来越多地出现在公众视线中。2008年9月17日，浙江海宁，金庸（左一）等为金庸书院奠基。书院将展示金庸的学术成就，收藏其著作和相关研究资料。

金庸热潮同时带动了其笔下所描绘的各种人物、场景及配饰的火热。2005年1月9日，浙江杭州，"金庸笔下的龙泉宝剑展"在浙江大学举行，展会上的三十多把宝剑宝刀被金庸转赠给浙江大学，均根据金庸名著中的描写铸造和命名。

2006 年 9 月 19 日，安徽合肥，一家开业不久的"武林"餐馆的装饰处处彰显"武林特色"，包厢和桌位的名称借鉴了武侠小说中的内容。

随着媒介的多样化，除了通过书籍、电视剧及电影，年轻一代还会选择游戏来感受武林江湖。

图 8-11　金庸（左一）等为金庸书院奠基

2005 年 3 月 10 日，福建泉州师院书店，一名读者在翻阅金庸作品。不久前，《天龙八部》的内容入选高中教材。

武侠小说中的比武招亲，由女方设下擂台，邀请公众参与，候选人以武功最好者获得婚约。2007 年 2 月 23 日，广东湛江，某休闲文化节暨市少林学校女教头比武招亲决赛活动现场，吸引了约 8 000 名市民和游客参加。

金庸武侠小说中出现的武林大会或英雄大会，是指隔一定时间举办一届的武林人士间的聚会，以拳脚功夫决胜负，胜出者会获得"武林盟主"等头衔、称号。2013 年 8 月 3 日，新疆的特克斯县，参加天山武林大会的全国各门派掌门人和代表人物，登台献艺，引发网友吐槽似"晨练"。

金庸的《倚天屠龙记》中描绘的武当派掌门人张三丰的太极拳法堪称一绝，引得众人学习模仿。下图为 2008 年 10 月 30 日，武当山举行万人太极拳表演。

图 8-12　2008 年 10 月 30 日，武当山举行万人太极拳表演

峨眉山在金庸江湖中是一座女人山。自《倚天屠龙记》开篇小东邪郭襄创建峨眉派后,峨眉山的尼姑女子和武术都堪称一绝,峨眉派与少林、武当齐名,为中土武功的三大宗派。

2012年10月1日,浙江海宁盐官古镇,金庸武侠人物展示秀亮相第十九届中国国际钱江(海宁)观潮节。

金庸书中所提及的武林门派所在地吸引了众多游客。

图8-13　金庸武侠人物展示秀亮相第十九届中国国际钱江(海宁)观潮节

(资料来源:佚名.男子痴迷武侠　竟参加过真实的"华山论剑" [EB/OL].米尔网,2016-03-11.)

### 2. 金庸武侠小说中满是佛理禅机

金庸,一个全球华人圈内最具影响力的、拥有数亿武侠小说读者的武林造梦者;金庸,一个以"飞雪连天射白鹿,笑书神侠倚碧鸳"精书十五部武侠小说位居全球第一的畅销书作家。他阅历丰富,知识渊博,文思敏捷,侠骨柔情。他继承古典武侠小说之精华,开创了形式独特、情节曲折、描写细腻且深具人性和豪情侠义的新派武侠小说先河。

他的每一部武侠小说都被搬上了银幕和荧屏,有的武侠小说甚至被反复改编、拍摄成电影和电视连续剧。今天,近半个世纪过去了,然而,根据金庸武侠小说改编的电影和电视连续剧,仍是中国银幕、荧屏不可替代的观赏热点!

一个人,一支笔,造就了一个江湖。金庸武侠小说创造了中国现代文学史上的一个奇迹,一个难解之谜。上自政府首脑、文人墨客、学者教授,下至贩夫走卒,从中国到美利坚,只要有华人的地方,就有层出不穷的"金庸迷"。从来没有一个作家的作品,能像金庸的武侠小说那样广受欢迎,有人甚至说他是武侠小说创作的"真命天子"!

金庸小说中蕴涵着儒、道、释、墨等博大精深的中国传统文化思想,其中尤以佛学为盛。

金庸与佛禅的关系一直众说纷纭，比较一致的看法是，金庸与佛有缘，对佛学有很深的造诣，为了能够直接读懂佛经，他还潜心学习全世界最复杂的文字——印度梵文。

金庸在和友人的一次论道中曾谈到，中国近代高僧太虚法师和印顺法师都提倡"人间佛教"，主张佛教要入世，要为社会、民众作贡献。即大乘佛教所提倡的"普度众生"，他认为是顺应时代发展的思想。实际上在他的作品中，对于佛家的"功德"就另有一番解悟。

乔峰一生杀人无数，酒量千坛，奈何少林无名神僧赞之"菩萨心肠"，被誉为"最有佛性"的人物，保境安民，以一人换两国数十载安宁，正是佛门最上乘之"无畏施"。神雕侠杨过，襄阳城下飞石而毙蒙哥，杀一独夫而息两邦苦战，救万千黎民于水火。此等功德，岂是吃斋戒酒可得？

悟是佛家很玄妙的字眼。金庸说："在中国佛教的各宗派中，我心灵上最接近'般若宗'。我觉得开悟之前，是见山不是山，见水不是水，开悟之后，见山还是山，见水还是水。"金庸这话是说人许多时候看山看水，因为心境的不同，山和水都被赋予了人的感情色彩，等到明白了世间真谛之后，山就是山，水就是水。

金庸进一步论证道："德国康德的本体和现象，其实说的就是这些。"当问及金庸为什么如此喜欢对佛的研究时，金庸解释说："研读这些佛经之后，我觉得看待许多事情都变得清朗，连死都不怕了，不再计较名利得失，心里坦荡荡的，无所挂碍。"

基于此，金庸以佛教中的"大悲大悯"思想来开导读者，从而增加了武侠小说的思想深度与哲学内涵。难怪北大教授陈平原给予他如此高的评价："倘若有人想借助文学作品了解佛道，不妨从金庸的武侠小说入手。"

（资料来源：佚名. 金庸武侠小说中满是佛理禅机你看到了吗？[JB/OL]. 学佛网，2016-03-11.）

**武声争鸣** ── **中国武术：走出"江湖"**

2014年11月26日至28日，武汉首届武术大会隆重举行，这是继20年前亚洲武术联合会在武汉举行成立盛会后，武汉第二次举行大规模的武术大会。一些"隐匿江湖"多年的武术门类在这次大会中现身，让观众近距离触摸了民间武术的脉动。这对于已经逐渐淡出大众生活的传统武术来说，无疑是一次难得的展示机会。

武术，从远古的角斗争杀中来，随冷兵器退出历史舞台而被尘封。作为中华大地上一种特殊文化现象和文化行为，它一直是我国传统文化中的重要组成部分，与传统文化的许多方面都有着紧密的联系，成为中华国术。

冷兵器时代，无论是诸侯战争还是坊间殴斗，都无法摆脱肉搏或持械近战，武术因此成为武者必须掌握的生存技巧。但是到了近代社会，随着欧美入侵者打开中国的国门，武术在火枪火炮面前失去了实用价值，迅速走向没落，并逐渐淡出了人们的视野。

20世纪80年代初，电影《少林寺》和电视连续剧《霍元甲》的热播，勾起了民众对武术的记忆。随之，以金庸作品为代表的武侠小说成为中国内地20年来最热门、最长盛不衰的通俗读物。加上李连杰、成龙等功夫明星在全球范围内的走红，使得中国武术再次走上前台，成为人们的热门话题。

话题一：只见"金庸""李连杰"飞来飞去，武术究竟有多神奇？

应该指出的是，武术再次"走红"，与其说是武术的中兴，不如说是人们对艺术化武术的一种追捧。在武汉首届武术大会期间，无论是武术运动的管理者，还是民间的老一辈武术家，都明确地告诉记者：那些神乎其神的武功描写，根本是不存在的。而且，过于神话武术，对武术百害而无一利。

本届武术大会的总裁判长、58岁的庄汉生先生，同时还是武汉市武术协会常务副会长、当代"中华武林百杰"，他6岁起师从武术家张寿山学习传统武术，20世纪60年代国家规范武术竞技，他与杨淑华一起，作为武汉市仅有的两名代表进京学习竞赛武术规定套路。可以说，庄汉生是传统武术与竞赛武术之间的一座桥梁。在谈起电影和小说中的武术描写时，他哈哈大笑："那都是小说家和导演们艺术加工后的武术，真的武术怎么可能有那么神！"

在采访69岁的吴氏太极拳传人陶金发先生时，记者请他描述所见过的最神奇的武功，陶先生讲了20年前的一次亲身经历：1984年，亚武联在武汉成立期间，还举办了国际太极拳剑邀请赛，世界各地的太极名家齐聚一堂，其中包括陶先生的师伯、著名武术家马岳梁。马岳梁是吴氏太极的创派人吴鉴泉的女婿兼得意弟子，当时已经80多岁。据陶先生回忆，组委会当时安排陈氏太极的掌门人陈小旺与马岳梁一个房间。也许是因为年轻气盛，当时只有38岁的陈小旺言语间有些自傲。在大会结束，即将分手的时候，马岳梁老先生拉着陈小旺的手说：小旺啊，我把手杖送给你做纪念吧，只要你接得住。陈小旺满口答应。然而，陈小旺刚一握到杖尖，便不由自主地倒退好几步，撞在了后面的墙上。原来马岳梁在那一瞬间发力，将陈小旺"弹"了出去。这种能把"劲"通过拐杖发出去的"神技"让在场的人惊叹不已。不过，曾是中学数学老师的陶先生一再强调："这可不是什么气功，而是太极的劲。太极拳讲究劲起于脚、行于腿、主宰于腰、发于梢，马老的厉害在于能把劲发到拐杖，这不是一般武术家能做到的。但说到底这还是力的传递，是一个简单的物理现象，一点也不神秘。"

话题二："练武不练功，到头一场空"，功力到底什么样？

20世纪60年代，国家体委规范武术竞赛套路。从那之后，有关武术竞赛是否阻碍传统武术发展的争论就没有停止过。一些民间武术家对武术套路诟病最多的是：由于把武术体操化、舞蹈化，使武术失去了实战功能，成了"花拳绣腿"，失去了它原来的面目。

武术谚语说：练武不练功，到头一场空。在人们印象里，功力显得有些神秘莫测，它可以发出令人不可思议的力量，比如金庸小说里的"九阳神功""吸星大法"之类。实际的功力又是什么呢？

11月21日晚，首届全国武术功力大赛在佛山落幕。大赛期间，全国100多位高手登台献技，志在展现中华武术的真功绝技。然而，一些项目和江湖骗术掺杂在了一起。比如硬气功表演，一个小运动员很容易地就把一块瓦击碎，而现场裁判对瓦块进行检查时，发现这块瓦触手即碎。大多数运动员比赛用的石条都是脆性很强的大理石，而另外一些人用的所谓"钢条"，是扔到水泥地上都会摔断的生铁！对于一些人将武术功力神秘化的做法，庄汉生先生很不满，在武汉首届武术大会上他对记者说：真正的武术家是不拍砖头的。"你想拍砖头吗？我三个月就可以让你出去表演。"庄汉生不屑地说。

陶金发先生则说，所有的武术功力都是可以用物理学来解释的，违反能量守恒的"奇迹"肯定是假的。传统武术中，除了套路练习，确实还有一些辅助性的训练，主要是侧重锻炼实战技能。比如太极拳，除了套路，还有推手。推手的作用，就是训练人的"听劲"。听劲是指用感觉察觉对方动作的快慢、轻重、方向等，听得出来，再根据对方的企图，作出反应，制敌于前。如果没有推手，太极拳便失去了实战作用。推手之外，陶先生还与徒弟一起现场示范了太极拳中一些功法练习，这些练习分别侧重平衡能力、抗击打能力的训练。陶先生说，太极拳的功力，都是从这些枯燥的练习中一点一滴积累而来，没有什么玄而又玄的东西。

话题三：散打与传统武术，谁的战斗力强？中国武术：走出"江湖"

现在的武术竞技是不是"花拳绣腿"？武汉体院武术学院的副院长彭鹏副教授坦承：武术竞赛套路追求的是高、难、新、美，确实比较偏重观赏性和规范性，因为这更符合奥运精神，有利于武术走向世界。彭鹏说，为了弥补武术套路在实战方面的不足，国家体委于 1979 年在武汉体院、北京体院以及浙江省体工队三地试点散打项目，武汉体院就是在此后的摸索中培养了不少金牌散打选手。

不过，一些武术爱好者并不认为散打能够代表中国的传统武术，理由是：散打就是"拳击＋跆拳道＋摔跤"的三合一，一点中华武术的影子都没有。

彭鹏在回答这个疑问时说，武汉体院在开展散打运动时，确实曾经做过与传统武术相结合的尝试，但最终试验是失败的。彭鹏说，在训练时，我们发现传统武术的一些训练方法与散打对运动员的要求有冲突，比如散打要求的爆发力和肌肉力量与传统武术要求的柔韧性。但是彭鹏话锋一转，说："散打里的一些动作，比如某些踢法，跟传统武术也是一样的，不能说散打完全没有传统武术的影子。"

武术爱好者对散打的意见主要有：一是不好看（这显然是和李连杰的功夫电影对比所致），二是不能打（也许是拿张无忌或令狐冲做参照的结果）。实际上，传统武术能不能打，打得好不好看，是没有多少资料可查的。也许庄汉生先生所讲的一段掌故可以为传统武术战斗力做一个参照：

"千斤神力王"王子平是中国当代著名武术家之一，抛开一些传说不提，他的确曾在 1919 年打败一名俄国拳师。王子平的学生何福生也是著名武术家，庄汉生曾跟他学过形意拳。一次闲谈，何福生说起了王子平打败俄国拳师的经过。当时是俄国拳师主动向王子平挑战，因为王子平名气极大，连一些日本人都来跟他学武。王子平在推托不掉的情况下只好答应比武，但是提出了一个条件，互相打三拳，倒地算输。对方答应了要求。比武时，王子平"想办法"抽到了先出拳。王先上前轻轻摸了对手两下，俄国拳师有些不明所以，于是叽里咕噜地说了一通，就在他说话之时，王子平冷不丁突然转身出拳，用武术中的寸劲重击在对手的心脏部位，俄国大力士当场倒地休克。事后，王子平对女儿王菊荣说，俄国人实力很强，如果正常交手，指不定谁输谁赢呢。如果被他先打，自己多半也要倒。

1949 年以后，中国武术对外交流不多，真正的动手较量就更少听说。资料显示，中国香港的武术机构曾组织过几次武术家与泰拳手的较量，以全败收场。近几年散打在中国开展广泛，也与泰拳、空手道以及自由搏击有过不少较量，中国散打选手胜多负少。目前虽然很多人希望"民间高手"站出来与外国拳手较量，以展示中华武术正宗，但到目前为止，尚无人接招。因此，现阶段我们仍然只能看散打选手们为国争光。

（资料来源：苏争，邹浩. 中国武术：走出"江湖" [JB/OL]. 荆楚网，2014-12-03.）

# 参考文献

[1] 钟世华.文人的江湖侠客梦[J].出版广角,2010(4):77.

[2] 陈平原.千古文人侠客梦[M].北京:新世界出版社,2002:136–139.

[3] 张远山."江湖"的词源——从陈平原《千古文人侠客梦》谈到江湖文化第一元典《庄子》[J].书屋,2004(5):75–78.

[4] 孙文泱.品江湖——中国古典小说里的黑白世界[M].北京:东方出版社,2006:1.

[5] 李刚,郑中伟.明清镖局初探[J].华夏文化,1999(4):36–38.

[6] 刘平,赵良宇.江湖侠义[M].济南:齐鲁书社,2011:241.

[7] 贾云峰.古代镖师的六大戒律[J].文史博览,2009(12):63–64.

[8] 张廷兴.江湖交际[M].济南:齐鲁书社,2011:16,203.

[9] 杨绍虞.镖行唇典浅说(中)[J].中华武术,1989(2):34–35.

[10] 刘延武.中国江湖隐语词典[M].北京:中国社会科学出版社,2003:3–7.

[11] 居山剑圣.镖行春典选[J].武魂,1994(11):44.

[12] 安世华.沧州镖局的兴衰[J].中华武术,1990(6):38–39.

[13] 质如.大刀王五和源顺镖局[J].北京档案,2014(3):54–55.

[14] 赵跃飞.镖局,冷兵器时代的晋商护符[J].档案春秋,2013(6):44–47.

[15] 王学泰.水浒·江湖:理解中国社会的另一条线索[M].西安:陕西人民出版社,2011:11.

[16] 小可.源顺镖局[G].北京体育文史第五辑,北京:北京体育文史工作委员会,1990:132.

[17] 王尔敏.明清社会文化生态[M].台湾:台湾商务印书馆,1997:447.

[18] 吉灿忠,邱丕相.对华北"同兴公"镖局的历史评价[J].中州体育·少林与太极,2009(10):1–4,8.

[19] 安汝杰,刘晓燕.中国侠义精神论释[J].广东技术师范学院学报:社会科学,2014(8):69–74.

[20] 乐陶."武侠文艺大国"的实战水平如何?[EB/OL].时代周报(115),2011–01–27.

[21] 佚名.平江不肖生[EB/OL].向恺然官方网站,2015–08–12.

[22] 刘万春.河北武术[M].北京:北京体育学院出版社,1990:226–229.

[23] 孔庆东.民国武侠经典序[EB/OL].新浪博客,2012–04–18.

[24] 李洪波.金庸小说揭秘:很多母题来源于民国武侠小说[EB/OL].山西晚报,2013–12–18.

[25] 佚名.男子痴迷武侠 竟参加过真实的"华山论剑"[JB/OL].米尔网,2016–03–11.

[26] 苏争,邹浩.中国武术:走出"江湖"[JB/OL].荆楚网,2014–12–03.

# 第九章
# 中国武术的德性内涵与文化解读

**【学习目标】**

学习中国武术德性内涵以及武德的基本概念，认识武术技术体系以及武术功法理论中相关武德内容的基本体现，了解传统武德思想的历史文化意义及其当代发展思辨。

**【学习任务】**

1. 了解中国武术悠久的武德传统及其发展概况。

2. 学习武德理论对于道家、儒家、佛家的哲学思想的吸收及其相应体现。

3. 认识武德文化一脉相承的爱国主义思想特质，感悟武德文化与中华民族精神的密切联系。

**【学习地图】**

源远流长的中华武德传统➡传统"武德"的词义➡武德发展历史概况➡武德的传统文化内涵➡武德文化与中华民族精神

# 中国武术的德性内涵

"文有文德，武有武德。"中华民族一向以崇德重礼著称，华夏神州素有"礼仪之邦"的美誉。在以道为本、以德立国、以礼树人的文化传统浸染之下，有关武术伦理道德思想的历史积淀，最终形成了武林人士公认和遵循的中国武术特有的武德文化传统，以健身卫国、尊师重道、扶危济困、见义勇为等为象征的武德精神也深受历代百姓传诵和敬仰，极大地烘托并彰显了中国武术博大精深的文化内涵和传奇魅力。

由于历史上武术与军事活动长期密切关联，因此，传统"武德"词义，从广义上说，不但包括民间武术组织和武术个体的武德理论、实践，也包括军队这种特殊群体的用武、从武之德性。本书中在此所探讨的武德，在广义范围内，主要指民间武术组织和武术相关个体的武德，即武术发展过程中与武术文化有着相关联系的一切道德现象及其道德意识、道德活动、价值观念和道德品质的总和。[1]

## 一、源远流长的中华武德传统

中国武术中的武德传统，有着古老悠久的历史渊源。从某种意义上也可以说，武德的发轫，几乎是伴随着原始武术的萌芽历程。

### （一）与原始武术一同萌芽的"武德"意识

原始时代，人们生活在莽莽荒原之中，据《山海经》等记载，当时不仅"猛兽食颛民，鸷鸟攫老弱"，而且"封豨脩蛇，皆为民害"。人类在生存竞争中首先要与各种禽兽搏斗，正是"在这种严酷的斗争中，武术技术开始了萌芽"。[2]以当时的客观环境而论，原始人类与猛兽搏斗的大多数激战场景应该是比较注重集体力量发挥的，这种协作战斗的意识与行为虽然仅仅是原始人朴素的生命本能，但它却标志着对于武术发展有着重要影响的武德意识的诞生，并且构成了武德文化发生发展的最初根脉和原始土壤。

### （二）"干戚舞"揭示的上古中华武德遗踪

远在炎黄二帝开始中华民族伟大融合的上古时代，就有关于"武"和"德"的文献记述。古籍记载禹舜时期曾有三苗族反叛，禹领军列阵表演手执巨斧与盾牌的"干戚舞"，其威武雄壮的气魄与高超的武功使三苗不战而降。大禹军队通过展示武功不战而屈人之兵，这一事迹

---

1　王璐颖.简论传统武德文化的五个德目[J].学理论，2014（14）：99-100.

2　国家体委武术研究院.中国武术史[M].北京：人民体育出版社，1996：3-42.

显然也是武德思想在上古战争中的反映和展现。关于这个典故，《韩非子·五蠹》的记载稍有出入，但同样反映出了类似的武德内容。此外，《史记·五帝本纪》中也有关于"轩辕乃修德振兵，治五气，艺五种，振万民，度四方"的文字记载[1]，它虽然与武德没有完全的对等关系，但古时"武""兵"不分，此处的"修德振兵"也应可看作与武德有着紧密联系。

## （三）"搏"字所反映的武术技击德性功能

《中国武术史》记载，周代拘捕人犯时所需的手搏技艺称为"搏"。据《周礼》关于"环人"的描述，"环人"的职务主要是"巡邦国，搏谍贼"。而《礼记》也有类似内容，说孟秋之月，有司要"禁止奸，慎罪邪，务搏执"。使用手搏之术对付危害人民生活的罪犯，自然具有积极的社会意义。上述文献不仅显示了徒手拳搏在周代已具有一定的水平，而且也直观地表明了以"搏"为代表的武术技击功能所一贯具有的抗暴制敌、维护社会安宁的德性功能。

《春秋·谷梁传》中也记载了一个与"搏"相关的武德事例。鲁公子季友在与莒拿进行手搏比赛时被摔压身下，他不顾相搏不许暗算的约定，用藏在靴内的兵器杀死了莒拿。公子友虽然赢了这场一对一的手搏比赛，却被史官贬为缺德而遗臭青史。其原文是："公子友处下，左右曰孟劳。孟劳者，鲁之宝刀也，公子友以杀之。然则何以恶乎绐也，曰弃师之道也。"[2]从这段文字可以看出，史书对公子友的行为不仅深为不齿，还似乎把其视为武德沦丧的始作俑者。

## （四）"武有七德"彰显的深远武德传统

春秋战国时期《左传》的"武有七德"之说，被认为是较早出现的关于"武德"一词的文字表述。《左传·宣公十二年》中有"夫文，止戈为武"之语，接着又言："夫武，禁暴、戢兵、保大、定功、安民、和众、丰财者也。"最后，还再一次强调："武有七德，我无一焉，何以示子孙？"也有学者指出，"武有七德"表达的只是春秋战国行武用兵的七项道德要求或者是武力的七种功用，而"武"与"德"连用，始见于《国语》："有孝德以出在公族，有恭德以升在位，有武德以羞为正卿，有温德以成其名誉。"《慰缭子·兵教》中亦说"此之谓兵教，所以开封疆，守社稷，除患害，成武德也。"另据台湾地区学者考证，迟至明代韩云的《武德内外篇》时才有专指武术之武德。[3]因此，不少研究认为，"武德"一词首先来源于军事，之后才逐渐扩展并为武术所沿用。而一些权威工具书如《词源》则解释说"武德：武道"。《中华大辞典》上也认为"武德者，武道之德也"。这就是说，武德的本源意义不仅包括军队这种特殊群体的用武、从武之德性，而且也包括民间武术组织和习武者的个人用武之道德，武术界的"武德"就是专门用来调节擅长技击者与其他人之间关系的道德规范。[4]综上所述，尽管学者认识有所分歧，"武德"一词所指的德性内涵则世所公认，有关武德起源的各种不同认识，更加从不同视角彰显了武德内涵所具有的悠久历史和深远传统。

---

1  司马迁.史记·五帝本纪[EB/OL].国学网，2011-04-16.

2  王兆春.速读中国古代兵书[M].北京：蓝天出版社，2004: 2.

3  吴文忠.历代武术基本名词考源·武术文化知识手册[M].北京：人民体育出版社，1993: 230.

4  陶明报.武德的起源及其影响武德内涵理解的基本要素[J].军事历史研究，2000 (3)：173.

## 二、原始社会的人类武德雏形

历史已经远去。遥想逝去的时空，"人们只能相对地接近历史的真实，而无法绝对地获得历史认识的真理"。[1]在研究资料极为缺乏的客观情况下，对于原始社会的武德内容，我们只有在尽可能客观的基础上展开适当的理性推断，但无论历史的真相如何，在人类原始道德萌生之际，同样也将不可避免地涉及在当时环境下，作用巨大的原始武术活动及其衍生的个体与集体之间的道德规范问题。

图9-1  当代"射礼"

正如一些学者所言，"道德是人的经济需要、利益需要的产物。需要是道德的外在源泉和基础[2]"。在原始社会时期，低下的社会生产力和严酷的自然界环境决定了以群居为生存的原始人类必然要随时处于人与兽斗或与其他人群之间的生存斗争之中。团结一致，护老卫幼，战胜外敌，求得生存，这是当时处于原始状态下人类的自然求生本能，同时也是生死搏斗中人类朦胧武德意识的原始流露与直观体现。[3]在性命相搏中体验武术的防卫价值，在相互救助中感受群体的协作力量，武术技术由于时间的推移而逐步积累，道德规范随着生产力的提高也日益发展。虽然，这种朦胧的武德意识只是存在于同一群体或氏族、部落之间，不同的群体或氏族部落之间仍然频繁发生着血与火的生死搏斗，但这就是原始武术中朴素而简洁的武德表现形式，同时也是中国武术武德体系建立与发展的最初基础。"在人类早期生产活动中，原始武术具有非常重要的作用，是人类生产、生活和斗争的基本技能之一。"这种原始的武德形式，有效地起到了维持原始群体的生存和发展，防止个人间为了争夺利益而进行氏族或者部落内部的搏杀，从而避免了原始群体或氏族部落"从内部遭毁灭"。[4]到了原始社会晚期，社会生产力有了明显的进步，人们的道德伦理意识较之先前大幅提升，武术技术在日益丰富的社会实践中逐步提高，武德意识也开始逐渐从以往的朦胧状态觉醒。《韩非子·五蠹》中大禹以"干戚舞"慑服苗氏的记载就是较好的例证。"执干戚舞"是有意识、有组织编排的训练战伐之用的舞蹈，已经具有武术的一些基本特征。[5]在这里，禹舜军队通过有目的地展示武力慑服对手并成功地避免了兵戈相交，这表明随着武术逐渐具有一些较为明显的基本特征，当时也已开始出现意识性和目的性均较为明确的武德追求和表现。

1　彭卫.古道侠风[M].北京: 中国青年出版社, 1998: 1.

2　夏卫东.道德本质论[M].北京: 中国人民大学出版社, 1991: 21-22.

3　徐才.武术学概论[M].北京: 人民体育出版社, 1996: 23.

4　托·亨·郝胥黎.进化论与伦理学[M].北京: 科学出版社, 2010: 4.

5　郭志禹.中国武术史简编[M].北京: 人民体育出版社, 2007: 8-48.

# 三、中华武德文化的发展历程

## （一）夏商西周的射礼、武舞、六艺教育

夏商西周战争频仍,学习战斗技能和进行军事训练成为人们日常生活的一部分,这种传统一直被保持到周室衰微、诸侯纷起的春秋时代。在这种传统的浸润下,尚武好勇成为反映人们对于强健体魄和安全生活追求的一种较普遍的生存观和价值观,这种追求有所作为的生命价值观,促使人们在生活实践中不懈地寻求种种增强体魄的方法,同时也自然而然地引发着人们对于生命价值的思考与道德伦理的追求,形成了比较强调德行的社会风尚,而崇德重礼又惯见刀兵的社会氛围,必然要丰富武术技术并促进武德体系的发展。

武术成为教育活动的内容之一是这一阶段武术发展的一个重要特点,射箭之术与礼乐结合形成射礼并广为流行则是其中的一个显著标志,而射礼在周代的表现尤其突出。据《礼记·射礼》描述:"射者,男子之事也。因而饰之以礼乐也,故事之尽礼乐而可数为以立德行者,莫若射。"射礼与德行教化的紧密结合体现出了鲜明的武德文化特征。《礼记·射义》还记载了射礼的相关礼仪规范,指出射者只有"进退周还必中礼",然后才"可以言中",并说"此可以观德行矣!"周代的射礼形式多样,有大射、宾射、乡射、燕射等之分,实际上就是寓德于武的规格不同的射箭竞赛活动。

在古代武术文化形态中,武、舞堪称一家,武舞不仅具有一定的实战性,同时也有表达个体情感及娱乐身心、陶冶情操的功能。《荀子·乐论篇》指出:"故听其雅颂之声,而志意得广焉;执其干戚,习其俯仰屈伸,而容貌得庄焉。"显然,荀子的这段论述已经透露出当时武舞具有德育功能的重要信息。周人喜爱武舞,并且注重从小就开始习练,《礼记·内则》中就有"十三舞勺,成童舞象"的描述。《礼记·文王世子》也有相似记载:"春夏学干戈,秋冬学羽籥(yuè,古乐器名)。"在乐舞中学习武技,在武舞结合中体验武术的艺术美感,抒发个人心志,陶冶思想情操,这种学习形式,无疑对于习练者的品德具有潜移默化的教育作用,在当时不失为一种品位高雅且寓教于乐的武术德育活动。

夏商周的学校皆非常重视贵族子弟武艺技能培养,周代的"六艺"教育更以培养文武双全、德才兼备的武士为目标,其中"礼"为诸艺之首,武、礼相结合的内容,如射礼、田猎等贯穿"六艺"教育始终,构成了一种与武德密切相关的综合教育体系。《中国武术史》对此评价道:"周代的'六艺'教育,强调文武兼能,并重视礼仪道德的培养……对武术的发展,起了极大的促进作用。"《中国武术史简编》也指出:"'六艺'中的'射''御'和'成童舞象'等是西周重要的教育内容,其中'射礼'是尽礼乐立德行的武德教育的开端。"由此可见,从原始社会朦胧的武德意识到夏商西周目的性较强的武德教育,随着社会进步和武术技术的丰富,中华武德思想已开始表现出逐渐成形的发展特点。

## （二）春秋战国时期武德体系的初步形成

春秋战国时期,诸子百家的学术风潮奠定了中国传统文化的基础,诸侯之间的频繁战争又极大地促进了社会的尚武之风。在这种表演、竞赛与娱乐等社会功能日益丰富、武术意识日益

向着自觉性、理论性方向发展、诸子百家踊跃争鸣的文化空前繁荣的社会环境中,中国武德文化也迎来了初步成形的发展阶段。

### 1.剑器象征的君子风范

这一时期,由于冶炼技术发展以及制剑工艺的进步,精致锐利的宝剑成为人们普遍喜爱的武器,佩剑成为贵族诸侯的时尚,同时也成为君子身份的标志与男子仪表风度的装饰,人们以佩戴精美的剑器而愉悦,同时也以成为带剑的君子而为荣。据《孔子家语》记载,子路擅长剑术,文武双全,曾戎服见孔子并欣然拨剑起舞曰:"古之君子,以剑自卫乎?"《史记·秦本纪》及《六国表》也都有秦王令官吏佩剑修德的文字。著名的爱国诗人屈原也曾多次借宝剑吟咏自身高洁的品行与忧民的节操,"带长铗之陆离兮,冠切云之崔嵬"等已成为志向高远、心怀民生的爱国壮志与崇高风骨的代名词。此外,古人也常互赠宝剑以示友情之珍贵,如吴子胥曾用随身佩戴的宝剑感谢渡其过江的渔夫,吴国公子季礼也曾挂剑于知友徐君墓前,表示"吴心已许之"。上述事例,皆被后人传为武德美谈。

### 2.斗剑隐喻的武德经典

剑的普及也带动斗剑等武术竞技、娱乐活动广为流行。酷爱剑的赵惠文王竟然聚集三千多剑士,日夜相击为乐,痴迷到全然不顾剑士生死的地步。吴越是剑术盛行之地,史书也有"吴王好剑客,百姓多疮瘢"的记载。正是在这种历史背景下,脍炙人口的《庄子·说剑篇》中,庄子分别以"锋""锷""脊""镡""铗"等剑的不同部位为喻,借用斗剑的道理劝说赵惠文王励精图治。事实上,其初衷则是为了通过劝说赵王放弃斗剑而拯救其门下死伤惨重的三千剑士;庄子以剑客的身份出场,首先是为了能够更好地接近赵王;庄子提出"后之以发,先之以至"的精辟剑理,也主要是为了以说剑为手段,在引起赵王共鸣的基础上进一步提出治国安邦的宏论,使赵王在天下大计面前猛省,从而达到救剑士于水火的目的。通过《庄子·说剑篇》这部范文,我们在领略庄子阐述剑术理论风采的同时,也潜移默化地感受到了一场意义深远的武德教育。《庄子·说剑篇》中描述了"天子剑、诸侯剑、庶人剑"三种不同类型的剑器,而匡诸侯、服天下的"天子之剑",法天、顺地、安民的"诸侯之剑"和无异于斗鸡的"庶人之剑",又不妨可以说分别象征了武术修养由高到低的三种不同境界;[1]该文提出的"后之以发,先之以至"的剑术理论,同时也是中国武术一贯奉行的"崇下尚退,处柔守雌,先礼后兵,以德服人"传统伦理道德思想的演绎与体现。

除了斗剑竞技之外,春秋战国时期,人们还常进行角抵等其他多种类似活动,较武为乐,蔚然成风。在这些与武术密切相关的活动中,都富含着以"礼"为标志的武德价值教育。《汉书·刑法志》载,战国时"稍增讲武之礼,以为戏乐","而秦更名角抵"。说明以武为戏,来源于战国重视武力的时代风尚,使练武与娱乐相结合,同时在其中贯穿"礼"的教育,既增加了习武的机会,又提高了武术竞技的兴趣,还促进了武德的发展,而这种寓武德与竞技的娱乐活动到汉代又发展成为角抵和百戏等。这一时期的武士在比武较技实践中,已经形成了一种公平竞争、崇敬强者、以武艺高低决定社会地位的竞技意识。《韩非子·外储说》中记载的"贞廉洁悫者"少室

---

1 申国卿.《庄子·说剑篇》透露出的武术文化信息[J].山东体育学院学报,2007(3):60-62.

周便是具有这种竞技意识的代表："少室周为赵襄主力士，与中牟徐子角力，不若也。入言之襄王，以自代也。襄主曰：'子之处，人之所欲也，何为徐子以自代？'曰：'臣以力事君者也，今徐子力多臣，臣不以自代，恐他人言之而为罪也。'"[1]比武落败，不仅心服口服，还主动推荐对手顶替自己的职位，这不仅反映了一种公平竞争的武术竞技意识，而且也展现出一种与信义观密切相联的武术伦理观念。武士少室周的高尚德行表明春秋战国的武德思想，已经上升到了明显区别于原始社会朦胧武德意识的自觉层次。

### 3.侠士展现的崇高武德

春秋战国时期，文武开始分途，出现了一批凭武艺为生的侠士，著名的侠士如曹沫执匕首只身迫齐桓公归还所掠鲁国土地，专诸以鱼腹藏剑刺吴王僚，聂政执剑击韩相侠累，荆轲慷慨悲歌赴秦等，皆因彰显了一种鲜明的侠义精神而为历代百姓景仰。在此，值得一提的是荆轲，据《史记·刺客列传》记载："荆轲尝游，过榆次，与盖聂论剑。盖聂怒而目之，荆轲出。"当两位高手因为剑术的认识分歧激辩得怒目而视之际，荆轲没有和盖聂继续争论甚至因恼怒而拔剑相向，他的起身而出，体现出了较高的武德修养。对此，也有荆轲是因自身武功拙劣才不敢面对盖聂之说，这一观点显然是值得商榷的，如果荆轲果真胆小如此，就根本不可能有后来流传千古的刺秦绝唱。因此，荆轲与盖聂论剑的史料，也当是春秋战国时期武德发展情况的一个例证。包括这一史料在内，种种范例表明，春秋战国时期的武德已经发展到了一个较高的水准。

### 4.诸子百家与武德思想

春秋战国时期诸子竞秀、百家争鸣，形成了中国古代文化史上的一座突出高峰，同时也极大地丰富了中国武术多姿多彩的文化内涵。诸子学说不仅充实了武术文化理论体系，而且也构成了武德思想长期以来持续发展的思想源泉。

以孔子为创始的儒家学说，在中国武术史上产生了突出的影响。孔子出身于鲁国武术世家，其父叔梁纥曾力举千斤之门，以一己之勇拯救出众多战士。史载孔子文武兼能却不愿扬名。《列子·说符》有"孔子劲能招国门之关，而不肯以力闻"的褒语，儒家总纲《论语》中记有不少孔子对武德论述的内容，其中的"仁者无忧，勇者无惧"，"仁者必有勇，勇而无礼则乱"，"君子无所争，争也君子"等经典语句至今仍广为流传。孔子主张"有文事者，必有武备；有武事者，必有文备"，强调文武一体的全能教育，主张为国家

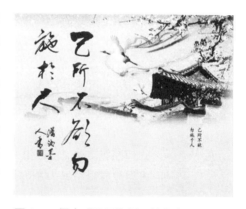

图9-2 儒家"亚圣"孟子的名言

培养德才兼备的入世之才，他认为君子应该具备"知、仁、勇、艺"等优秀品质，其中的"艺"便包含武术的内涵，"仁"则是对于武德修养的目标要求；孔门弟子中有许多才兼文武的典型，如擅长剑术、义赴国难的子路，武勇慷慨、知错就改的冉求等都是孔子以身作则，授艺传德的成果；孔子倡导的儒家"仁爱"观念与"忠恕"之道等，也构成了中华武术一脉相承的核心精神。孔

---

1　韩非.韩非子·外储说左下第三十三[EB/OL].国文网，2009-09-16.

子之后的儒家"亚圣"孟子也提出了"富贵不能淫,贫贱不能移,威武不能屈"的君子"浩然之气"以及"得道多助,失道寡助""多行不义必自毙"等道德格言,这些箴言在武术文化发展史上产生了巨大作用,以其为代表的儒家伦理思想对于今天的武德建设与发扬,仍然具有积极的时代意义。正如《中国武术史》所述:"崇尚伦理、讲求仁义忠信,是中国武术文化的鲜明特色。这一特色,至今使得中国武术在全世界人民心目中不仅是技击、健身之道,更成为精神修养、人格净化的一种途径。"

诸子百家中的道家思想,是中国武术哲学内涵的主要根源。"道家关于宇宙本原的'道论''气论'以及'天人合一'的观点通常被用来解释中国武术的德性本质;'物极必反''以静制动''以柔克刚''后发制人'等哲学则作为武术技击的道德原则而一脉相承。"道家学说中的一些经典如"崇下尚退""崇阴法水""处柔守雌"等一直被历代武林名家奉为待人接物的准则,"顺其自然""清静无为""上善若水"等格言也潜移默化地影响了一代又一代武林中人。道家的阴阳学说和圆空观念被引入武术领域后,孕育出了太极拳、形意拳、八卦掌等著名的内家拳法,而伴随着上述各家拳学的广泛传播,传统的道家养生思想和德行观念也开始在世界各地日益流行并深入人心。

在先秦诸子中,与武术同样渊源密切并且堪称武术侠义精神之祖的是墨家。以墨子为代表的墨家学派重视武技,崇尚武功,同时更因主张兼爱、非攻、尚贤、节俭而知名,他们同情弱小,恪守信义,重人轻己,甘愿为正义而赴汤蹈火。面对战乱频繁的现实,墨家主张以武力反对一切侵略与暴行,因而在武林中有"以其人之道还治其人之身"的威名。墨家弟子皆精于武技且重义轻生,其信义武勇的刚健精神与崇高道德,震撼并激励着无数中华武林人士去追求和践行高尚的武德理想,也留下了无数侠肝义胆的武林传奇至今仍使人荡气回肠。

如果从技术上来看,兵家与武术之间的关联则更为直观。事实上,因为都不可避免地要涉及对抗、搏击以及相应的损

图9-3 武德高尚的墨家代表人物——墨子

失和伤亡,武术的道德要求与兵家的伦理思想犹如同源之水,息息相关。春秋战国时期的兵家思想异彩纷呈,《孙子兵法》《司马法》《六韬》等包含的"慎战"与"不战而屈人之兵"等思想,也为当时及之后的武术理论所汲取,成为中华传统武德精神的有机组成部分。

9.1 墨家旋极术

## (三)秦、汉、三国时期的武德发展

### 1. "折竹代剑"象征的武德进步

秦收天下之兵,禁止民间习武,劳苦大众纷纷"斩木为兵,揭竿为旗",展现了不畏强凌的武术精神,这一传统延续到汉代,则又在反击匈奴的战争中得到了体现,如李陵率领的荆楚剑客深入胡地,抗击了十倍于己的匈奴骑兵,表现出了汉代武士浓烈的爱国主义精神。《汉书·隽

不疑传》中有"剑者，君子武备"的文字记载，表明当时剑作为品格修养的象征常与君子相提并论。越女是中国武术史上的剑术高手，汉代王充在《论衡·别通》中高度评价了越女之剑，认为"斗战必胜者，得曲城越女之学也。"东汉赵晔《吴越春秋》中关于越女与袁公"折竹代剑"的比武描述说明，东汉时期人们已经采用"折竹代剑"的方式来以武会友，尽可能避免比武较技中的伤亡。这比起春秋战国时代"上斩颈领，下决肝肺""十步杀一人，千里不留行"的血腥剑术，显然是一大进步。

### 2. "以蔗为杖"展现的武德风范

无独有偶，"折竹代剑"的技艺切磋，在三国时期又有了类似的范例。《典论·自序》是该时期出现的一篇与武术有关的重要文献，其中，记述了曹丕与奋威将军邓展的一场武术交流："时酒酣耳热，方食甘蔗，便以为杖，下殿数交。"经过一番斗智较技，"左右大笑""一坐尽欢"。较技双方胜不骄、败不馁的表现展示了三国时期武士的良好武德修养。应当说，"以蔗为杖"是"折竹代剑"的沿革，是摆脱野蛮走向文明的剑文化的一种升华。这一时期有史可考的武德例证，并不仅限于汉族武士。据《后汉书》记载，汉朝的大臣中有一个被俘的匈奴高手，为报恩曾"捽胡投何罗殿下"，以角抵技术成功地制服了一个谋杀汉武帝的刺客。上述事例都表明，这一时期的武德观念已经得到了较为广泛的认可与传播。正如《史记·孙子吴起列传》所言："非信廉仁勇，不能传兵论剑，与道同符，内可以治身，外可以应变，君子比德焉。"当时的史家已经把习武论剑看成一种内可治身，外可应变的修养之道，并把良好的道德品质视为"传兵论剑"的先决条件。

### 3.文化外交中的中华武德影响

汉代角抵盛行，汉王室不仅经常组织角抵活动与百姓娱乐，还多次以精彩的武术表演招待外国使节，使其感受中国武术所蕴含的礼乐教化等德育传统，从而使武术在国家之间的交流中发挥出了积极作用。汉代的刀剑及相扑等东传日本，开始了以武为媒的国际友好交流。博大精深的中国武术开始域外传扬，深刻影响日本、朝鲜武技发展的同时，武术的伦理道德观念也逐渐在世界各地传播开来，并且对于日本的武士道、剑道、相扑等文化发生了重要影响。

9.2 美国大使馆剑舞表演

## （四）两晋、南北朝时期的尚武爱国

历经三百余年的两晋、南北朝时期，匈奴、羯、鲜卑等北方民族纷纷挥兵南下，中华大地陷入空前的战乱之中。多民族融合促进了武术的发展，民族间的战争也给武德演进带来了新的内容。民族志士尚武爱国、发奋图强的事迹层出不穷，构成了该时期武德发展的一个突出特点。其中，晋朝刘琨与祖逖闻鸡起舞的爱国事迹，堪称中华儿女尚武自强的典范。祖逖与刘琨少时即"并有英气，以雄豪名冠北州，"[1]二人自幼即闻鸡起舞练功，立志为国驱除鞑虏。刘琨在与亲友书中曾说："吾枕戈待旦，志枭逆虏。"祖逖率部族从京口渡江北伐时，望着滚滚东流、一去不返的江水慨然击楫发誓："祖逖不能清中原而复济者，有如大江！"辞色壮烈，众皆激昂，大军到

---

1 安作璋.中华民族英雄[M].北京：学习出版社，2004：53-56.

9.3 闻鸡起舞

处，所向披靡，以至于"石勒不敢窥兵河南"，王敦久怀逆乱，也"畏逊不敢发"，南宋文天祥所述"中流怀士稚，风雨湿双扉"之诗句，便是对这一爱国壮举的共鸣。[1]刘琨、祖逖的爱国故事后来又演化出了"闻鸡起舞"与"中流击楫"两个成语，成为自强不息的座右铭，也是武术爱好者练早功习惯的开端，且一直延续至今。清代名句"闻鸡起舞，着祖生之鞭；下濑横戈，成汉武之志"所指亦即此典故。[2]同时代立志报国的武德经典还有"陶侃运甓"等。东晋将领陶侃"朝运百甓于斋外，暮运于斋内。人问其故，答曰：吾方致力中原，过尔优逸，恐不堪事[3]。"

## （五）隋、唐、五代十国的武德概况

图9-4 "闻鸡起舞"的尚武爱国故事在中华大地代代相传

隋、唐、五代时期，特别是盛唐的开放政策带来的中外文化交流既丰富了传统文化的内容，同时也为武术伦理道德的成熟提供了新的素材。武举制的创立，是这一时期武术史上的一件大事，其中也同样体现着武德的相关内容。

### 1.武举制体现的武德内容

中国历史上的武举制最初源于隋朝，只是其考试科目多为临时规定，没有形成定制。隋炀帝大业三年曾下诏曰："孝悌有闻，人伦之本；德行敦厚，立身之基。……才堪将略，则拔之以御侮；膂力骁壮，则任之以爪牙。……众善毕举，与时无弃。"上述诏书内容表明，隋朝武举选拔标准不仅重视骁勇健壮的武艺技能，同时还"高度概括和集中体现了自孔子以来，儒家及诸子百家传统文化的思想精华，其内容蕴含着厚重的中华民族传统价值观念的丰富内涵"。[4]今天看来，这段文字不仅具有标志武举制之始的历史意义，同时也直观地体现了"以德为先"的传统武术伦理观念。据《中国武术史》记载，武举制度正式建立是在武则天时。《通典·选举三·历代制下》云："（武则天）长安二年（公元702年），教人习武艺，其后每岁如明经进士之法，行乡饮酒礼，送于兵部。"《通典》中对此还有专门注释："文武之道，既惟并用；宗教之仪，不可独缺。"显然，在唐朝武举制的规定中，也把德行与礼制视为非常重要之事。

### 2.角抵较技中的尚德爱国

盛唐气魄，不设夷夏之防。在惯见刀枪的尚武氛围中，民族之间的武术交流象征着不同的民族武技，较量与比试的特点也自然比较突出。唐代角抵活动尤为盛行，而隋朝的法通和尚更是以精妙的技艺而知名。据《续高僧传·卷三十五》记载："时西番一道人，于北门试扑，都无敌

1　申国卿.燕赵武术文化研究[D].上海体育学院，2008：37-222.

2　阿英.晚清文学丛钞·童子军·草檄[EB/OL].中华文史网，2011-03-21.

3　王其慧，李宁.中外体育史[M].武汉：湖北人民出版社，1988：61.

4　何宗海.科举制在唐朝的变异及影响[EB/OL].国学网，2010-12-07.

者。文帝患之，诏通令与胡人角力"，"通曰：'何处出家人为此事，必知力气，把手即知。'便唤彼来，通任其把捉。到通后捉，总揽两手急搦，一时血出外溃，彼即蟠卧在地乞命。通放之曰：'我不敢杀捉，恐尔手碎，去！'以是大伏，举朝称庆。"[1]武艺高强的法通和尚在较技中既体现了"以德为先"的传统武德思想，又维护了国家的荣誉与尊严，其在德、

图9-5　民族英雄岳飞之长子岳云

技关系的处理上也张弛有度，有理有节，较好地体现了"德技双馨"的修养。

### 3.少林寺僧众的武德显扬

在中国武坛，"天下武功出少林"之说如雷贯耳。早在南北朝时期，以"禅拳合一"为特色的少林武术便开始显扬。禅武同修，以武悟禅的少林武术，使得武术与修行和谐地结合起来，从而使武德文化多了一项积极的发展动力。应该说，隋唐时期的"十三棍僧救唐王"是少林武术流芳百世的一个重要原因。"十三棍僧救唐王"，既向天下传播了少林武术的雄健之风，同时也阐扬了武术文化的尚德传统，在中国武术的发展史上写下了精彩的武德篇章。

## （六）两宋至明代的武德发展简述

### 1.宋人的尚武爱国传统与武德礼仪

宋代南北两朝的320年间，与北方游牧民族政权的冲突贯穿始终，武术一贯提倡的保家卫国思想也得到了充分的体现，以"保守乡井"为主旨的"忠义巡社""榷子社"等民间自发性武术组织构成了武德发展的一个显著特色。这些武术组织"带弓而锄，佩剑而樵"，遇有侵扰就击鼓集合，"顷刻可致千人"且"骁勇敢战，敌甚畏之"[2]。在反抗侵略的战争中，涌现出了岳飞、韩世忠等一大批武艺高强的民族英雄以及"引弓三射""精忠报国"等一系列动人的爱国故事。岳飞武功超绝，其爱国事迹尤为历代景仰，后世的许多武术拳械如形意拳、六合拳等纷纷托名岳飞所创。岳飞之子岳云和部将张宪等同样为国陷阵，舍生忘死。据《宋史》记载，颖昌之役，战事惨烈，岳云挥舞一双铁锥，"人为血人，马为血马"，冲杀往复，大败金兵。以辛弃疾、陆游为代表的文武双全的诗词名家，也留下了不少与武术有关的爱国诗文，如陆游的"死去元知万事空，但悲不见九州同"，辛弃疾的"夜里挑灯看剑，梦回鼓角连营"等诗句至今读来仍令人无比感动。

尚武之风促进了武艺的多样化发展，宋代以城市为中心的武术娱乐竞技活动较为盛行，当时的相扑比赛已经出现了保障双方公平竞赛的规则——"社条"以及执行"社条"职能的裁判——"部署"。在施耐庵名著《水浒传》中，"燕青打擂"时裁判事先就宣读了不许暗害对手等

---

1　释道宣.续高僧传[EB/OL].中华佛学网，2011-04-20.

2　谭华.体育史[M].北京：高等教育出版社，2005：105.

相关条文。由此看来，宋代武德发展已经到达了相当高的水平。商业的高度繁荣，衍生了以表演武艺为职业的"诸色艺人"，武术也逐渐与当时的礼仪文化联系起来，出现了以手势表示敬意、问候的拳礼等，后来又继续演变为各门派的相关标记，成为武德文化的有机组成部分。

### 2."南倭北虏"引发的明代武德发展

明代长期面临着"南倭北虏"的严峻局面，一方面，明政府必须时刻警惕"元人北归，屡谋复兴"；另一方面，明中叶以后东南沿海的倭寇侵扰又成为一个新的威胁。在"南倭北虏"特别是东南沿海倭寇的强大压力下，以戚继光、俞大猷等为代表的武术家们纷纷开始了忠勇报国的尚武之路。他们钻研武技，奋发图强，尤其针对日本刀法进行了精心研究并创造性地提出了"长兵短用"和"短兵长用"等兵械技术的崭新思维，在中华武林的集体力量面前，不可一世的倭寇终于归于沉寂。在日本刀法引起了中国武术家深度重视的同时，中国武术也对日本武艺产生了更加深远的影响，从而在战争之外，演绎了两国之间武术文化交流的史篇。

在倭寇入侵之际，以月空和尚等为代表的少林武僧也毅然奔赴东南沿海前线，面对着不可一世的浪人武士和质地精良的东洋倭刀，用"铁棍对长刀"的单挑式PK，使得倭寇"气焰顿挫"，"群贼皆跪乞命，或溃败走"。据《吴淞甲乙倭变志》载，月空和尚作战时，"从贼顶过，以铁棍击碎贼首，于是诸贼气沮"。在战斗中，先后有30余名少林武僧英勇为国捐躯。[1]值得一提的是，少林棍法源出民间，俞大猷在赴前线途经嵩山时发现少林棍法"传久而讹，真诀皆失"，曾积极向少林寺传授《剑经》技法。上述史料表明，在共同抗击倭寇的过程中，明代的爱国武术家们表现出了刚健有为、开放进取和无私奉献的优秀武德品质。

## （七）清代以降的武德发展概略

清代是中国武术发展史上的集大成阶段。这一时期，武术家的胸怀从总体上而言更加开阔，不同流派之间取长补短的武术交流活动非常频繁，武德文化所包括的内涵也因为阴阳、太极、五行、八卦等哲学思想在武术中的引入而空前丰富，义和团反帝爱国运动和大刀队抗日杀敌把中华武德传统中的爱国主义精神推向了历史的新高度，以中央国术馆和精武体育会为标志的武术救亡图存努力则又反映了近代武林志士对于武术时代定位与发展航向的上下求索。

### 1.武德理论，博大精深

清代出现了以传统哲学命名拳术、阐述拳理的多种流派，以太极拳、八卦掌、形意拳为代表的三大内家拳种的亮相，对于当时的武术发展起到了积极的促进作用，伴随着三大拳种的传播，越来越多的人开始对其中蕴含的以太极、八卦、五行学说为代表的中国传统文化表现出了浓厚的兴趣，他们的钻研与探讨，不仅丰富了武术的拳技拳理，同时也极大地加深了武术的伦理道德积淀。武林中的各大流派基本上都有自己的道德门规，著名的"少林十戒"和大成门的"四要""八容"等都成为本门弟子的武德箴言，主要流传于道家的武当武术中同样有"六不传"的德行规训，另外武林中还有"八打八不打"等技法上的武德要求。

---

1　陆草.中国功夫[M].深圳: 海天出版社，2006: 192.

### 2.交流创新，拳与道合

清代武林取长补短的技艺交流非常频繁，融会贯通的创新现象层出不穷，不同流派之间的互参互融表现出了一种开放进取的朴素武德观念。如，原创于河北冀梁的祁家通背拳便是将心机六合拳、明堂膀切手法、心极通背拳等融入大枪之法而成；著名的形意、太极、八卦等拳种更是你中有我，我中有你。河北完县人孙禄堂早年精研形意拳，师从李奎元，复从郭云深，又从程廷华习八卦掌，并得名师郝为真所传太极真谛，于1918年将形意拳、八卦掌、太极拳三门拳术从理论到内容提纯升华融合为一，创立了孙式太极拳。孙禄堂认为形意、八卦、太极是一个有机的整体，三者关系是互补、互融，并将此精辟地比喻为"天""地""人"。1919年，孙禄堂出版了太极拳史上第一部公开出版的著作《太极拳学》，并在该

图9-6 孙禄堂墨迹

书中指出："太极拳之本质不过是研求一气伸缩之道。形意拳、八卦拳亦如此。一气者即中和真一之气，由无极而生。故拳学莫不是自虚而始再还于虚。形意八卦太极三拳用法不同，各有侧重，然其理则一也。"[1]孙禄堂在此所说的"中和真一之气"，实质上指出了武学的修炼主旨在于德性的养成与生命的升华并直至"拳道合一"的境地，明确地把武术修炼同道德追求和品格完善有机统一，堪称对中华武德的高度概括与提炼，在武德发展史上犹如一座光辉的里程碑。

河北深县人王芗斋也提出了"拳拳服膺"的著名论断。其《大成拳论》指出："拳道之大，实为民族精神之需要，学术之国本，人生哲学之基础，社会教育之命脉。其使命要在修正人心，抒发感情，发挥良能，使学者精明体健，利国利群，固不专重技击一端也。若能完成其使命，则可谓之拳；否则是异端耳。"王芗斋在形意拳的基础上吸取了太极、鹤拳、三皇炮捶等精华创立了"以桩为拳"的大成拳学，其"拳拳服膺"之说更把武术之道与国家兴亡、民族安危融为一体，与孙禄堂的"拳道合一"之论共同标志着武德内涵的一种空前飞跃和重大提升。

### 3.弘武爱国，德技双馨

当时许多武术家都养成了德技双馨的武德修养，彰显了海纳百川的恢宏气度，其中尤以形意拳传人体现较为突出。1911年，形意大师李存义在天津创办了中华武士会，以开阔胸襟与宏大追求团结武林同仁，培养武术人才，为武术发展贡献突出。1914年，郝恩光首次将形意东传日本，开创了中国拳师教外籍人士学习形意拳的先例。此外，郭云深和张占魁等引领的形意拳与八卦掌两大武术流派之间的技术交流与深厚友谊也成为近代武术史上的一大亮点。形意门人如尚云祥、傅剑秋等均以武功闻名，且大多有技胜外籍武士为国术争光的记录。民国七年（1918年）形意传人韩慕侠于北京击败俄国大力康泰尔，在各界引起了强烈轰动，国人闻之无不扬眉吐气。此外，山西形意名家车毅斋以剑术击败日本高手板山太郎，孙禄堂也曾以一己之力轻取多名日本武士。形意拳传人外，同一时期战胜外籍武士为国争光的武术家还有天津静海人霍元甲、河北沧州人王子平等。

---

1  孙剑云.孙式太极拳简介[J].中华武术，1999 (1)：19.

### 4.抗击外侮，鼎新图强

近代武术发展鲜明地烙上了武林中人救亡图存与尚德自强的武德文化印记。1897年，以德国强夺山东为导火索，在河北、山东等华北各省暴发了声势浩大的义和团反帝爱国运动。广大民众以武术为主要手段，同列强进行了可歌可泣的抗争与战斗。各民间武术团体与拳派传人，四处广设拳坛、拳厂，积极向民众传授武技，写下了近代中国人民抗击外侮的悲壮一页。[1]1933年3月4日，在抗击日寇的长城大战中，西北军二十九军大刀队取得了震惊中外的"喜峰口大捷"，用精湛的武技，英勇地捍卫了中华民族的尊严。

在西方文化思潮的影响下，民间武术社团开始纷涌而出，不少武术组织先后开始了武术科学化发展方面的探索。1910年，霍元甲在上海创办"精武体操学校"，后又改名为"精武体育会"，破除门户之见，以提倡武术，研究体育，铸造强毅之国民为主旨，同时还教授兵式体操并开设有英文、国医等文化课程，德、智、体三育并重，积极宣传精武精神，在世界各地特别是东南亚一带产生了较大影响。"津门大侠"霍元甲的高超武功、爱国事迹和"精武体育会"传承的精武精神也一起成为中国武术文化的珍贵遗产。1928年3月24日，由张之江任馆长并得到官方支持的中央国术馆在南京成立，它以"研究、教授中国武术与体育，编著关于国术及其他武术之图书"等为主旨，起到了以国家力量传播武术的作用，在发展武术的过程中也采取了许多积极的措施，如把武术称作"国术"，有效地提升了武术的社会地位；以"泛学博通，术德并重"为原则大力弘扬武德教育，组织出版了一批武术书籍，在阐发武技的同时实现了武德文化与技术传播的同步进行；正视西方体育的强势地位，参照西方竞技模式积极探索武术的科学发展方式等。[2]中央国术馆还自费组队随同国民政府体育代表团参加了1936年8月的德国柏林第十一届奥运会，在中国体育代表团全军覆没之际，力挽狂澜并为国扬威。德国一位体育博士观后撰文称赞中国武术具有"艺术与奋勇及舞蹈之三大特点，世界任何方式的运动是绝不能与其相比的"[3]。中央国术馆和精武体育会集中地反映了传统武术文化在苦难深重的近代历史上的科学发展诉求，同时也象征着以尚德著称的中国武术发展开始进入了奥林匹克光环下的全新发展阶段。

## 第二节　传统武德的文化解读

源远流长的礼仪风尚和历史悠久的道德追求是中华民族传统文化的一个重要组成部分，古

---

1　崔乐泉.中国近代体育史话 [M].北京：中华书局，1998：7.

2　郭玉成，许杰.精武体育会与中央国术馆的武术传播研究 [J].体育文化导刊，2005 (2)：76-79.

3　刘万春.河北武术 [M].北京：北京体育学院出版社，1990：229.

人早有名言："艺者德之枝叶，德者人之根干也，斯二物者，不偏行，不独立。"武术深深植根于中华民族的文化土壤之中，在以德为本、以礼树人的文化传统熏染、浸润之下，同样自然而然地被纳入了中华传统伦理规范之中，从而形成了摇曳多姿的武德文化传统。在"尚武崇德"精神的统摄之下，武德理论既吸收了道家、儒家、佛家的哲学思想，又融涉了医学、美学、兵法等核心内容，这些成分纵横交错，互为因果，共同构成了一个水乳交融的文化体系。

## 一、传统文化视野下的中华武德

### （一）武德中的传统哲学思想

#### 1.道家哲学与中华武德

以老庄为代表的道家哲学在中国文化史上影响深远，中国武术思想的认识论、方法论，都堪称师承道家的直接成果，而这种源自道家的武术理论因此也更多地向世人展现出德行教化方面的重要信息。道家学说中的一些经典如"崇下尚退""处柔守雌"等一直被各代武术名家奉为待人接物的准则，"顺其自然""上善若水"等格言也潜移默化地影响了一代又一代武林中人。道家的阴阳学说和圆空观念被引入武术领域后，孕育出了太极拳、形意拳、八卦掌等著名的内家拳法，而伴随着上述各家武学的广泛传播，传统的道家养生思想和德行观念也开始在世界各地流行开来并日益深入人心。

（1）道家理论对武德的影响。道家认为"道"是宇宙万物之本原，其始祖老子指出"道生一，一生二，二生三，三生万物"。中国武术吸取了这一思想，把"道"也视为武术的本质特征。武术的技法变化多端而理唯一贯，拳技中贯穿的这个永恒不变的"理"，实质上就是老子所说的"道"。正如孙禄堂在《拳意述真》中所述："夫道一而已矣，在天曰命，在人曰性，在物曰理，在拳术曰内劲。所以内家拳术，有形意、八卦、太极三派，形式不同其极还虚之道则一也。"[1]这一段话，指出了"道"乃武术之根本，以形意、太极、八卦三派为代表的众多武术拳种所追求的道理都是一样的，习练不同拳技的武术家们在追求技击之"道"的同时又潜移默化地改变着自身的道德修养即"性"，最后又在德技双馨阶段领悟宇宙万物的本质规律即"命"，所以武术的习练过程与功夫的不同进阶包括了"道"的多种表现形式，而一旦达到格物致知见性明理知天命的程度，武学修养也就真正到了家。"道生于无"，"无中生有"，[2]"道可道，非常道"，"名可名，非常名"，道家哲学一向以重直觉、体悟为特征，事实上，武术之道的精微与神韵同样只可意会却无以言表。

道家哲学还用"气"来表述宇宙万物根本，而"气"即"道"的体现。因此，在传统拳论中，"气"也被视为武术的真谛所在，更有不少拳家甚至认为武学一途即为"练气"之道。少林武术典籍《罗汉行功全谱》中即指出"养气尤为重"。孙氏太极拳学论述的"中和之气"，实际上也就是以"气"为代表的宇宙万物之本原，"练出体内一派纯正的中和之气，直至拳道相合的境地"，

---

1　童旭东.孙氏武学研究 [M].北京：中国书籍出版社，2008.
2　张其成.老子·第四十章·反者道之动 [EB/OL].和讯读书网，2011-04-23.

则更进一步地指出武学修炼的主旨在于德性的养成与生命的升华。[1]道家的另外一个重要思想"天人合一"与武德同样有着非常紧密的联系，因前文已有相关内容，不再赘述。

（2）以德立拳的道家武术。以湖北武当山为发源地的道家武术，是中国武林的一大名宗，同时也以深含道家养生文化精髓而闻名。它以道家传统"无为"思想为指导，以保健养生为宗旨，其"后发制人"的技击战术原则也与老子"不敢为天下先"的哲学观念高度吻合。武当武术曾有名言："内家入门，须明'功、拳、药、械、法、地、侣、财'八字。"这里的"功"，不仅是指通常意义上的内外、软硬等武术功力，最主要的所指是"功德"。与八字功法相对应的还有"三千功满，八百行圆"之说，强调功德必须付诸实践和行动才算圆满。道家认为"误传不肖者祸延七祖"，所以武当武术历来择徒甚严，讲究"骨柔质钝者不传""心险好斗者不传""狂酒轻露者不传"等训诫门规。[2]据传武当弟子与人交手时，都须先让三招，实战较技也要点到即止。"拳以道显，道因拳名。"武当武术的这一特点应该说是道家崇下尚退、厚德载物传统思想的真实展现。

### 2.《孙子兵法》与武德思想

《孙子兵法》是世界上最具影响的军事著作之一，其质朴的军事思想、灵活的战略战术对武术理论发展产生了深刻影响，其中的"慎战""伐谋"等哲学思想也成为中华武德理论的重要基石。"兵凶战危，不是儿戏"，相搏对抗中的拳来脚往与刀剑挥舞，后果同样不可预料，所以，讲究谦虚礼让的武德思想也就与《孙子兵法》的哲学表现出了密切的相关性。《孙子兵法》讲究"知己知彼，百战不殆"，武德的适用同样要求一定的前提条件，如果不了解对手而主观地一味强调武德，其结果必然将不堪设想。《孙子兵法》认为"百战百胜，非善之善者也，不战而屈人之兵，善之善者也"，这与武术讲究武德也是异曲同工。在武德精神的发扬下，不用一拳一脚就能折服对手，这才是最为理想的结果。孙子认为："上兵伐谋，其次伐交，其次伐兵，其下攻城。"倡导武德的初衷又何尝不是如此，"武"字的本意原来就是"止戈"，能够免于相斗又何乐而不为？如果实在是迫不得已非要决出胜负高低，那么，武术也尽可能地强调出手的分寸，讲究点到为止。在中国武术的发展历史上，出现了"文比""说招"等许多比试武功的形式，这与讲究直接决斗的国外其他武技有着明显的区别。"行家一出手，便知有没有。"举手投足间功夫立现，大家心知肚明，自然就不需再继续比试了，如果能够做到"胜亦不骄，败也欣然"，那当然更是武德中的理想情景了。

### 3.中华武德与传统中医

两千多年来，恢宏、精微的中医理论对于武术发展产生了显著的影响，"拳起于易，理成于医"之说，就直观地表明了这种历史现象。鉴于中医救死扶伤的特殊性质，其与武术的密切联系也必然在武德文化中有着具体的反映与展现。

（1）经络学说与点穴揭示的武德思想[3]。以经络学说为指导的武术点穴功法不仅能闭塞经脉制人，同时还可将内练之真气输入病人穴道，以达疏通经络、调和气血的治病疗伤目的，从而

1　孙剑云.孙式太极拳的产生[J].中华武术，1999（1）：19.

2　欧阳学忠.太极拳的源与流[J].武当，2005（9）：23.

3　全国体育院校教材委员会.武术理论基础[M].北京：人民体育出版社，2001：18-185.

丰富了中医的理疗手段。明末大儒黄宗羲所撰写的《王征南墓志铭》中就有关于点穴高手的武功记载："有恶少侮之者，为征南所击，其人数日不溺，踵门谢过，乃得如故。牧童窃学其法，以击伴侣，立死。征南视之曰：'此晕穴也，不久当苏。'已而果然。"以往少林点穴功法的习练者，必先习点穴疗伤之法。少林僧人德虔在其所著《少林点穴法》中即指出，学习点穴之法的目的，第一是生人，第二才是护身。与经络学说相联系的武医结合范例还有钢胆等。钢胆最初是武术中随身携带的暗器，在中医经络学说的指导和启发下，武林人士在日常练习中逐渐探索出其治疗疾病的功效及原理，于是在钢胆的基础上衍生出了玉石、玻璃等多种材质的现代健身球，其功能也由原来的防身制敌变成了服务人民健康生活。显然，在武术与中医的相互作用中，武术文化的德性功能也得到了进一步拓展与提升。

（2）中医整体观、伤科与中华武德。武术吸取了中医辩证施治的整体哲学观，通过辩证运用五行相生的中医原理，最终取得内外兼修的效果。形意拳以中医整体观理论为指导，其初衷是为了习练者内外兼修，首先获得一个健康的机体，在健康的基础上进而再追求劈、崩、钻、炮、横的武功。中医伤科与武术的联系则更有渊源。对于习武、较技的伤情处理不仅是中医学的份内之事，同时也是武术家的关注内容，因此也就有了武林广为流传的"未练功，先学药"等谚语。在许多武术门派中，药功都是弟子的必修内容之一，许多有名的武术家同时也是造诣非凡的伤科专家。这些武术伤科专家，既为自己及弟子疗伤，同时也四处为大众行医。近代及当代武术大师中兼为伤科名医者不乏其人。被称为"千斤神力王"的王子平伤科医术也极为精湛，先后被上海同济医院等聘请为伤科顾问。河北安新人郑怀贤，擅长形意、八卦等拳术，尤其精于伤科正骨和按摩技法，曾任中国武术协会主席、成都体育学院运动医学系主任、附属体育医院院长等，著有《正骨学》《伤科诊疗》等多本专著，堪称武医结合、德技双馨的典范。此外，当代伤科名医中，武医皆精者也不少见，不少伤科著作中也大多收录有武林疗伤秘方，而武术典籍中也不乏伤科治疗方面的内容。如中医著作《救伤秘旨》中有"少林寺秘传内外损伤主方"，《易筋经》中也记载有许多伤科论方如"烫洗药方""如意散"等。

### 4. 武德思想与传统伦理

（1）习武与修德高度统一并成为武林共识。众多武林先贤都把习练武术作为修德砥行、完善品格的一条重要途径。峨眉高僧普恩在《峨眉枪法》中，就明确把品德心性修炼放在第一位，其《治心篇》中说："用技易，治心难。手足运用，莫不由心，心火不炽，四大自静。"《治身篇》又讲："持龙之道，身心为本。"普恩所述的"治心"，主要指精神道德之修养，上述话语也指明了习武与修身的一致性。实际上，武林流传的"内外兼修"之语，"外"是武术技艺的练习，"内"即指品格修养的完善。

（2）在传统伦理规范下，德行成为武技高低的衡量准绳。在武林中人看来，"德"与"技"就好比两个连在一起的车轮，品德的修养又是重中之重。孙禄堂在《论拳术内外家之别》中就曾明言："拳术中亦重中和，亦重仁义。若不明此理，即练至捷如飞鸟，力举千钧，不过匹夫之勇，总不离乎外家。若练至中和，善讲仁义，动作以礼，见义必为，其人虽无百斤之力即可谓内家……试观古来名将，如关壮缪、岳忠武等，皆以春秋大义，说礼乐而敦诗书，故千秋后使人生敬仰崇拜之心。若田开疆、古冶子之辈，不过得一勇士之名而已。"[1]这段拳论，充分说明了道德伦理在武术中的灵魂作用。

（3）武术流派都制定有针对本门弟子传人的严格武德规范。拳种繁多、门派流纷呈是中国武术的一个突出特点，各拳种门派在武术的传承过程中，都极为重视对于本拳派的弟子传人进行严格的武德训诫与规范，对于习武者的道德修养、立身处世都有详细而明确的要求，其内涵集中体现了"尊师重道""谦逊质朴""重义轻利""团结爱国"等中华民族传统伦理道德精神。

（4）以仁学为主导的儒家学说在武德伦理思想中居于核心地位。儒家仁学的基本思想是以仁爱、忠善之心待人接物，本质上是对良好人际关系的规范与界定。在武术中，仁学思想首先表现在武术家传拳授徒时强调择人从严，宁缺毋滥，要求弟子"善修其身，善正其心，善慎其行，善守其德"。在比武较技的具体实践方面，武术之仁德精神则以点到即止为原则，能避免杀人取命则尽可能手下留情。此外，公平竞争的武术精神也是"仁学"思想的贯彻体现，而尚武爱国的武林传统则是儒家仁学思想在武德中的升华。

（5）武德思想鲜明地反映了中华民族文化注重和谐的传统价值观。中国武术的价值取向及其伦理观念都不外"和谐"二字，其追求的终极目标也是和谐。武术主张内外兼修，强调功夫锻炼与品格修养相统一，即为追求个体身心和谐的表现；武德仁爱思想，也是主张人际关系和谐的阐释；武学名家对于"天人合一"的追求与厚爱，则更是中华文化向往天人和谐胜境的象征。

### 5. 佛学禅修与中华武德

佛教与武术联系的典型当属河南嵩山少林寺。少林武术的兴起除了乱世寺僧自保等因素外，还与源于该寺的禅宗密切关联。禅宗修习全靠日常生活中的自身体验，以"不立文字，见性成佛"知名，这些都对少林武术产生了深刻影响。禅宗是一种生命的修炼与境界的提高，少林武术也是心智的磨炼与品格的升华；禅宗讲"顿悟"，有所谓"当头棒喝"之机锋，少林武术亦以棍法闻名于世，佛家讲究慈悲为怀，棍棒有别于铜铁，无锋刃而宜于自卫，因此成了佛门弟子的习武首选。"棍法与禅宗并传不替"构成了少林文化禅武双修的一个突出特点。历代少林僧人把练拳当作一种修禅的特殊方式，其衣、食、住、行等皆以修禅为中心，在禅修中也强调行走坐卧不离拳，所以又有"天下属第一，是禅不是拳"之说。少林功夫的各种套路，大都短小精悍，讲究攻防技法之外，主要为使修习者通过动功练习渐收散乱之心并由动入静，通过禅定的修炼来"彰显自己的超验心即般若智慧，开发自己的潜能[2]"。历代少林门中对于弟子道德品行都有明确而严格的规范，各种戒约数目之多也堪称中国武术各门派之最。1928年万籁声《武术汇宗》中的《少林寺传授门徒规条》一节，所述全部戒约有"十二规条""十不许"与"十愿"等，朴实无华，从头到尾无不渗透着一种震撼人心的道德力量，让读者深刻领略传统武德的崇高与威严。

### 6. 侠义精神与武德风骨

武侠是中国特有的一种历史文化现象。武侠文化承载的是中国武术传统，体现的是中华伦理道德，宣扬的是尚武崇义的武术德性观念，因此，"在中国人的心目中，武侠已经逐渐内化成

---

1　孙禄堂.论拳术内外家之别[EB/OL].孙氏内家拳论坛，2011-04-11.

2　乔凤杰.中国武术与传统文化[M].北京：社会科学文献出版社，2001: 135.

为一种特有的精神寄托。无论是熟读史书的学者，还是目不识丁的农民，他们的心目中都或多或少、或深或浅地留有我们祖先的武风侠骨"。[1]武侠的存在最早可以追溯到春秋战国时期。冯友兰认为，先秦时期的武侠大多出自于平民阶层，他们居无定所，四处漂泊，以一身武功作为生存的主要方式，支撑他们的信仰是一种极为朴素的"义"，即"士为知己者死"的观念。一方面这是古人"尚群体友爱，重人间情谊"观念的直接继承，另一方面也体现了平民阶层追求人格平等的价值取向。法家代表人物韩非在《五蠹》中第一个提及侠之名并以法家立场发表了"侠以武犯禁"的批评，韩非子又用自己的话语向世人表明了当时武侠的现实形象："其带剑者，聚徒属，立节操，以显其名，而犯王宫之禁。"韩非反对的显然正是侠客在人民心目中倍感亲切的武德精神，而西汉史学家司马迁则对武侠作出了正面的论断。太史公在《史记》中庄重地推出了《游侠列传》，并以如椽巨笔，深情地赞颂了侠义之道："今游侠，其行虽不轨于正义，然其言必信，其行必果，已诺必诚，不爱其驱，赴士之厄困。既已存亡死生矣，而不矜其能，羞伐其德，盖亦有足多者焉。"侠客的人格特征是复杂的，它既体现着崇高和坚勇，同时也不同程度地表露出悍顽等负面因素，司马迁承认侠客有"行不轨于正义"，但更认为其行有足多义有足取，是"人中贤豪"。此后，历代史家对于侠客的评价也大多倾向于太史公之说。如班固在《汉书·游侠传》中对侠客"温良泛爱，振穷周急，谦退不伐"的节操同样进行了赞扬。[2]随着时代的前行，武侠在正史中的记载早已远离人们的视线，但在大众心目中，武林侠客扶弱济贫的道义、不畏强权的胆气与一诺千金的赤诚等，仍一直凝聚着中华儿女向往已久的情结与梦想。

## 二、武德文化与中华民族精神

### （一）关于中华民族精神

张岱年在《中国文化与文化论争》中提出中国文化体系："要素主要有四：刚健有力，和与中，崇德利用，天人协调。"[3]李泽厚指出中国文化精神内涵主要有"血缘根基""实用理性""乐感文化""天人合一"四点。[4]汤一介认为中国哲学的基本命题有三：解决人与自然关系的"天人合一"、人与社会关系的"知行合一"、人和艺术创作对象关系的"情景合一"。[5]王生铁对中华民族精神则下了这样一个定义："中华民族精神是由中国56个民族组成的中华民族世代相传的、渗透在其血脉、贯穿其悠久历史、熔铸在灿烂文化及光荣革命传统之中的性格特征和意志品质，是中华民族共同的价值观。从其内涵看，爱国团结、自强不息、厚德载物、博大宽和、兼容并蓄、勤奋睿智、刚健有为、坚韧不拔等，都是贯穿各个时代民族精神的基本精神。"[6]

1　易剑东.武侠[M].广州：南方日报出版社，2001：5.

2　汪涌豪，陈广宏.侠的人格与世界[M].上海：复旦大学出版社，2005：1-3.

3　张岱年，程宜山.中国文化与文化论争[M].北京：中国人民大学出版社：2006：15.

4　全国体育院校教材委员会.武术理论基础[M].北京：人民体育出版社，2001：18-185.

5　汤一介.反本开新：汤一介自选集[M].北京：首都师范大学出版社，2008：7-10.

6　申国卿.试论北京申奥所体现的当代中华民族精神[J].山西师大体育学院学报，2006（1）：46-47.

## （二）武德文化彰显的中华民族精神

中华文化基本精神深深地渗透于武德文化并在武德文化中有着鲜明体现。总体而言，武德文化所体现的中华民族精神大致可以归纳为刚健有为、尚武爱国，强调伦理、与人为善，天人合一、崇尚和谐，重视血缘、团体发展等几个方面。

### 1. 刚健有为、尚武爱国

刚健有为、尚武爱国精神在中华武德中有着悠久传统，远至春秋战国时期，在百家争鸣中脱颖而出的儒家学派就以此而闻名。儒圣孔子文武双全并且提倡刚健有为的人生精神，穷毕生之力践行其"发愤忘食，乐以忘忧"的治学态度；儒学典籍《易传》明确提出了"天行健，君子以自强不息"的口号，历代儒家人士也无不以"修身、齐家、治国、平天下"的标准自勉；他们恪守"天下兴亡，匹夫有责"，"杀身成仁，舍生取义"精神，尤其极为珍视"气节"，因此成为中华民族一致推崇的人生价值典范。重视武德的中国武术，也始终倡导锄暴安良、扶弱济贫的道德行为，以高超武功作手段、以惩恶扬善为己任的武林侠客，不仅成为古代中国社会的特殊角色而深受赞扬，还衍生出了世界文坛独一无二的武侠文学。此外，忧国忧民、匡扶正义的道德格言，也被尊奉为武术家们的座右铭并蔚为传统。武林爱国英雄，代不乏人，也都为中华武林平添了几分光荣与自豪。

### 2. 强调伦理、与人为善

中国文化又被称作伦理型文化，一向反对把个人从社会关系中抽象出来并且非常重视人际间的和谐相处。武德观念正是在这一背景上延续并发展的。"拳以德立，无德无拳"等格言就是尤重人际关系的武德明证。推行中庸之道，讲究谦虚谨慎，重视恭敬和合，不仅是儒家思想"仁"的基本内容，也是武术处理人际关系的伦理道德核心。从这一前提出发，武术技法等因之有了诸多限制，如武林中流传"八打八不打"之说，内家拳有名的"后发制人"特点以及中国武术中各种各样的间接比武方法等，可以说都遵循着注重人际关系的武德宗旨。强调伦理，与人为善，尽可能地限制技术杀伤效果，也由此构成了中国武术的一大特色。

### 3. 天人合一、崇尚和谐

所谓天人合一，即指个体与自然以及个体身心内外的高度和谐统一。[1]讲究修心养性的气功之所以能与武术结合并形成为武术内功，武术功法中的技击与养生并重，武术习练者对德的重视和对道的追求等，都是天人合一思想的追求与体现。就拳论来看，从越女剑法的"内实精神，外示安仪"到太极拳论的"内宜鼓荡，外示安逸"，也都体现了内外和谐、神形兼修的武学思想。人们习练武术，除追求外在的"形似"之外，还更为注重内在的"神""志"和"情"，许多人也因而把每天的武术习练视为不可缺少的一种生活内容，他们持之以恒并自练自乐，从中得到一种自我满足和品格陶冶。"习得一门艺，用破一生心"，倾尽毕生心力练"功"习武的众多先贤不仅是在追求拳技和拳理的精益求精，更是在进行着品质与修养的磨炼与提升，[2]这种品行涵养往往会进一步上升到对于生命的领悟以及人生的自觉并最终实现身心由内到外的统一和谐。基于

1　张岱年.中国哲学大纲[M].北京：中国社会科学出版社，2008: 1.
2　徐才.武术学概论[M].北京：人民体育出版社，1996，19-63.

此，许多人更倾向于把武术修炼上升到生命追求的层次，因而称呼其练习的武术为"武道"。在孜孜不倦的武道追求中体悟宇宙万物的生化规律并最终达到与自然融为一体的境界，这个追求"天人合一"的过程才是中国武术之真正要义，而强调与自然万物美美与共的理想追求，也正是中国文化和谐传统的具体展现。

### 4. 重视血缘、团体发展

"以农立国"的古代中国国情决定了宗法制在中华文化传统中的长期突出地位。中国武术素以拳种繁多、流派纷呈而闻名于世，其中，各具特色的武术流派现象，便是传统的中国社会宗法制结构特点的体现与延续；武林中人对于所谓"正宗""嫡传"等的习惯称呼，显然也是宗法制传统流俗的反映；此外，武术传承的师徒制等也都与宗法传统有着紧密联系。一方面，深受宗法制影响的武术文化，不可避免地带有传统宗法消极的内容。另一方面，重视血缘关系从一定程度上较好地保证了武术传承的原创性与连续性，强调团队发展则又使武术传承尽可能地限制了门派内部矛盾和冲突，从而为门派自身创造了相对有利的发展基础与生存空间。武术中长期流传的师徒制，也突出地彰显了中华民族文化的"尊师重教"思想，武林公认的"一日为师，终生为父"的传统武德习俗，既是中国社会宗法传统的影响，同时也是中华民族尚礼重德风范的演绎和展现。

## 三、当代武术文化发展的德性思考

### （一）市场经济大潮下的"二律背反"

新中国成立后，祖国大地万象更新，神州武林百废俱兴。经历了旧社会艰辛磨难的老拳师们对于翻天覆地的时代变迁百感交集，纷纷争先恐后为祖国建设发挥"余热"，表现出了朴素的武德思想与炽热的爱国情操。1950年中国武术团参加苏联十月革命节庆活动的著名天桥艺人谭俊川就曾满腔感慨地说："一颗明珠土里藏，不知何日放豪光。这回真是放了光。"[1]朴实的话语反映了中华武林一脉相承的传统武德风貌，同时也象征着一段质朴、务实、朝气蓬勃而又无比难忘的武术发展历程。

伴随着改革开放的春风，20世纪80年代以来的中国武术在体验到万物复苏的同时也开始逐渐感受到市场经济大潮的强烈冲击，以德为先的传统武德观念在日渐流行的经济元素面前一度苍白得无所适从。一段时期的徘徊与彷徨之后，以传统武术重镇河北和河南为代表的武术市场经济之旅终于揭开了帷幕，始于1989年的沧州武术节和1991年创办的少林武术节等也成为了当代武术经济的代名词。武术搭台，经贸唱戏，以武会友，共谋发展——武术文化成为联结世界各地人民的一座桥梁，谱写了两岸三地、全球华人以及不同国家友好交流的新时期武德篇章，但经济利益伴生的相关道德滑坡现象同样成为当代武德发展中的一道难题。

汹涌而至的商品经济潮流，使得习惯了自然经济状态的武林中人毫无遮拦地置身于金钱与利益的大环境之中，日益频繁的国际文化交流同样为当代武术发展提供了道德与人格的双重考

---

1　张次溪.天桥丛谈[M].北京：中国人民大学出版社，2006: 25.

验。在金钱的诱惑与驱使面前，肆意夸大功法效果凭借虚假广告攫取经济利益的武术馆校俯拾皆是；蓄意编造八卦新闻通过吸引受众眼球敛取商业效益的武术比赛层出不穷；巧借弘扬国粹旗号利用中外友好交流谋取金钱实惠的武林中人不在少数；打着传播文化幌子通过讲学走穴变相捞取个人好处的武术大师漫天飞舞——商品经济催生的众神狂欢的当代武林百态之下，道德错位、品格沦丧的武德缺失现象正日益引人深思。即便是举世公认的先行者少林武术也难脱商品经济的异化之嫌，目前与少林寺经济运作有关的种种热议便是鲜活的明证。围绕少林武僧真实身份、少林足球新闻炒作以及少林寺上市公司是非曲直等的众说纷纭，[1]对于向来以"禅拳合一"闻名的佛门武术来说不仅终究难称善举，[2]而且也犹如一面镜子直观地反映出了市场经济下的武术伦理道德真实状态。另一方面，由于种种客观因素的影响，特别是在一些地方政府职能部门经济优先的发展思路导引下，当前的一些武术活动还较为普遍地存在着过于追求经济效益的现象，时下仍然盛行的"武术搭台，经贸唱戏"便是其中的突出反映，套用著名的"二律背反"理论就是，当前的中华武林在相当程度上还存在着用道德缺失换取武术传播的客观状况。[3]虽然，"迄今为止，一切文化系统都是在'二律背反'中前进的"[4]，而且，"当代中国正处于深刻的社会大变革时期，从生产力、科学技术到经济政治体制、生活方式、思维方式、价值观念无一不在剧烈的变革之中。在这种背景之下，道德的约束力量往往显得苍白无力"[5]，但对于一向以崇尚德行修养著称的中华武术文化来说，如果不能正确认识并有效处理市场经济与伦理道德之间的关系，当代的科学发展无疑就会大打折扣。武术文化就像一条奔腾不息的德性教化之河，泥沙俱下终归不能算作和谐的发展愿景！在社会主义市场经济初期必然而暂时的客观大环境下，在充满激烈竞争与利益诱惑的发展之路上，只有抛开一切虚荣粉饰的装扮和追名逐利的幻想，实实在在地提炼和弘扬自身尚德传统和质朴特色的中国武术才能取得最终的成功。

图9-7　武德

## （二）各级学校教育中的武德缺失

作为传授知识、培养人才的专业平台，各级学校教育在传承文化和道德养成方面具有至关重要的职能和作用。然而，长期以来，由于社会发展程度的局限以及种种历史因素的影响，体育在各级学校教育中始终难以得到应有的重视，以武术为代表的民族传统体育在各级学校体育中的开展尤其处于从属地位。相关调查结果显示，各级学校对武术教育的重视程度"远远不及其

1　任磊.少林足球现实版少林寺成立足球学校聘请外教[N].大河报，2011-03-19.

2　佚名.少林寺品牌营销错位[N].时代周报，2009-12-25.

3　申功卿.太极拳发展特点的当代解读[J].山东体育学院学报，2010（2）：43-47.

4　徐才.武术科学探秘[M].北京：人民体育出版社，1990：30.

5　卞敏.中华民族精神研究[M].北京：光明日报出版社，2008：184.

他体育项目"；[1]另一方面，从体育的认知范畴出发，人们又一直习惯于将武术教育定位于单纯技术层面的体育课程，严重忽视了其承载的文化内涵和德育价值；各级学校武术课程的教材、教法明显滞后于时代发展，关于传统武德文化的理论知识在教材方面基本无从体现，任课教师讲授内容的随意性也较为突出；以竞技套路为中心的主导思想不仅无法反映传统武德文化的核心精神，而且还严重忽略了当代高等院校学生的心理发育特征和文化多元化时代特点，从而造成了"学生喜欢武术，却不喜欢武术课"的现状，也导致武德教育在各级学校体系中"名存实亡"的事实。[2]2004年4月2日中宣部、教育部联合发布的弘扬民族精神的通知[3]，应该说为学校开展传统武德教育提供了一个非常难得的机遇，然而，就近年来的学校武术发展情况来看，武德教育的缺失现象依然少有改观。另一方面，众所周知的围绕"武术"单招考试所存在的种种经济丑闻也使得原本捉襟见肘的学校武德教育更加令人无言以对。此外，当前教育界的一些学术腐败之风在各级学校的武术科研中也屡见不鲜。各级学校教育中的武德问题已经犹如一匹受伤的马，在严酷的现实面前迫切呼唤着刮骨疗伤的大刀阔斧之举。

## （三）中华伟大复兴与当代武德文化

今天，社会的发展早已一日千里，但可以肯定的是，跳动在华夏民族血脉深处的融合了全新时代特质的当代中华武德文化，仍然具有积极的理论意义与重要的现实价值。改革开放造就的中华腾飞背景与党的"十八大"开创的民族伟大复兴梦想赋予了当代武德文化发展全新的时代大环境。一方面，方兴未艾的中华伟大复兴梦想强烈呼唤着当代武术人继续发扬团结爱国、开拓创新精神，用智慧和毅力对当代武德文化作出全新的发展诠释；另一方面，社会主义和谐社会建设同样需要蕴含有丰富和谐因子的武术文化展现时代风姿，中华民族和平崛起的客观现实也迫切要求作为传统文化特色窗口的中国武术，在国际交流中演绎华夏礼仪之邦的当代软实力内涵。焕然一新的时代，呼唤着传统武德展示前所未有的内涵，同时也决定了当代中华武德的发展正任重道远。

---

1  杨建营.武术文化与教育研究[M].北京：人民体育出版社，2010：157.

2  《关于武术教育改革和发展研究》课题组.改革学校武术教育，弘扬中华民族精神[J].中华武术，2005（7）：4-5.

3  佚名.中宣部教育部要求中小学加强民族精神教育武术将成为中小学生必修课[J].武当，2004（5）：43.

中华民族一向以崇德重礼而闻名，武术文化同样有着悠久的尚德传统。在"尚武崇德"精神的统摄之下，武术理论吸收了军事、宗教、艺术等其他文化形态的核心要素，从而构成了一个诸子学说纵横交错、百家思想水乳交融的文化体系。武德文化犹如中国武术的一个特色窗口，武术伦理观念的发展过程深受以儒家、道家、佛家等为代表的中华传统哲学思想影响，同时也鲜明地体现了刚健有为、尚武爱国、崇尚和谐、重视血缘等中华民族文化精神的几个基本方面。

从原始社会集体协作的武德意识萌芽到夏商西周揖让而升的射礼教育，从春秋战国的侠客重义、武有七德到秦汉三国的折竹代剑、以蔗为杖，中华武德文化体系初步成型。从两晋南北朝的闻鸡起舞、中流击楫到隋唐两宋的武举重德、精忠报国，从南倭北虏引发的明代武德发展到融会创新、拳道合一的晚清武术盛况，中华武德思想逐步成熟完善。清末民初的抗击外侮和鼎新图强集中反映了近代武术文化的科学发展诉求，新中国成立后的武术文化发展成效显著，但当代市场经济环境下的武德文化发展依然任重道远。

1. 武德的基本概念是什么？你对其如何认识？

2. 武术文化中的武德内容主要有哪些？

3. 武德与爱国主义思想有何关联？

4. 武德文化与中华民族精神之间存在何种关系？

**1. 上海武术教头回忆经典 15 岁蔡云龙力挫西洋拳击**

图9-8　蔡云龙战胜西洋拳击家的擂台英姿

"20世纪70年代的上海，尚武的风气很浓。"陈隽骄傲地回忆着，"那时候，马路边、弄堂里，都能见到练武的小孩。"30年后，他已是上海武术运动管理中心训练科科长。

在陈隽的执教经历中，他常会给弟子们讲的故事发生在20世纪40年代。"蔡云龙小小年纪，打败俄罗斯大力士。那在十里洋场可是轰动一时。"说起这些，陈隽的音调也高了几分。"像蔡老这样的名师在上海有一批，他们身体力行体现着我们的民族气节。武术，不光强身健体，更是一种文化，这也影响着我们这些后来者。"

1943年12月，西洋拳击界提出要与中国武术界进行对抗赛，这一挑战激怒了整个上海武术界。12月8日，上海各报纸刊发了中国武术应战西洋拳击的比武消息，顿时轰动了整个上海。15岁的蔡云龙为中国人出了一口气，也让中国武术扬眉吐气。

（资料来源：佚名. 上海武术教头回忆经典　15岁蔡云龙力挫西洋拳击 [EB/OL]. 东方体育日报，2011-08-23.）

### 2. 将军奇闻：1938年许世友曾单刀劈杀日本大佐！

1938年10月25日下午，日军大佐小野茨郎的"扫荡"部队进入了许世友带领的八路军伏击圈。短兵相接的肉搏战中，许世友从一名战士手中接过大刀，甩掉上衣，收缩腹部，勒紧皮带，咆哮一声，直逼小野茨郎。小野茨郎俨然一个输红了眼的赌棍，双手紧握东洋刀，突然，

图9-9　许世友和战士们一起演武

他快步疾进，刀锋几乎贴近许世友的胸膛。千钧一发之际，许世友一个敏捷的闪身，紧接着回身一脚，将刺杀扑空的小野茨郎顺势踢倒在地，刀下头落，结束了小野茨郎罪恶的一生。

许世友八岁入少林寺习武，一身武功和勇敢在战场留下了无数传奇。据将军自述，在少林寺时，和师姐的一场比武给他留下终生难忘的记忆："那时少林寺武林高手很多，有男也有女，当时我十八般武艺都学会了，手痒痒的，到处找人比武，实际上也是一种练兵。有个师姐裹着三寸金莲，我开始有点瞧不起她。结果交手后没几下就被她飞起一脚，踢出几丈远。这次比武给我一次教训，天外有天，人外有人，中国武术是一个聚宝盆，里面的宝贝永远也掏不完。会武的人要讲究武德，平日要目中有人，学遍天下武术招数，不能狂妄自大，更不能仗势欺人。比武或对阵时要目中无人唯我独尊，这样才能增强信心，打败对手……"

（资料来源：古水章罗，转载. 将军奇闻：1938年许世友曾单刀劈杀日本大佐！ [JB/OL] 新浪博客，2016-02-04.）

**1. 20 世纪 80 年代外国人在少林寺学费标准：1 300 美元／月**

[导读] 自从 20 世纪 80 年代李连杰主演的电影《少林寺》红遍大江南北之后，无数的少男们都向往着前往河南嵩山，学上一套少林武功。然而，想要成为少林弟子也是需要交学费的。至于多少，在美国人马修·波利的《少林很忙》里面有关于一个外国人在少林学艺的收费标准：

图 9-10 少林武功表演——五枪刺膛

某副主任让我重复一次，告诉他我想在这儿待多久。"我想在这儿学习一年，或者两年。"我又说了一次。某副主任说："住宿、伙食和私人训练的价格是一千三百美元一个月。"我大吃一惊。那几乎是我身上所有的钱。

当然，同样是外国人，收费也会不一样，前提是，你究竟是不是一个会讨价还价的聪明老外。

我花了 4 个月的时间，才知道自己是那种蠢得要死的笨蛋老外。

有一个德国空手道教练曾到武术中心培训过半个月，他离开时，我尽量漫不经心地问他交了多少钱——当然，其实这件事我已经怀疑很久了。两周时间，他交了 250 美元，也就是说一个月 450 美元才是"聪明老外"的行情价。这个德国人来的时候，某主任和某副主任有事外出了，所以，他与这三个领导中比较实诚的某副主任协商了价格，算是比较走运。

（资料来源：少林很忙. 波利. 上海：上海译文出版社，2014）

**2. 腰横秋水雁翎刀　周恩来曾师从一代宗师习武**

（1）诚拜名师得真缔

1915 年冬季，南开学校校董严修和校长张伯苓研究学校工作时，感到学校在继续推进学生德、智、体皆求发展的同时，要强化体能的训练，开展传统武术的教练，提高学生爱国主义意识。学校正在寻找武师时，传来天津武术馆的武功大师韩慕侠，应日本柔道九段高手东乡平三郎的邀请，登上了天津日租界须磨街学校院内日本人设的擂台，无论是比柔术还是剑术，韩慕侠都打败了日本人东乡平三郎，曾不可一世的东乡平三郎对韩慕侠的武功佩服不已，承认中华武功比日本的柔道高得多。于是，校长张伯苓亲自登门邀请韩慕侠。韩慕侠被聘南开学校任教，成了天津的一桩新闻。

于是，周恩来就决心跟着韩慕侠学武术。

韩慕侠听过周恩来在公园的演讲，认为周恩来是一名非常出众的青年，所以很器重周恩来。每次周恩来到武术馆，韩慕侠都认真教练。韩慕侠想把他培养成武林高手，所以是从基本功开始。周恩来则遵照韩慕侠指授，一丝不苟地去完成枯燥的"站桩"等基础动作，为后来掌握技击招数打下坚实基础。

周恩来除了练武之外，更多时间还是与韩慕侠叙谈。每次练完功，别人都离去，他却独自与韩慕侠闲聊，师徒二人谈论时局，谈论前途，谈论以武治国的道理，两人视为知己，经常聊到深夜。周恩来喜爱武术，勤奋好学博得韩慕侠喜欢。他们既是师徒，又是知己。一天，大家练完功后，韩慕侠与周恩来等众学生叙谈。韩慕侠忽然提起祖茔无堂名之事，他对周恩来说道："你的国文好，给起个堂名吧。"周恩来知道师父共拜了形意大师车毅斋、剑仙性天、八卦南派嫡系应文天以及张占魁、李存义等九位老师。周恩来沉思了一会儿道："韩先生，您不是拜了九位师父吗，我看这堂名就叫'韩九师堂'吧。您看中不中？"韩慕侠听后细细品味，不禁连声叫好。于是韩慕侠请来石匠刻了四块"韩九师堂"石碑埋在八里台西南大寺庄西南角茔地的东西南北四个角。

（2）"僧王宝刀"系情义

韩慕侠作为一名武术家，刀、枪、剑等兵器很多，其中他最心爱的兵器是"僧王宝刀"。此刀是大清朝僧格林沁亲王的贴身宝刀，刀长一米许，鲨鱼皮刀鞘呈深紫黑色，上缀精致彩色梅花数朵，刀一出鞘，寒光逼人。韩慕侠对僧王宝刀十分珍爱，平时轻易不示人，但对周恩来例外。有一次韩慕侠把周恩来叫到客厅，从柜子里取出宝刀，递与周："翔宇，这是僧格林沁亲王的宝刀。那时，英法联军经常侵犯我国海域，天津的盐商海张五协助亲王在大沽筹办防务，他出钱出物修筑工事，作出很大贡献。英法联军再次来犯时，僧格林沁亲王率领将士利用海张五修筑的工事进行抗击，又乘胜出击，打得英法联军落花流水，清军取得较大的胜利。因此，亲王受到了朝廷的嘉奖，他为了感谢海张五的支持，就把随身的宝刀送给了海张五。后来，在我跟随海张五赴一次鸿门宴时，我用写书法的'镇纸'当刀又救了海张五一命。他为了感谢我，就把宝刀又转送给了我。这把刀我是轻易不拿出来的，今后你就用这口刀吧。"周恩来接过宝刀，很受感动。

1966 年，"文化大革命"开始后，破四旧、立四新之风来势凶猛，住在北京市的韩慕侠女儿韩小侠准备主动上交父亲留下的练武器械，有八卦大刀、鸳鸯双剑等七八件兵器，她把它们捆在一起要交到附近的陶然亭派出所。使她唯一舍不得的是那把"僧王宝刀"，于是，她就写张纸条贴在刀套上。纸条写的是："这口刀是周总理使用过的钢刀，最好能让我留作纪念，如果不能让我留存，请不要把它作为一般铁刀处理。"她把这些刀剑上交不久，陶然亭派出所经过研究和请示上级批准，又派民警把"僧王宝刀"送还给她，并嘱咐要好好保管。这使她喜出望外，非常激动。至今这张纸条仍贴在刀套上，一直舍不得撕掉。1988年唐山地震时，年过六旬的韩小侠不顾余震的危险，推开人们的阻拦，什么东西也不顾及，跑上楼把宝刀取回，此刀现在还保存在她的家里。

1976年周总理逝世后，他的警卫员孙吉树常到韩小侠家谈论周恩来练功的事，孙吉树告诉韩小侠说，周总理的形意八卦功夫直到新中国成立后仍很深，警卫班练擒拿时，周总理常给他们矫正动作，高兴时还会打一趟八卦掌。在与孙吉树交谈时，韩小侠经常回忆起与周恩来接触的那段生活，记忆犹新。那时韩小侠才5岁，很淘气，整日拿着一把比自己头还高的宝剑耍来耍去。有人练武时，韩小侠就在后面模仿他们的动作，大家都嫌碍手碍脚，弄得她常常撅着嘴不高兴。但周恩来从不赶她，周恩来每到武术馆，韩小侠总是扑过去，周恩来就将韩小侠抱起在空中旋转，"你长个儿，我长劲"。周恩来练功时，韩小侠总喜欢跟在他的后面学他走八卦步，两只小手一比一划，煞有其事。休息时，韩小侠总是师哥长师哥短地缠着周恩来不撒手，两人成了名副其实的师兄妹。一次，周恩来抱着韩小侠，指着墙壁上那首皇帝迎接凯旋的将军诗说："小师妹，这首歌写得多好啊，我教你唱。"周恩来哼起调子教她唱起来："大将—南征—胆气豪，腰横—秋水—雁翎刀……"周恩来又教唱了几次，韩小侠就学会了，后来常跟着周师哥唱起这首歌，直到韩小侠老年时还常常不知不觉地哼唱起来。

（3）志同道合增友谊

1917年9月，在武术馆习武已整整3年后，在韩慕侠等的资助下，周恩来怀着救国济世的革命志向和研究新思潮的急切愿望，去日本寻求救国救民的真理。后来，周恩来筹办《天津学生联合会报》时，韩慕侠请了几位武师历时3天义演募捐支持。周恩来指挥天津学生爱国游行遭到当局扣压时，也得到了韩慕侠的及时出手相救。周恩来决定去欧洲学习考察时，韩慕侠也积极支持并资助路费。周恩来担任黄埔军校政治部主任时，韩慕侠也被聘为黄埔军校首席国术教官。师徒重逢，自是喜出望外，此时韩慕侠武功纯熟，已成为清末民初七大武林高手之一，和精武大侠霍元甲齐名。

周恩来再度学艺，受益终生。而韩慕侠对时任政治部主任的周恩来也十分尊敬，学到不少做人的道理。他曾感慨地说："翔宇年少志高，深谋远虑，我教他怎样强身，他却教我怎样做人。"

（资料来源：吕勋福．腰横秋水雁翎刀　周恩来曾师从一代宗师习武[EB/OL]．中国新闻网，2014-01-24．）

# 参考文献

[1] 刘树军.传统武德及价值重建[M].长沙：中南大学出版社，2007：1.

[2] 王璐颖.简论传统武德文化的五个德目 [J].学理论，2014（14）：99-100.

[3] 国家体委武术研究院.中国武术史[M].北京：人民体育出版社，1996：3-42.

[4] 司马迁.史记·五帝本纪[EB/OL].国学网，2011-04-16.

[5] 彭卫国.中华武术谚语[M].北京：电子工业出版社，1988：13.

[6] 吴文忠.历代武术基本名词考源.武术文化知识手册[M].北京：人民体育出版社，1993：230.

[7] 陶明报.武德的起源及其影响武德内涵理解的基本要素[J].军事历史研究，2000（3）：173.

[8] 彭卫.古道侠风[M].北京：中国青年出版社，1998：1.

[9] 夏卫东.道德本质论[M].北京：中国人民大学出版社，1991：21-22.

[10] 徐才.武术学概论[M].北京：人民体育出版社，1996：23.

[11] 托·亨·郝胥黎.进化论与伦理学[M].北京：科学出版社，2010：4.

[12] 郭志禹.中国武术史简编[M].北京：人民体育出版社，2007：8-48.

[13] 申国卿.《庄子·说剑篇》透露出的武术文化信息[J].山东体育学院学报，2007（3）：60-62.

[14] 韩非.韩非子·外储说左下第三十三[EB/OL].国文网，2009-09-16.

[15] 安作璋.中华民族英雄[M].北京：学习出版社，2004：53-56.

[16] 申国卿.燕赵武术文化研究[D].上海：上海体育学院，2008：37-222.

[17] 阿英.晚清文学丛钞·童子军·草檄[EB/OL].中华文史网，2011-03-21.

[18] 王其慧，李宁.中外体育史[M].武汉：湖北人民出版社，1988：61.

[19] 何宗海.科举制在唐朝的变异及影响[EB/OL].国学网，2010-12-07.

[20] 释道宣.续高僧传[EB/OL].中华佛学网，2011-04-20.

[21] 谭华.体育史[M].北京：高等教育出版社，2005：105.

[22] 陆草.中国功夫[M].深圳：海天出版社，2006：192.

[23] 孙剑云.孙式太极拳简介[J].中华武术，1999（1）：19.

[24] 崔乐泉.中国近代体育史话[M].北京：中华书局，1998：7.

[25] 郭玉成，许杰.精武体育会与中央国术馆的武术传播研究[J].体育文化导刊，2005（2）：76-79.

[26] 刘万春.河北武术[M].北京：北京体育学院出版社，1990：229.

[27] 童旭东.孙氏武学研究[M].北京：中国书籍出版社，2008，262.

[28] 张其成.老子·第四十章·反者道之动[EB/OL].和讯读书网，2011-04-23.

[29] 孙剑云.孙式太极拳的产生[J].中华武术，1999（1）：19.

[30] 欧阳学忠.太极拳的源与流[J].武当，2005（9）：23.

[31] 体育院校专业教材.武术理论基础[M].北京：人民体育出版社，2001：18-185.

[32] 孙禄堂.论拳术内外家之别[EB/OL].孙氏内家拳论坛，2011-04-11.

[33] 乔凤杰.中国武术与传统文化[M].北京：社会科学文献出版社，2001：135.

[34] 易剑东.武侠[M].广州：南方日报出版社，2001：5.

[35] 汪涌豪，陈广宏.侠的人格与世界[M].上海：复旦大学出版社，2005：1-3.

[36] 张岱年，程宜山.中国文化与文化论争[M].北京：中国人民大学出版社，2006：15.

[37] 武术理论基础[M].北京：人民体育出版社，2001：18-185.

[38] 汤一介.反本开新：汤一介自选集[M].北京：首都师范大学出版社，2008：7-10.

[39] 申国卿.试论北京申奥所体现的当代中华民族精神[J].山西师大体育学院学报，2006（1）：46-47.

[40] 张岱年.中国哲学大纲[M].北京：中国社会科学出版社，2008：1.

[41] 徐才.武术学概论[M].北京：人民体育出版社，1996：19-63.

[42] 张次溪.天桥丛谈[M].北京：中国人民大学出版社，2006：25.

[43] 任磊.少林足球现实版 少林寺成立足球学校聘请外教[N].大河报，2011-03-19.

[44] 佚名.少林寺品牌营销错位[N].时代周报，2009-12-25.

[45] 申国卿.太极拳发展特点的当代解读[J].山东体育学院学报，2010（2）：43-47.

[46] 徐才.武术科学探秘[M].北京：人民体育出版社，1990：30.

[47] 卞敏.中华民族精神研究[M].北京：光明日报出版社，2008：184.

[48] 杨建营.武术文化与教育研究[M].北京：人民体育出版社，2010：157.

[49] 《关于武术教育改革和发展研究》课题组.改革学校武术教育，弘扬中华民族精神[J].中华武术，2005（7）：4-5.

[50] 佚名.中宣部教育部要求中小学加强民族精神教育 武术将成为中小学生必修课[J].武当，2004（5）：43.

[51] 佚名.上海武术教头回忆经典 15岁蔡云龙力挫西洋拳击[JB/OL].东方体育日报，2011-08-23.

[52] 古水章罗，转载.将军奇闻：1938年许世友曾单刀劈杀日本大佐！[JB/OL].新浪博客，2016-02-04.

[53] 马修·波利.1980年代外国人在少林寺学费标准：1300美元/月[JB/OL].中国新闻网，2016-03-18.

[54] 吕勋福.腰横秋水雁翎刀 周恩来曾师从一代宗师习武[JB/OL].中国新闻网，2014-01-24.

# 第十章
# 中国武术的当代价值与中华复兴

**【学习目标】**

学习中国武术的基本价值，认识武术价值在不同时代展现的基本特点，了解武术技击价值以及由此而逐渐衍生、发展的健身、娱乐、养生、竞技、教育等价值体系。

**【学习任务】**

1.了解"武术价值"的概念及其对于武术发展的意义。

2.学习历代武术价值呈现的不同特点，在此基础上思考时代发展对于武术的影响作用。

3.认识中国武术的当代价值，从党的"十八大"标志的中华文化全新战略起点出发，由中华民族伟大复兴的时代语境重新审视近代以降中国武术发展面临的挑战、机遇及其相关经验、反思。

**【学习地图】**

"武术价值"的概念➡武术价值呈现的历史特点➡中国武术当代价值➡武术发展与中华伟大复兴

# 中国武术的当代价值分析

　　"武术价值"是指武术满足人和社会需要的客观属性，包括武术对于人的生存、发展和享受具有积极意义的一切属性，即武术对人和社会的有用性。[1]武术之所以能不断地持续发展，归根结底是因为武术具有一定的价值，能够满足人和社会的相关需要。武术在不同历史时期对于人和社会的现实价值是其存在、延续的重要基础，同时也决定和影响着武术的相应时代特征及其演进趋向。

## 一、武术价值的宏观演变历程

　　众所周知，武术对于人和社会的价值有很多种。在火器出现以前，武术技艺与军事技术的密切联系决定了武术的技击功能在当时拥有更为广阔的社会舞台，所以，技击价值也成为冷兵器时代武术满足于社会需要的主流形式。随着时代的发展，在技击功能的基础上，武术逐渐衍生出健身、娱乐、养生、竞技、教育等系列相关功能，但从以往历史发展的宏观视角来看，作为一种安身立命的重要技能或者谋生手段，技击价值在武术的价值体系中居于公认的中心地位，在长期的历史进程中发挥了突出的作用。中国武术的价值功能状态在近代特定的历史背景下发生了根本性的转变，即由军事实用技术为主转化为社会精神文明手段为主。一方面，近代西方火器的输入及其广泛应用，改变了战争的进行方式，武术已无法满足新形势下反帝反封建军事斗争的需要，导致其军事价值功能的大大弱化；另一方面，适应中国近代社会政治经济发展的需要，武术的教育、健身养生、竞技观赏的价值功能引起了人们的关注，并获得了较之以前更为大幅的发展。[2]

　　近代中西方文化的激烈冲突对武术价值的影响一般可视为以武术技击价值的消解和淡化为基础。伴随着近代西方列强的入侵，使得中国原有的社会制度遭到破坏，传统价值观逐渐发生着深刻的改变，西方先进武器在战场上的威力也使人们意识到，中国固有的武技在战场上已经发挥不了太大的作用。一方面，著名的义和团运动的失败，给中国武术形成了极大的影响——"义和团运动的失败直接导致清政府对武术的敌视，对西方火器乃至兵操的崇拜和迷恋"；[3]另一方面，原有的武举制被清廷废除，也在客观上从功利实用的角度一定程度上降低了人们习练武术技击的积极性。武术作为军事技术的社会价值日渐衰弱，使其开始在它原有次要的社会价值中寻找新的发展空间。随着西方文化对中国传统文化的不断冲击，国内有识之士，高举救亡与

---

1　陈光玖.构建武术价值系统的理论研究[J].武汉体育学院学报，2008 (3) : 51-55.

2　李成银，申玉山.试论近代武术价值功能的演变[J].成都体育学院学报，1994 (3) : 20-24.

3　冉学东.传统武术体系裂变的文化价值因素探悉[J].成都体育学院学报，2003 (3) : 41.

启蒙大旗，"师夷长技以制夷"，改良与革命之变革图强思想发展起来。人们把习武以自强作为一种精神动力，用来鼓舞士气振奋精神，并作为一种尚武强国的重要精神教育手段在学校开展，并在学校教育中取得合法的地位。武术的教育价值得到许多人士的肯定，出现了专门从事武术教育活动的组织，这也为武术其他价值的发展提供了有利的条件。随着西方文化的潮流涌入，以奥林匹克运动为代表的西方体育也持续东渐，进而在当时的中国形成了一种不可阻挡的趋势，使得我国原有的以武术为主的体育活动方式发生广泛的改变，以武术为代表的中国传统体育由此受到极大的影响，中西体育的激烈冲突引起了体育界人士对以技击和健身为基本内容的传统武术的重新认识。开始对以武术等为基本内容的传统体育赋予"体育"的含义。[1]

这种宏观时代背景不仅加深了人们对武术传统价值的审视与反思，而且也迫使中国武术开始正视奥林匹克运动的影响并且逐步开始了以西方竞技体育为镜的体育发展方向。新中国成立后武术作为体育的一个重要组成部分，其性质、地位、目的和价值也发生了很大的变化。社会需要的推动，使人们更注重武术的健身、养生、娱乐、休闲价值等，健康、娱乐、体育性的武术活动得到了普遍的提倡与开展。武术的教育价值和竞技价值也得到党和政府的高度重视，总体上呈现出一种显著区别于往昔以技击价值为核心的多元化发展格局。[2]

## 二、武术当代价值概要分析

### （一）有限的技击价值

技击作为武术的本质属性，无论何时总不会失去其固有本色，因此，技击价值在武术的当代价值体系中无疑同样具有重要地位。武术的技击价值在当今社会中的应用，首先，体现于军警、安保等国家职能系统内部。虽然，科学技术的进步已经使得武术的技击效应大受影响，但是，出于国家和民族的生存与发展需要，武术仍然在这一层面有着重要的应用价值。另外，对于个体而言，社会生活中的日常安全需要同样为武术的传统技击价值提供了应用可能。再则，在现代的竞技赛场，武术散打、搏击赛事等相关活动中，武术的技击价值也自然能够得以相应体现。然而，在上述各种相关情况下，武术技击价值的应用显然都要受到有形、无形的影响与限制。现代军事和安保领域中，各种高科技武器的能效都是传统武术技击功能所难以比拟的，这一特点决定了武术技击在上述领域的应用只能是作为一种配合与补充性质。现代社会的高度法制化特征又决定了个人在应用武术技击方法保障自身安全时只能在正当防卫的前提下依法合理进行，现代武术散打比赛等搏击活动也是一种公平、公开、公正的体育赛事形式，在这种情境中，武术技击动作的使用也统一以运动员的人身安全为前提。因此，当代社会的发展特征决定了武术技击价值只能是一种有限的应用与发挥。

1　崔乐泉.中国近代体育史话[M].北京：中华书局，1998：49.
2　薛进发，杨广波，黄良杆.武术价值取向的历史变迁与现代化需要[J].中州体育·少林与太极，2014（3）：14-17.

## （二）突出的健身、养生价值

武术的传统文化特性决定了其所拥有的突出的健身、养生价值，武术汲取的传统中医学和养生学的精华要素尤其拓展了这种健身、养生价值。长期以来，武术一直是广大群众非常喜闻乐见的健身项目，新中国成立以来，随着全民健身上升到国家战略高度，武术的健身价值也更加体现得日益显著，先进的人体科学技术也日渐为武术的健身价值提供着有力的数据支撑。科学研究表明[1]，武术对于维持内环境理化因素的恒定，加强酶的活性以及改善消化、排泄等系统都有着积极的作用。长期进行武术训练，不仅能促进身体的全面发展，使得人体的速度、灵敏、协调、柔韧、耐力、弹跳等综合素质普遍增长，提高人体的适应性，而且还能有效提升内脏器官的功能，延缓人的自然老化，具有独特的延年益寿功效。这方面的例子尤其以太极拳为经典。与其他体育项目的健身价值明显不同的是，武术的健身价值在养生、修心方面具有特殊的综合效用，所以，它不仅是一种通常意义上的健身之术，而且还是一种与众不同的养生、修心之道。许多人对于太极拳的喜爱与从事，实际上便是通过习练太极拳后，在健身康体的基础上逐渐感受到了太极拳在养生、修心方面的特殊作用，由此，太极拳也已经融入大众的日常生活，成为无数民众的一种生活方式。正如上海体育学院教授、博士生导师虞定海 2016 年 5 月 8 日在《健康中国与太极拳运动处方的研制》专题报告中所述，鉴于大众对太极拳科学健身指导的需求，依托太极拳良好的健身价值，通过太极拳健身运动处方的论证与制订，以及处方系统的开发，为各年龄段人群提供科学准确、优质高效的太极拳健身指导，在当下及未来都非常大有可为。

10.1　万人太极

## （三）显著的娱乐、休闲价值

在科学技术与物质生活水准极大提升的当今时代，人们对于休闲娱乐的需要也随之日益迫切。由于闲暇时间总量的大幅度增加，人们开始追逐更多的精神需求，休闲需求极为旺盛，人们开始普遍注重休闲消费，参与休闲和旅游的人急剧增多，以"玩""休闲""娱乐"为主体的消费产品层出不穷，这也为传统武术的娱乐、休闲价值提供了有利机遇。因此，以武术为题材的电影、电视剧、武术旅游景点、武术表演等便应运而生。电影类型中的武侠片、动作片、功夫片甚至是好莱坞的一些经典电影都借用了武术的元素来丰盈电影或电视剧的内容，通过武术获得更多的市场吸引力。[2] 这些以武术为元素的举措在很大程度上满足了当代个人的精神娱乐和生活休闲的需求，同时也成为当代武术发展中的一道亮丽文化景观。

## （四）广泛的体育运动、竞技价值

新中国成立以来，武术主要作为一种体育运动形式而在体育的大框架下不断发展，体育运动、竞技价值也成为武术当代价值的一个主要组成部分。以西方奥林匹克运动为模板的现代体育化发展之路上，充满了各种武术体育运动形

10.2　竞技武术

---

1　雷学会, 李卓嘉.武术作为非物质文化遗产的当代价值研究[J].中华武术·研究, 2015 (11)：13-17.

2　韩政, 李彦丽.个体化社会: 中国武术的当代价值研究[J].搏击·武术科学, 2014 (7)：13-15.

式的赛事等相关活动，竞技武术"申奥"也构成了武术发展的重点导向，2008年在北京举行的第28届奥林匹克夏季运动会则是武术和中国体育"奥运情结"的一个里程碑式标志。另外，在各种体育商业赛事此起彼伏的当代社会，武术的体育运动、竞技价值也持续得以彰显，各种武术竞技运动竞赛活动也有力地促进了当代武术的发展。

## （五）独特的文化传承与教育价值

教育是文化传承的有效方式，也是文化的重要组成部分。"由于民族文化教育是一个民族进行本民族文化传播和培养该共同体成员适应本民族文化的社会活动，所以任何一个民族文化的教育必然具有本民族的特色。"[1]武术是中国传统文化的一个有机组成部分，博大的中华传统文化决定了武术悠久的文化传承与教育涵化功能。当今世界正处于文化全球化的时代，传承中华民族文化，弘扬中华民族精神，增强中华民族凝聚力是当前一项重要而紧迫的任务，这一特点决定了以武术为特色的民族传统文化教育的重要意义及其广阔前景。新中国成立以来，武术作为一项重要教育内容正式进入各级种类学校教育体系，早已形成了从大学到中小学、幼儿学前教育的完整体育。以各级各类学校为平台，武术的文化传承与教育价值得到了全面的展现。2004年4月3日中宣部和教育部从文化战略的高度联合颁发了《中小学开展弘扬和培育民族精神实施纲要》。《纲要》要求：中小学各学科教育要有机渗透民族精神教育内容，体育课适量增加中国武术等内容。由此可以预见，随着时代的进步，武术的这种文化传承与教育价值也必将更具用武之地。

## （六）潜在的经济与产业价值

武术作为一种动态的非物质文化遗产，具有很高的潜在经济、产业价值。当代武术文化处于社会主义市场经济大环境之中，因此，科学的武术发展也必然要能够适当地体现出经济与产业相关价值。武术的经济与产业价值主要包括武术自身的经济、产业价值和延展性经济、产业价值两个大的方面。前者如武术服饰、器械用品，武术赛事、表演活动，武术教育、培训领域等，指武术自身具有的价值；后者则指武术通过与旅游产业、艺术产业、文化产业、影视产业等纵横交叉而衍生的相关经济、产业价值，其中就涉及了以科技和创新为动力的跨界联动运作等。在当今体育产业井喷式爆发的趋势之下，武术的经济、产业价值自然也将日益凸显。近年来，国家接连发布了多个推进文化产业发展的指导意见，其中如《关于推进文化创意和设计服务与相关产业融合发展的若干意见》《关于加快发展对外文化贸易的意见》《关于加快发展体育产业促进体育消费的若干意见》等，都为武术的经济与产业价值指明了前景。

另外，需要强调的是，随着党的"十八大"描绘的中华复兴战略蓝图的开启，武术所具有的中华民族文化特色符号身份及其全球广泛影响力，也注定了武术在当代中华文化软实力建设以及中华文化国际传播的进程中正在被赋予一种特殊的战略价值——显然，那是一种国家文化战略层面上无可替代的全新时代价值，它是中国武术历久弥新的风采展现，也是武术爱好者一脉相承的自豪与骄傲！

---

1　李龙.民族文化视野中的传统武术价值解读[J].搏击·武术科学，2011（2）：1-5.

# 武术发展与中华伟大复兴

伴随着当代中国的和平崛起，近年来，有关中华民族复兴的论述日益进入大众视野。2012年11月8日，中共十八大报告明确指出，建设中国特色社会主义"总任务是实现社会主义现代化和中华民族伟大复兴"。11月29日，习近平总书记在参观"复兴之路"展览时再度强调："实现中华民族伟大复兴，就是中华民族近代以来最伟大的梦想。"[1] 上述信息，不仅高屋建瓴地阐释了中华民族伟大复兴的时代内涵，同时也为社会各界提供了有关中国武术发展方面的全新视角与战略启迪。实现中华民族伟大复兴，主要是针对近代以降中华文化艰难坎坷的历史轨迹而言，今天，从党的"十八大"标志的当代中华文化全新战略起点出发，由中华民族伟大复兴的时代语境重新审视近代中国武术演进之旅的挑战、机遇及其相关经验、反思，显然具有较为特殊的意义与价值。

## 一、荣枯之间：千秋变局的历史隐喻

1840年鸦片战争之后，近代中国被迫拉开了转型的帷幕，在这场中华文明史上亘古未有的千秋变局中，中国武术所经受的时代振荡和历史落差无疑也是空前的。众所周知，晚清被公认为武术发展的集大成阶段，武术拳种流派绝大多数在晚清完备定型，该时期广为流行的各家武技不下100余种[2]，太极拳、八卦掌、形意拳等极具象征意义的经典哲理拳派纷纷在四方崛起，从而构成了中国武术史上最为繁盛的一个黄金阶段。但随着西风凛冽的不期而至，这场自上而下的近代中国转型长剧注定要在武术史上烙下难以磨灭的印记。铺天盖地的社会转型大潮无情地把武术从温润的顶峰抛入凄冷的低谷，几乎是一夜之间便经历了演进轨迹上前所未有的发展落差。冰火两重天的境遇淋漓尽致地体现了中华千秋危局所特有的颠覆与振荡，同时也无声无息地化身为中国武术自强与抗争的时代土壤，让风雨苍茫、举步维艰的近代武术在大起大落的荣枯之间焕发逆境奋起的欲望、勇气与动力！

诚如马克思所言："一切都取决于它所处的历史环境。"[3] 1840—1949年间的武术发展状态与近代中国的宏观转型语境休戚相关，而近代中国转型语境又离不开同时期资本主义急剧扩张的国际背景。1840年第一次鸦片战争以后，在资本主义列强的野蛮入侵与疯狂掠夺之下，中华民族被迫缠裹着各式不平等条约，跌跌撞撞地进入了饱含屈辱与无奈的近代转型语境，空前的内忧外患决定了晚清以降的中国武术无法按部就班地顺延自身的历史辉煌，在最后一抹落日

---

1 中央党校中国特色社会主义理论体系研究中心.走近中华民族伟大复兴[N].光明日报，2013-01-26.

2 国家体委武术研究院.中国武术史[M].北京：人民出版社，1997: 310-352.

3 张宿堂，等.时代思考：国情与使命[N].光明日报，2012-11-02

图 10-1　复兴之路

的余晖中不得不步入了陌生与迷惘并存、迂回与探索交织的近代转型之轨，同时也生动地昭示出传统文化与民族命运唇齿相依的真理。以史证今，30余年改革开放造就的中华和平崛起盛景对于当代武术发展的价值不言而喻。正如习总书记所述："现在，我们比历史上任何时期都更接近中华民族伟大复兴的目标，比历史上任何时期都更有信心、有能力实现这个目标。"[1] 当代中华民族的国际地位和国内外环境赋予了武术文化无比广阔的生态空间与发展可能，历尽沧桑的中国武术无疑正面临着一个非常难得的战略机遇期。

回首往昔，并非只为以史鉴今。鸦片战争170年以后的今天，从中华民族伟大复兴的全新起点回望近代中国的荜路蓝缕，我们似乎又能重新感受到一种几曾相识而又深怀心底的脉动："始于四大发明，终于奥运五环"[2]。正如国家博物馆《复兴之路》展览浮雕的历史隐喻，1 000多年前，是中华"四大发明"的西传催生了近代资本主义科技萌芽，1840年以来，在火药基础上问世的西洋先进武器在轰开晚清封闭大门的同时，或许也在用另外一种方式推动着近代中国的历史进程，血与火的磨难是助力传统武术转型的生命洗礼，退出军阵舞台又未尝不是"四大发明"反哺武术文化发展的另类象征！从封建小农经济语境一路走来，博大精深而又难免拖泥带水的武术文化唯有经受雨雪荡涤风尘才能更加轻盈、稳健地告别旧有时代并进而完成时代的华丽转身，穿越千古变局，历尽荣枯轮回的中国武术也势将展现出焕然一新的时代英姿，而当代武术文化的价值体现也自然将如鱼得水！

## 二、草根气息：武术俗文化特征的当代价值

今天，透过1840年开启的近代中国转型大幕来看水深火热边缘的晚清武术发展高峰，我们又似乎能隐隐感触到某种有关传统武术自身历史状态的写照。因为武术传统技击功能的影响，"中国古代武术从整体上看是一种俗文化"[3]，历史上武术活动的主体基本都是下层社会的各色人群，与武术联系紧密的武侠文艺传播对象也以底层民众为主，缺乏文化教育条件的大众从业主体决定了武术的草根文化性质与民间江湖特色，"天地会文件文辞之拙劣，正史中关于武术记载的阙如，与武术有关的文献资料的缺乏，旧时民间武术家社会地位的低下"等也皆是这一状态的现实反映。[4] 1860年前后形成的晚清武术高潮正值中国近代转型初期，当时受列强舰炮冲

1　汪海波.以长视角与"整体史观"考察中国道路的历史选择[N].光明日报，2012-12-06.
2　任仲平.筑就民族复兴的"中国梦"[N].人民日报，2013-04-01.
3　温力.尚武精神及其对武术发展的影响[J].武汉体育学院学报，2009 (8)：5-10.
4　程大力.武术史研究若干重大阙失检视[J].武术科学，2004 (3)：1-4.

击最为直接、对其认识也最为深刻的主要是清政府的部分职能官员和经济、文化界的一些远见之士，武术的"俗文化"传统和底层大众主体决定了其一开始所受的综合影响稍为间接并相对较小，同时也注定了传统武术人士难以像其他社会精英一样对于时代变局迅速作出反应。因此，当林则徐积极翻译《四周志》、魏源精心编纂《海国图志》、徐继畬苦心著作《瀛寰志略》、何秋涛沥血写就《朔方备乘》，[1] 西风劲吹、山河失色的变革之兆让一批目光敏锐的先进之士纷纷开始参研西学、放眼世界之际，研究者却很难在文献资料中发现有关武术人士睁眼遥视、举目远眺的相关记载。海疆的炮火在短时期内仍难以撼动传统武术家自给自足的乡野江湖，而我们也同样无法掩饰武术相关主体在近代社会转型大潮中落后半拍的客观事实。

另一方面，由来已久的草根意味和大众气息也使得武术近代发展表现出了质朴而强健的积极态势。虽然西洋火器的威力使得武术技击在1900年前后基本退出了军事舞台，但生命力旺盛、适应性极强的传统武术仍然在民间广阔土壤里迎来了新的繁荣；即使20世纪以来西方体育的广泛普及正持续挤占着传统武术以往流行的大众空间，日新月异的现代生活方式也依然不能改变传统武术在民众内心根深蒂固的经典印象与悠久影响；由于西洋兵操充斥军队训练而引发的中华新武术、精武体育会等近代武术标志性改良事件，本质上也是传统武术人士争取社会话语权的武术民间自发运动，中央国术馆主导的带有官方性质的相关武术发展举措同样是张之江等武术先贤发起组织的成果体现。总体来看，与以"洋务运动"为标志、自上而下开始的中国社会宏观被动转型姿态相比，近代武术发展轨迹明显呈现出一种由下而上的自发特征，在中国武术绵延千年的传统张力与历史惯性的主导与反弹之下，1840年至1949年期间的武术文化成果，绝大多数情况下都要归因于各种民间自发性质的努力，这一点则与新中国武术特别是当代太极拳发展中政府行为的作用形成了鲜明对比。

透过近代以来的武术演进历程，时代差异与历史的进步不仅一目了然，同时也释放、散发着有关当代武术发展的重要信息。一方面，长期延续的俗文化特征决定了以提升人的素质与文化核心竞争力为主旨的武术现代化征程仍任重道远；另一方面，武术的传统民间底蕴同样启示着我们，今天，亲和自然的大众性文化参与依然是中国武术发展的战略基石——"潜流于民间的文化脉动何其强劲，蕴藏于社会的文化活力何其巨大"[2]，只有在大众积极参与的"合唱"中，才能寻回渐趋变淡的传统武术之味与武术文化之道，从而使中国武术更生动、深刻地植根于当代国人的心灵世界并由此重塑中华民族伟大复兴进程中的武术文化之根。武术价值的发挥需要大众主观能动性的释放，当代武术文化价值的实践效用也将会因为民间大众的百舸争流而倍增！

## 三、顺时而动：尚武爱国精神的战略启示

与武术"俗文化"特征如影随形的是武林中人尚武自强的古老传统。历史上，这种传统又往往与爱国主义珠联璧合，焕发一种生动感人的精神力量，而近代武术发展中的这种自强爱国传统体现得尤其鲜明。

---

1　张岱年，方克立.中国文化概论（修订版）[M].北京：北京师范大学出版社，2004：329.
2　张铁.在"合唱"中寻回渐淡的年味[N].人民日报，2013-02-08.

西方列强"瓜分豆剖"之下的近代中国危局远远超过了以往任何一个时代，甲午战争加剧的日本侵略野心更让华夏山河危若累卵，在这种情况下，尚武自强的武术传统与救亡图存的民族精神便汇聚成了一股空前的尚武爱国运动。以1902年蔡锷发起的"军国民主义"等为标志，以传统武术为载体、以强国强种为主题的尚武爱国运动与近代中华民族的血脉与呼吸高度一致，不仅使长期滞后于社会变迁步伐的中国武术一反常态地迅速跃身于中国近代转型前列，同时还意想不到地收获了一种站在时代前沿所特有的历史潮流的巨大推力。传统武术借此突破了因义和团而导致的禁武枷锁，接着又出现在本已正式退出的军事领域，成就了近代军队训练中与西洋兵操分庭抗礼的"中华新武术"壮举，精武体育会与中央国术馆等同样高举"尚武爱国"旗帜，自强求新的发展成就激动人心。倡导"中华武士道"的梁启超观看中华新武术演示后深受触动，慨然为《中华新武术》作序并赞其"尚武之精神出矣！"革命先驱孙中山也曾亲笔为精武体育会题词"尚武精神"以示共勉。近代体育"土洋"论争中"土体育"的主将张之江在《国术与体育》一文中即开宗明义地指出，讨论土洋体育取舍的前提条件是"必须把全副目光射在救国二字上！"[1]爱国之情，铮铮有声。在充满悲愤与屈辱的近代中华转型语境，武术的保家卫国功能再度肩负起了国人的精神寄托，霍元甲等一代宗师频频击败洋力士的擂台战绩不仅树立了传统武术的尊严，也让水深火热中的各界民众备受鼓舞，随着1933年3月大刀队浴血长城的抗日大捷，雄壮激越的《大刀进行曲》也迅速传遍祖国各地，成为中华爱国精神的时代传奇！

回眸历史，近代武术轨迹鲜明的尚武自强与爱国精神特征对于当代武术依然极具发展启示。如果说民族生死存亡之际，武林人士朴实坚决的爱国表现赢得了国人赞许，同时也自发、自觉地融入弘扬民族精神的时代主题，那么在当代中华和平崛起的全新背景之下，传统武术又怎样才能更好地融入国家与民族的发展主流并重新站在时代的前列。面对多元的体育文化发展现状，博大精深的武术文化如何才能恰如其分地展现自身内涵并一如既往地赢得国人敬意。这的确是一个引人深思的时代话题。空泛的语言是苍白的，唯有行动和现实说明一切。中华伟大复兴的世纪梦想敦促并期待着当代武术人能够顺时而动，用自强爱国精神呈现传统武术的时代张力，书写中华复兴语境下武术文化价值的崭新历史篇章！

---

1　马廉祯. 论现实视角下的近代"土洋体育之争"[J]. 体育科学, 2011 (2) : 76-84.

**本章小结** — 　　武术对于人和社会的现实价值是其存在、延续的重要基础。由于多种因素的综合作用，在各个历史时期，武术价值也有相应不同的体现。整体而言，技击价值是冷兵器时代武术满足社会需要的主流形式。随着时代的发展，在技击功能的基础上，武术逐渐衍生出健身、娱乐、养生、教育等系列相关功能。随着近代中国转型的历史步伐，武术的价值功能状态也发生了根本性转变，武术技击价值受到了极大的限制与消解，在中国社会政治经济发展的多重需要之下，武术的教育、健身养生、竞技观赏的价值功能日益拥有着广阔的时代舞台。

　　党的"十八大"开创的中华民族当代复兴语境为重新审视近代武术发展提供了新的视角。近代武术轨迹昭示了传统文化与民族命运唇齿相依的真理，武术"俗文化"特点决定了大众性文化参与依然是当代武术价值发挥的重要基石。近代武术的尚武爱国特质和自新自强姿态体现着武术文化历久弥新的正态能量与时代价值。中华伟大复兴战略敦促并期待着当代武术人能够顺时而动，用自强爱国精神呈现传统武术的时代张力，书写中华复兴语境下武术文化价值的崭新篇章。

**回顾与练习** — 　　1."武术价值"的概念是什么？你对其如何认识？

　　2.历代武术价值呈现出了什么样的不同特点？

　　3.中国武术的当代价值主要有哪些内容？

　　4.你如何认识武术发展与中华伟大复兴的相互关联？

**画外武音** — 　　**近代武术发展的改良与创新**

　　1900 年 8 月，联军炮火之中京师沦陷，清政府诏令停罢武举考试，向来与军事水乳交融的传统武术自此从总体上退出军事舞台，在学习西方的呼声中正式开始了以大众性和体育化为主流的近代转型旅程。1902 年前后，以"军国民主义"运动为契机，一批武术家纷纷在军队开展了以西洋兵操练法教授中国传统武术的革新尝试，由此拉开了武术近代改良序幕。

　　武术革新同样成就显著的还有以西方现代体育组织模式进行传统武术推广的精武体育会、从学校教育视角出发进行传统武术改革尝试的北京体育研究社以及中央国术馆等。1915 年 4 月，北京体育研究社提交的《拟请提倡中国旧有武术列为学校必修课》议案在全国教育联合会第一次会议上获得通过，以此为标志，具有五千年渊源的中国传统武术，正式成为学校体育课程的教育内容。1924年4月，北京体育研究社与马良等在上海共同发起了旧中国历史上首届"全国武术运动大会"，它"不仅是中国体育史和武术史上的第一次武术单项运动会"，而且还"表明武术界内部已经在'体育'的基础上大体统一了对武术的认识"，[1]中央国术馆1929年、1933年参照奥林匹克运动规则举办的两届武术"国考"，对于推动中国武术的体育科学化进程则发挥了突出的示范作用。以上述事件为标志，中国武术开始拥有一种奥林匹克浪潮下的现代体育身份，由此进入了一段至今仍在上下求索的以奥林匹克为镜的发展轨道。

客观而论，关于马良等发起的近代武术改良事件，目前仍存在不同的观点，事实上，在上述各家参照西方体育的武术改良创新之外，近代武术同样涌现出了以孙禄堂、王芗斋等为代表的传统武术技术体系推陈出新的创举。孙禄堂融形意、八卦、太极于一体而创的孙氏太极拳，"三拳合一"，堪称中国传统武道的总结和升华；王芗斋以形意拳为根基博取各家之长创立的以桩为要的大成拳，"摒弃传统套路和固定招式"，在中国武术史上具有深远而独特的标志意义；马凤图冶翻子、戳脚、劈挂等北方名拳为一炉而成的马氏武学体系，以"通备劲"为核心，气势雄浑地演绎出了融通兼备的武学新思想。[2]

但值得注意的是，后世学者在回顾近代武术发展历史时，其目光、视野往往更多地聚焦于霍元甲、张之江、马良等参照西方体育的武术改良方面，以孙禄堂、王芗斋、马凤图为标志的传统武技创新研究则并未受到应有的重视。这一现象，或许一方面与部分学者缺少传统武术体系训练、熏陶等因素有关，另一方面可能又与霍、张、马等武术改良所处的近代中国社会转型语境有着更大关系，宏观而言，参考西洋体育模式的武术近代体育改良显然与当时的西学东渐氛围联系更为直观、密切。

每一个时代都有特定的历史背景及其相应的发展主题，由此又将必然影响并决定相关文化演进的方向和使命。置身于以西为镜、救亡图存的近代中国转型语境，参照奥林匹克运动模式推动传统武术现代化进程的改良与创新是当时国人所能找到的最为主流的发展路径，也是最吻合该阶段特殊时代主题的方向选择，是历史的激流和时代的使命彰显了中华新武术、

---

1  蔡保忠, 马健.近代"土洋体育"之争对武术发展的影响[J].沈阳体育学院学报, 2007 (2)：120-123.

2  申国卿.燕赵武术文化研究[J].体育科学, 2010 (4)：81-96.

精武体育会等近代武术改良运动的突出风貌，而以奥林匹克为范本的中国武术现代化追求之所以能在当代仍绵延不绝，无疑同样与始自近代而今尚未最终完成的中华民族复兴历程密切相关。鉴往知来，怀旧追远。以此反观当代武术的发展，今天，随着中华和平崛起的稳健步伐和中华民族伟大复兴梦想的日益实现，武术的现代化追求显然已经正在面临着以奥林匹克为镜之外的新的时代内涵。

（资料来源：谭华.20世纪前期的"国术改良运动"[J].北京体育大学学报，2002（1）：16-18.）

**武声争鸣** —— "土洋体育之争"的中国经验与世界眼光

  体育身份的确立无可避免地激起了有关武术与奥林匹克运动体育观念、文化内涵、社会角色乃至时代定位的思想碰撞与全面对比，在这种背景下，20世纪20年代前后，一场著名的"土洋体育之争"便应运而生了。自1918年11月15日鲁迅、陈独秀把"中华新武术"的改良与义和团运动相等同而口诛笔伐并反对教育部倡导"新武术"之举到陈铁生、孙中山积极表达以武术为载体尚武图强的坚定立场，从1928年5月张之江在首届全国教育会议上倡导传统武术为代表的本土体育到1932年8月吴蕴瑞教授郑重指出"土体育"养生保健功能与军事训练价值远远滞后"洋体育"的现实差距，从一些中间路线学者的理性介入到全国体育会议综合各方意见的《国民体育实施方案》出台，从部分旅华西洋体育家质疑传统武术的实用性和体育功能到以吴志清《科学化的国术》等为标志的中国武术近代体育科学化探索理论成果的问世，国人对现代体育的认识和"西式体育对中国传统体育的容纳"艰难地螺旋式前进[1]，传统武术科学化发展的必要性和迫切性同样也开始在包括武林人士在内的社会各界深入人心。

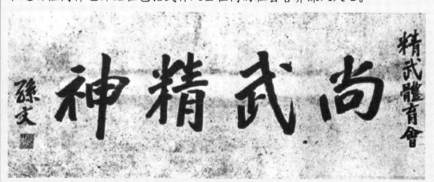

图10-2 "土洋体育之争"之时孙文提词"尚武精神"对武术以示激励

---

1　谭华.70年前的一场中国体育发展道路之争[J].北京体育大学学报，2002 (1)：16-18.

## 一、"土洋体育之争"揭示的"民主""科学"意义

这场绵延了 20 年之久的近代体育论争如同一面镜子，在历史与现实的摇曳中映照出近代武术史上一段艰险复杂而又激烈生动的发展道路论辩，同时又对比鲜明地折射到当代武术发展的若干现实状态。时至今日，面对着当代武林仍不断上演的"天山武林大会"等炒作，回顾近代以来武术发展中一直存在的相关人士对于武术的种种质疑，我们自然更加理解了当年"土洋体育之争"的时代背景和综合内涵，以"民主"和"科学"为旗帜的五四运动精神无疑仍然具有鲜明的现实意义，而近代武术"国术化"举措和科学化探索所反衬的当代武术发展任重道远的生态也同样更加凸显。

## 二、"土洋体育之争"彰显的时代担当精神

在近代武术的"土洋之争"中，陈铁生、张之江、吴志清等武林先驱当仁不让地走上了为武术正名的前台并且在真诚的反思与吸纳中务实地推进着武术自身的科学与完善，中华伟大复兴语境下的武术发展同样需要当代武术工作者以及关爱中国武术的各界人士众志成城地勇于担当！毋庸置疑，武术发展正将迈入民族伟大复兴的关键性历史进程，同时也面临着众多的传统短板与时代难题，但是，"现在，我们比历史上任何时期都更接近中华民族伟大复兴的目标，比历史上任何时期都更有信心、有能力实现这个目标"。[1] 富有中国特色的改革开放历程已经使我们拥有了审视武术自身和放眼人类文化的综合素养与全新视界，时代赋予了中国武术足够的时间、空间去冷静而深刻地审视过去历程、总结历史经验并在此基础上革故鼎新、继往开来！

发起并引领这场"土洋体育"论争的各方主力，皆为近代以来中国体坛上的风云人物，"土体育"领袖张之江在近代武林的地位如执牛耳，其创立的中央国术馆对于传统武术的弘扬与传播居功至伟；力推"洋体育"的海归学者则是中国现代体育不折不扣的开创者和奠基人，如吴蕴瑞教授即为新中国成立后上海体院的首任院长，而上体也是目前国内唯一的民族传统体育学博士学位授权单位。以上述精英为主导的百家争鸣在社会各界产生了广泛影响，同时也为审视近代武术产生了历久弥新的启迪。

无论我们是否在意，每个时代都有自己特定的声音，并且呼唤着相应的聪慧人士去认真倾听并积极把握。回顾昨天，自强自新的时代主题在历史的天空交响，"土洋体育之争"的引领者之所以能站在近代转型的

---

1　汪海波.以长视角与"整体史观"考察中国道路的历史选择[N].光明日报，2012-12-06.

潮头，是因为他们敏锐地感受到时代声音并且积极把握了历史脉动，与时代同行不仅推动了民族和历史潮流，而且成就了理想和个人事业！今天，民族伟大复兴的钟声同样正和着中华和平崛起的浪潮激荡，宏大的主题和激扬的乐章无疑同样正期待着中

图 10-3　学文习武，自强不息；尚武爱国，振兴中华

国武术的先行者自觉地迎着时代的节拍翩然起舞！不可否认，当代的市场经济环境下，部分武林中人可能更多地倾向于关注自身得失从而淡化了武术的发展命运乃至个体所应承担的弘武重任，这种现实尤其需要有先锋人物义无反顾地发挥引领、示范和带动作用，让时代主题和个人奋斗的完美交响展现当代武术的波澜壮阔、价值追求的博雅高远以及人生境界的高下分明！从某种程度上而言，近代武术发展所启示的这种个人命运与时代脉搏水乳交融的历史经验，或许也应该是重塑中国武术当代辉煌的一个关键所在！

三、"土洋体育之争"的中国经验与世界眼光

任何时代的武术文化发展，都不仅意味着对旧有阶段的扬弃与超越，同时也象征着对全新形态的探索与重构。从中华伟大复兴的战略视角重新审视武术百年转型轨迹上的历史烟云，清晰如昨的近代武术演进场景则又日益凸显着与当代发展主题一脉相承的中国经验与世界眼光。

综观百年武术历程，在各位"土体育"骨干的引领下，从中华新武术到精武体育会，从体育研究社到中央国术馆，近代武术的改良创新都始终如一地坚守着中国武术的传统本色和民族内涵，以西方体育为参照的武术表现形式和路径选择都是出于众多武林先驱对于传统武术的充分了解、满腔热爱及其围绕武术时代边缘境遇而产生的现实思考和务实努力。在这种自强自新的追求之下，中国武术开始怀抱着千年积淀的中华民族传统元素，理性地面向着奥林匹克运动引领的简洁、规范的现代体育发展潮流，艰难而又自觉地舞动起与时代同行的发展节拍，或许我们可以说，这是一种立足中国经验兼融国际视野的武术演进轨迹。阐释"洋体育"科学特征和先进作用的海归学者们闪现的则又是另外一种风采。满怀强国强种的抱负，他们远涉重洋，然后用"师夷长技"学得的西方现代文化反哺苦难深重的

祖国，他们是那个时代睁眼看世界的睿智之士，尽管稍显片面与偏激，但锐利的世界眼光和深挚的爱国之情从一个特殊视角促使中国武术不得不正视自己的历史顽疾并拿出十二分的精神应对质疑和改良自新，这是立足国际视野完善中国经验的另类时代演绎，也是鞭策武术文化进步与自强的特效动力！

如果说鸦片战争以来的发展轨迹遍布着中国武术落寞与彷徨的历史印痕，那么我们同样不能忘记100余年的近代历史闪现着武林先贤乱中求变、自强自新的刚健姿态。今天，站在过去、现在和未来的时空交汇点上重新审视千古变局中的近代武术发展轨迹，穿越苦难的迷雾与转型的沧桑，我们依然为中国武术在逆境中寻找突破并认识自我的种种亮点而激动与反思，这种与时代同行、与民族共呼吸的自强自新不仅是近代武术百年之旅凸显的文化特征和正态能量，同时也是当代中华民族伟大复兴语境下中国武术吐故纳新的时代动力与成功之本！

"有什么样的思想，就决定什么样的未来。"[1]追溯近代以降的武术发展历史，探索其中的积极经验和正态能量，并非为了再度沉浸于那段艰辛岁月中武术文化曾经的亮点，对于武术时代命运的询问与反思，或将有益于促进武术文化发展的思维宽度，从而最终助力中华民族伟大复兴的当代发展主题。[2]

（资料来源：申国卿. 中华复兴视角下的近代武术发展 [J]. 武汉体育学院学报，2014（9）：70-74，89.）

---

1　吴娜.什么样的思想，决定什么样的未来[N].光明日报，2012-07-24.
2　申国卿.中华复兴视角下的近代武术发展[J].武汉体育学院学报，2014 (9)：70-74，89.

# 参考文献

[1] 陈光玖.构建武术价值系统的理论研究[J].武汉体育学院学报,2008(3):51-55.

[2] 李成银,申玉山.试论近代武术价值功能的演变[J].成都体育学院学报,1994(3):20-24.

[3] 冉学东.传统武术体系裂变的文化价值因素探悉[J].成都体育学院学报,2003(3):41.

[4] 崔乐全.中国近代体育史话[M].北京:中华书局,1998:49.

[5] 薛进发,杨广波,黄良杵.武术价值取向的历史变迁与现代化需要[J].中州体育·少林与太极,2014(3):14-17.

[6] 雷学会,李卓嘉.武术作为非物质文化遗产的当代价值研究[J].中华武术·研究,2015(11):13-17.

[7] 韩政,李彦丽.个体化社会:中国武术的当代价值研究[J].搏击·武术科学,2014(7):13-15.

[8] 李龙.民族文化视野中的传统武术价值解读[J].搏击·武术科学,2011(2):1-5.

[9] 中央党校中国特色社会主义理论体系研究中心.走近中华民族伟大复兴[N].光明日报,2013-01-26,5版.

[10] 国家体委武术研究院.中国武术史[M].北京:人民出版社,1997:310-352.

[11] 张宿堂,等.时代思考:国情与使命[N].光明日报,2012-11-02,2版.

[12] 汪海波.以长视角与"整体史观"考察中国道路的历史选择[N].光明日报,2012-12-06,11版.

[13] 任仲平.筑就民族复兴的"中国梦"[N].人民日报,2013-04-01,1版.

[14] 温力.尚武精神及其对武术发展的影响[J].武汉体育学院学报,2009(8):5-10.

[15] 程大力.武术史研究若干重大阙失检视[J].武术科学,2004(3):1-4.

[16] 张岱年,方克立.中国文化概论[M].修订版.北京:北京师范大学出版社,2004:329.

[17] 张铁.在"合唱"中寻回渐淡的年味[N].人民日报,2013-02-08,5版.

[18] 马廉祯.论现实视角下的近代"土洋体育之争"[J].体育科学,2011(2):76-84.

[19] 谭华.20世纪前期的"国术改良运动"[J].北京体育大学学报,2002(1):16-18.

[20] 蔡保忠,马健.近代"土洋体育"之争对武术发展的影响[J].沈阳体育学院学报,2007(2):120-123.

[21] 申国卿.燕赵武术文化研究[J]体育科学,2010(4):81-96.

[22] 申国卿.中华复兴视角下的近代武术发展[J].武汉体育学院学报,2014(9):70-74,89.

[23] 谭华.70年前的一场中国体育发展道路之争[J].北京体育大学学报,2002(1):16-18.

[24] 汪海波.以长视角与"整体史观"考察中国道路的历史选择[N].光明日报,2012-12-06,11版.

[25] 吴娜.什么样的思想,决定什么样的未来[N].光明日报,2012-07-24,13版.